Das Reichsgesetz
über die
religiöse Kindererziehung
vom 15. Juli 1921.

Erläutert
von
Dr. Theodor Engelmann,
Rat am Obersten Landesgericht in München.

1922
München, Berlin und Leipzig
J. Schweitzer Verlag (Arthur Sellier).

Vorwort.

Ein volles Vierteljahrhundert mußte verstreichen, bis es gelang, dem neugegründeten Deutschen Reiche die langersehnte Rechtseinheit auf dem Gebiete des bürgerlichen Rechtes zu verschaffen, und der gleiche Zeitraum trennt die Verkündung des BGB. von der Erlassung des Reichsgesetzes über die religiöse Kindererziehung.

Auch Gesetze haben ihre Schicksale! Während bei der Beratung des BGB. die Rechtsmaterie der religiösen Kindererziehung als so heißer Boden galt, daß man von ihrer Regelung absehen mußte, um das Scheitern des ganzen Gesetzgebungswerkes zu verhüten, und in den folgenden Jahren der regelmäßig wiederkehrende „Toleranzantrag" stets die lebhaftesten Kämpfe in und außer dem Parlament hervorrief, vollzog sich die Schaffung des Ges. vom 15. Juli 1921 glatt und völlig reibungslos. Freilich darf daraus nicht geschlossen werden, der Inhalt des Gesetzes sei so klar und einfach gestaltet, daß für Auslegung und Anwendung keine Zweifel übrig blieben. Zur Lösung solcher Zweifel nach Möglichkeit beizutragen, ist der Zweck der nachfolgenden Ausführungen.

Dem abfälligen Urteil, das mehrfach über das Gesetz gefällt worden ist (vgl. z. B. Spitta in BayZfR. 1922 S. 11 ff., v. d. Pfordten in Bay. GemVerwZ. 1922 S. 228), vermag ich mich nicht anzuschließen. Daß es als Durchschnittsergebnis widerstreitender Anschauungen von Mängeln und Unebenheiten nicht frei ist, kann ruhig zugegeben werden; unbestreitbar aber ist, daß es, wie der Berichterstatter Dr. Barth im Reichstag mit Recht hervorheben durfte, einen immensen Fortschritt bedeutet nicht nur gegenüber der bisherigen Rechtsunsicherheit und Rechtszersplitterung, sondern auch im Hinblick auf den ihm innewohnenden Geist der Toleranz. Möge dieser Geist der Toleranz, der unserem von Parteihader zerrissenen Vaterlande heute mehr als je nottut, auch bei der Anwendung des Gesetzes sich wirksam erweisen!

München, im Oktober 1922.

Der Verfasser.

Inhaltsverzeichnis.

Abkürzungen.

AG.	=	Ausführungsgesetz.
ArchBürgR.	=	Archiv für bürgerliches Recht.
BayObLG.	=	Bayrisches Oberstes Landesgericht.
BayObLGZ.	=	Sammlung von Entscheidungen des Bayrischen Obersten Landesgerichts in Zivilsachen.
BayZfR.	=	Zeitschrift für Rechtspflege in Bayern.
BlfRA.	=	Dr. J. A. Seufferts Blätter für Rechtsanwendung.
BGB.	=	Bürgerliches Gesetzbuch.
DJZ.	=	Deutsche Juristenzeitung.
EG.	=	Einführungsgesetz.
FGG.	=	Gesetz über die Angelegenheiten der freiwilligen Gerichtsbarkeit.
GuVBl.	=	Gesetz- und Verordnungsblatt.
GVG.	=	Gerichtsverfassungsgesetz.
Jur. Wschr.	=	Juristische Wochenschrift.
KG.	=	Kammergericht.
KGJ.	=	Jahrbuch für Entscheidungen des Kammergerichts.
LZ	=	Leipziger Zeitschrift.
OLG.	=	Rechtsprechung der Oberlandesgerichte auf dem Gebiete des Zivilrechts, herausgegeben von Mugdan und Falkmann.
PLR.	=	Preußisches Landrecht.
RG.	=	Reichsgericht.
RGBl.	=	Reichsgesetzblatt.
RGZ.	=	Entscheidungen des Reichsgerichts in Zivilsachen.
RJA.	=	Entscheidungen in Angelegenheiten der freiwilligen Gerichtsbarkeit und des Grundbuchrechts, zusammengestellt im Reichsjustizamt.
RTK.	=	Bericht der Reichstagskommission zum Bürgerlichen Gesetzbuch.
SeuffArch.	=	Seufferts Archiv.
StB.	=	Stenographische Berichte des Reichstags zum Bürgerlichen Gesetzbuch.
VGH.	=	Verwaltungsgerichtshof.
VO.	=	Verordnung.
WarnE.	=	Warneyer, Die Rechtsprechung des Reichsgerichts.
ZPO.	=	Zivilprozeßordnung.

Literatur.

A. Zum Gesetz vom 15. Juli 1921.

Besig . . . . = Hans Besig, Konsistorialrat, Die Grundsätze über die religiöse Kindererziehung nach dem Reichsgesetz vom 15. Juli 1921, 2. Aufl., Berlin 1922.

Bonin . . . . = Dr. Burkhard von Bonin, Konsistorialrat, Reichsgesetz über die religiöse Kindererziehung, Berlin 1922. (Besprochen von Perels in JurWschr. 1922 S. 892 ff.)

Boschan . . . = Kammergerichtsrat, Geh. Justizrat Boschan in Berlin, Religiöse Kindererziehung in Deutschland, Recht 1922 S. 49 ff.

Marx . . . . = Landgerichtspräsident Marx, Das Reichsgesetz über die religiöse Kindererziehung vom 15 Juli 1921, Düsseldorf 1921.

Perels . . . = Dr. jur. Leopold Perels, a. o. Professor an der Universität Heidelberg, Das Reichsgesetz über die religiöse Kindererziehung, LZ. 1921 Heft 21 (S. 637 ff.) und 22 (S. 665 ff.).

v. d. Pfordten Z. = Th. von der Pfordten, Rat am Obersten Landesgericht in München, Die reichsrechtliche Regelung der religiösen Kindererziehung, Bayerische Gemeinde- und Verwaltungszeitung 1922 Heft 6 (S. 129 ff.), 7 (S. 145 ff.), 9 (S. 193 ff.) und 10 (S. 220 ff.).

v. d. Pfordten K. = Th. von der Pfordten, Rat am Obersten Landesgericht in München, Gesetz über die religiöse Kindererziehung vom 15. Juli 1921 mit Einleitung und Erläuterungen, München, Berlin und Leipzig 1922.

Spitta . . . = Spitta, Oberamtsrichter in München, Das Reichsgesetz über die religiöse Kindererziehung vom 15. Juli 1921, BayZfR. 1922 Heft 1 und 2 (S. 4 ff.).

B. Weitere Literatur.

G. Anschütz, Kommentar zur Reichsverfassung vom 11. August 1919, Berlin 1921.

A. Arndt, Die Verfassung des Deutschen Reichs vom 11. August 1919, 2. Aufl., Berlin und Leipzig 1921.

W. Bärthlein, Die religiöse Kindererziehung in Bayern, München 1912.

Best, Die hessischen Gesetze, Verordnungen und Dienstanweisungen zur Ausführung des BGB. und seiner Nebengesetze, Bd. I Mainz 1900, ErgBd. Mainz 1906.

Fr. Böckel, Landesprivatrecht der Thüringischen Staaten, Halle a. S. 1912.

G. v. Buchka, Landesprivatrecht der Großherzogtümer Mecklenburg-Schwerin und Mecklenburg-Strelitz, Halle a. S. 1905.

Carlebach, Komm. zum FGG., Stuttgart 1913.

C. Davidson, Das Recht der Ehescheidung nach dem BGB., Berlin 1900.

Dorner-Seng, Badisches Landesprivatrecht, Halle a. S. 1906.

Clara Eck, Die elterliche Gewalt im BGB., Archiv f. bürgerl. Recht Bd. 41 S. 1 ff.

Fr. Eichelsbacher, Der Zwang zu religiöser Betätigung in Familie und Schule, Würzburg 1911.

E. Eichmann, Das Strafrecht der öffentlichen Religionsgesellschaften in Bayern, Paderborn 1910.

C. A. Geiger, Die religiöse Kindererziehung in gemischten Ehen nach bayerischem Rechte, Augsburg 1894.

Glock-Schneidler, Das im Königreich Württemberg geltende Reichs- und Landesrecht, Karlsruhe 1909.

M. Gmür, Komm. z. Schweizerischen Zivilgesetzbuch, Bd. II, 2. Abt. Bern 1921, Bd. II, 3. Abt. Bern 1918.

K. Göz, Das Staatsrecht des Königreichs Württemberg, Tübingen 1908.
Goldmann-Lilienthal = Das Bürgerliche Gesetzbuch systematisch dargestellt von E. Goldmann, L. Lilienthal, Dr. L. Sternberg, 3. Bd. Familienrecht, Berlin 1921.
Graf, Die religiöse Kindererziehung im internationalen Recht, Zeitschrift für die freiw. Gerichtsbarkeit und die Gemeindeverwaltung in Württemberg, Bd. 53 (1911) S. 321 ff.
W. Güttler, Die religiöse Kindererziehung im Deutschen Reiche, Berlin und Leipzig 1908.
M. Hachenburg, Das BGB. für das Deutsche Reich, Vorträge, 2. Aufl., Mannheim 1900.
M. v. Hussarek, Die religiöse Erziehung der Kinder nach österr. Rechte, Grünhuts Zeitschr. f. d. Privat- und öffentl. Recht Bd. 23 (189) S. 601 ff.
W. Kisch, Elsaß-Lothringisches Landesprivatrecht, Halle a. S. 1905.
R. Kloß, Sächsisches Landesprivatrecht, 2 Aufl., Halle a. S. 1908.
O. Kollmann, Die Religionsverhältnisse der Kinder in Bayern, Ansbach 1913.
Kranz-Ehrenzweig, System des österr. allgem. Privatrechts, 5 Aufl., Wien 1915.
R. Lange, Landesprivatrecht der Fürstentümer Waldeck und Pyrmont, Halle a. S. 1910.
Marsson, Das Alter der Religionsmündigkeit, DJZ. 1921 S. 56 ff.
Cl. Menner, Einige Fragen zur religiösen Kindererziehung, Blätter für administrative Praxis Bd. 62 S. 248 ff., 298 ff.
Rich. Mezger, Die Grundlagen unseres neuen Staatsrechts, BayZfR. 1920 S. 37 ff.
K. Neumeyer, Studien aus dem internationalen Verwaltungsrecht, Böhms Zeitschrift Bd. 17 S. 50 ff.
K. Neumeyer, Internationales Verwaltungsrecht Bd. I, München und Berlin 1910.
A. Nöldeke, Hamburgisches Landesprivatrecht, Halle a. S. 1907.
P. Oertmann, Bayrisches Landesprivatrecht, Halle a. S. 1903.
O. Opet, Familienrecht, Berlin 1902 und 1904.
O. Opet, Das Verwandtschaftsrecht des BGB. für das Deutsche Reich, Berlin 1899.
Th. v. d. Pfordten, Die religiöse Kindererziehung in Bayern, Bayerische Gemeinde- und Verwaltungszeitung 1920 Heft 18 (S. 433 ff.) und 19 (S 457 ff.).
R. Piloty, Die Verfassungsurkunde des Freistaates Bayern, München, Berlin und Leipzig 1919.
Planck, Komm. z. BGB., 3. Aufl. (4. Aufl. im Erscheinen).
RGR.-Komm. = Kommentar z. BGB. von Reichsgerichtsräten, 4. Aufl., 1922.
J. Freih. v. Schey, Das allg. bürgerl. GB. für das Kaisertum Oesterreich, 18. Aufl., Wien 1906.
J. Schiedermair, Das bayerische Fürsorgeerziehungsgesetz in der Fassung vom 21. Juli 1915, 2. Aufl., München, Berlin und Leipzig 1917.
K. Schmidt, Die Konfession der Kinder nach den Landesrechten im Deutschen Reiche, Freiburg 1890.
J. Seitz, Die religiöse Erziehung der Kinder im Großherzogtum Hessen, Archiv f. kathol. Kirchenrecht Bd. 80 S. 709 ff.
Speidels württembergisches Zivilhandbuch, Stuttgart 1914.
Staudinger, Komm. z. BGB., 7./8. Aufl., München und Berlin 1912—1914.
M. v. Stubenrauch, Komm. z. österreich. allg bürgerl. GB., 8. Aufl., Wien 1902.
H. Tophoff, Erziehungsrecht der verwitweten Mutter in einer Mischehe in Bezug auf die religiöse Erziehung ihrer Kinder in Altpreußen, Gruchots Beiträge Bd. 64 S. 308 ff.
G. Walker, Internationales Privatrecht, Wien 1921.
Ad. Weißler, Gewissensnot in Preußen, Zeitschr. d. Deutschen Notarvereins Bd. 10 (1910) S. 409 ff.
B. Wolf, Hessisches Landesprivatrecht, Halle a. S. 1910.
E. Zitelmann, Internationales Privatrecht, Bd. I, Leipzig 1897.

Einleitung.

I. Rechtszustand in Deutschland bis zum BGB.

Die Frage der religiösen Kindererziehung war in Deutschland vor der Reformation ohne wesentliche praktische Bedeutung. Da eine staatlich gültige Ehe ohne Mitwirkung des Geistlichen nicht zustande kommen konnte, diese Mitwirkung aber bei Eheschließungen zwischen Christen und Nichtchristen verweigert und Häresie zudem als Verbrechen erachtet wurde, galten solche Ehen nicht als zu Recht bestehend und die daraus entsprossenen Kinder als unehelich. Nachdem durch den Augsburger Religionsfrieden von 1555 der Protestantismus staatliche Anerkennung gefunden hatte, wurde die religiöse Erziehung der Kinder aus gemischten Ehen meistens im Vertragsweg dahin geregelt, daß für Söhne die Religion des Vaters, für Töchter die der Mutter als maßgebend erklärt wurde.[1])

Durch den Westfälischen Frieden von 1648 wurde auch die reformierte Kirche staatlich anerkannt und den Untertanen zugleich mit der religiösen Selbstbestimmung auch das Recht der religiösen Kindererziehung ausdrücklich eingeräumt; war am Aufenthaltsorte die Erziehung der Kinder in der von den Eltern bestimmten Konfession unmöglich, so war den Eltern gestattet, die Kinder in auswärtige Schulen zu schicken oder privatim unterrichten zu lassen.[2])

Bei den Verhandlungen über den Vollzug des Westfälischen Friedens, die 1650 in Nürnberg stattfanden, wurde beschlossen, daß in erster Linie ein etwa vorhandener Vertrag (pacta dotalia), mangels eines solchen die Anordnung des Vaters maßgebend sein sollte; bei Mischehen sollten Waisenkinder männlichen Geschlechts in der Religion des Vaters, Töchter in der der Mutter erzogen werden. Seitdem war als Reichsrecht anerkannt, daß hinsichtlich der religiösen Erziehung von Kindern aus gemischten Ehen ein etwa vorhandener Ehevertrag, mangels eines solchen die Bestimmung des Vaters entscheide; doch galt dies nur für die Angehörigen einer der drei christlichen Konfessionen.[3])

Eine außerordentliche Rechtszersplitterung brachte die mit dem Ende des 18. Jahrhunderts einsetzende Landesgesetzgebung. Sie begann mit dem preußischen Allg. Landrecht von 1794 und der kurpfälzischen Deklaration vom 9. Mai 1799. Daran schlossen sich das bayerische Religionsedikt vom 10. Januar 1803, umgearbeitet durch Edikt vom 24. März 1809 und endgültig

[1]) W. Güttler, Die religiöse Kindererziehung im Deutschen Reiche, Berlin und Leipzig 1908 S. 13 ff.

[2]) Art. V § 34: „Placuit porro, ut illi Catholicorum subditi Augustanae confessioni addicti . . . . liberos suos exteris suae religionis scholis aut privatis domi praeceptoribus instruendos committere non prohibeantur“.

[3]) Güttler S. 16 ff.; K. Schmidt, Die Konfession der Kinder nach den Landesrechten im Deutschen Reiche, Freiburg i. Br. 1890 S. 27 ff.; vgl. auch Kreittmayr, Annot. z. Bayr. Landrecht Tl. I cap. 4 § 3 Ziff. 1, KGJ. Bd. 39 A S. 24.

festgestellt als II. Beilage zur Verfassungsurkunde vom 26. Mai 1818.[4]) Weiterhin ergingen in Württemberg das Religionsedikt vom 15. Oktober 1806, in Nassau das Edikt vom 22. und 26. März 1808, in Mecklenburg-Schwerin die VO. vom 25. Januar 1811 und 30. März 1821, in Sachsen-Gotha das Regulativ vom 23. August 1811, in Frankfurt die VO. vom 5. September 1811, in Sachsen-Coburg die VO. vom 30. Oktober 1812, in Hessen die VO. vom 18. Juli 1825 und 27. Februar 1826, in Hannover die VO. vom 31. Juli 1826, im Königreich Sachsen das Mandat vom 19. Februar 1827 und das Ges. vom 1. November 1836, in Waldeck die VO. vom 28. März 1827, in Kurhessen das Ges. vom 29. Oktober 1848, abgeändert durch VO. vom 13. April 1853, in Hamburg die VO. vom 24. Oktober 1851, in Oldenburg das revid. Staatsgrundgesetz vom 22. Februar 1852, in Lippe-Detmold das Edikt vom 9. März 1854, in Sachsen-Weimar das Ges. vom 6. Mai 1857, in Baden das Ges. vom 9. Oktober 1860, in Holstein das Ges. vom 14. Juli 1863, in Schleswig die Verfügung vom 23. April 1864, in Braunschweig das Ges. vom 10. Mai 1867.[5])

Die meisten dieser Gesetze regelten nur die religiöse Kindererziehung für gemischte Ehen. Soweit sie einzelne Bekenntnisse zugunsten der Landeskirche benachteiligten, wurde diese Rechtsungleichheit vielfach durch neuere Gesetze, zuletzt durch das Reichsgesetz vom 3. Juli 1869 beseitigt, welches alle auf der Verschiedenheit des religiösen Bekenntnisses beruhenden Beschränkungen der bürgerlichen und staatsbürgerlichen Rechte aufhob.

Das Personenstandsgesetz vom 6. Februar 1875 brachte zwar auf dem Gebiete der Eheschließung eine durchgreifende Aenderung durch Einführung der obligatorischen Zivilehe, ließ aber den Rechtszustand hinsichtlich der religiösen Kindererziehung unberührt. Die Hoffnung, daß die Regelung des gesamten Privatrechts durch das Bürgerliche Gesetzbuch auch eine einheitliche Regelung des Rechtes der religiösen Kindererziehung für ganz Deutschland herbeiführen werde, blieb zunächst unerfüllt.

II. Der Plancksche Vorentwurf zum Familienrecht und der Entwurf I des BGB.

Der Plancksche Vorentwurf zum Familienrecht[6]) behandelt im zweiten Abschnitt das Recht der Abkömmlinge, im zweiten Titel dieses Abschnitts die Wirkungen der ehelichen Abstammung, unter Ziff. IV des Titels die elterliche Gewalt und als deren Bestandteil in den §§ 322—328 die Sorge für die Person des Kindes. Nach § 324 umfaßt die Sorge für die Person des Kindes insbesondere dessen Erziehung. Von der religiösen Erziehung im besonderen handeln die §§ 325—328. Sie lauten:

„§ 325. Letztwillige Anordnungen des Vaters über die religiöse Erziehung des Kindes sind, soweit sich nicht aus den nachfolgenden Bestimmungen Abweichungen ergeben, nach den Vorschriften des § 320[7]) zu beurteilen.

Solche Anordnungen bleiben auch dann wirksam, wenn der Vater vor seinem Tode das Erziehungsrecht verliert oder dasselbe ruht, und sind in solchem Falle, wenn ihr Dasein und Inhalt bewiesen werden kann, auch schon während des Lebens des Vaters zu befolgen.

---

[4]) Vgl. C. A. Geiger, Die religiöse Kindererziehung in gemischten Ehen nach bayerischem Rechte, Augsburg 1894 S. 7 ff., 12 ff.

[5]) Güttler S. 18 ff.

[6]) Entwurf eines Familienrechts für das Deutsche Reich. Vorlage des Redaktors Dr. Planck, Berlin 1880.

[7]) Hienach sind solche Anordnungen grundsätzlich zu befolgen, wenn dem Anordnenden bei seinem Tode die elterliche Gewalt über das Kind zustand; ist die Anordnung dem Kinde offenbar nachteilig, so kann das Vormundschaftsgericht eine Abweichung gestatten.

Ein Widerruf von seiten des Vaters ist ausgeschlossen, wenn und so lange derselbe das Erziehungsrecht verloren hat oder das letztere ruht.

Das Vormundschaftsgericht ist eine Abweichung von den nach Maßgabe der vorstehenden Bestimmungen getroffenen Anordnungen des Vaters zu gestatten nicht befugt.

§ 326. In Ermangelung einer nach den Bestimmnngen des § 325 zu befolgenden Anordnung des Vaters ist das Kind in demjenigen Bekenntnisse zu erziehen, in welchem der Vater das Kind bis zuletzt ausschließlich hat unterrichten lassen.

Hat ein Unterricht in einem Bekenntnisse überhaupt noch nicht stattgefunden, so ist das Kind in demjenigen Bekenntnisse zu erziehen, in welchem die sämtlichen übrigen in einem Bekenntnisse bereits unterrichteten Kinder derselben Ehe von dem Vater erzogen sind bzw. nach dem Wegfalle seines Erziehungsrechts oder beim Ruhen desselben erzogen werden.

Trifft auch diese Voraussetzung nicht zu, so ist, wenn bei einer gemischten Ehe von den übrigen aus dieser Ehe erzeugten, in einem Bekenntnisse bereits unterrichteten Kindern die Söhne sämtlich in dem Bekenntnisse des Vaters, die Töchter aber sämtlich in dem Bekenntnisse der Mutter von dem Vater erzogen sind bzw. nach dem Wegfalle seines Erziehungsrechts oder beim Ruhen desselben erzogen werden, das Kind, je nachdem es ein Sohn oder eine Tochter ist, in dem Bekenntnisse des Vaters bzw. der Mutter, in allen anderen Fällen aber in demjenigen Bekenntnisse zu erziehen, welchem der Vater zuletzt angehört hat.

Hat der Vater einem Bekenntnisse zuletzt überhaupt nicht angehört, so entscheidet über die religiöse Erziehung des Kindes derjenige, welchem das Recht der Erziehung überhaupt zusteht. Ist hiernach die Mutter zur Entscheidung berufen, so finden die Bestimmungen des § 325 und dieses Paragraphen mit der Maßgabe entsprechende Anwendung, daß, wenn das Erziehungsrecht des Vaters wieder eintritt oder zur Ausübung gelangt, die Anwendung jener Bestimmungen für die Zukunft sich lediglich nach der Person des Vaters richtet.

§ 327. Unter einem Bekenntnisse im Sinne der §§ 325, 326 ist nur ein solches zu verstehen, in welchem nach den Gesetzen die Erziehung des Kindes erfolgen darf.

§ 328. Mit vollendetem vierzehnten Lebensjahre ist das Kind berechtigt, sich selbst für ein bestimmtes Bekenntnis zu entscheiden."

Diese Vorschläge versuchte die Begründung des Entwurfs [8]) unter eingehender Darstellung des bisherigen Rechtszustandes ausführlich zu rechtfertigen. Die Frage, ob die religiöse Erziehung der Kinder dem Familienrecht oder dem öffentlichen (Staats- und Kirchenrecht) angehöre, wird in ersterem Sinne beantwortet; dagegen sei dem Landesrecht die Entscheidung darüber vorzubehalten, ob die Eltern verpflichtet sind, ihre Kinder überhaupt in einem religiösen Bekenntnisse zu erziehen, und in welchen Bekenntnissen die religiöse Erziehung der Kinder zulässig sein soll (a. a. O. S. 1453 ff., 1456 ff.). Verträgen der Eltern über die religiöse Erziehung der Kinder versagt der Entwurf die Rechtswirkung, weil das Recht der religiösen Erziehung nur ein Teil des Erziehungsrechts überhaupt sei, auf welches nicht verzichtet werden könne; [9]) aus dem gleichen Grunde wird letztwilligen Anordnungen des erziehungsberechtigten Elternteils bindende Wirkung beigelegt. [10]) Landesrechtliche Bestimmungen, wonach ein in der letzten Krankheit erfolgender Religionswechsel der Eltern für die Kinder ohne Bedeutung sein soll (vgl. z. B. PLR. II, 2 § 81), will der Entwurf beseitigen. [11]) Das Eingreifen des Vormundschaftsgerichts wird insoweit für zulässig und erforderlich erklärt, als überhaupt in das Erziehungsrecht eingegriffen werden kann, also insbesondere bei Mißbrauch dieses Rechtes. Geistlichen, Lehrern wie überhaupt dritten Personen soll das Recht zustehen, die erforderlichen Anträge beim Vormundschaftsgericht zu stellen. [12] Was

---

[8]) Begründung des Entwurfs eines Familienrechts für das Deutsche Reich. Vorlage des Redaktors Dr. Planck, Berlin 1880 Bd. 2 S. 1452—1481.

[9]) Begründung S. 1466 ff.

[10]) Begründung S. 1471.

[11]) Begründung S. 1477 ff.

[12]) Begründung S. 1479.

das Unterscheidungsalter anlange, so sei es allerdings an sich das richtigste, die religiöse Selbständigkeit von der individuellen Reife des Kindes abhängig zu machen; das sei jedoch wegen der damit verbundenen praktischen Schwierigkeiten und der Gefahr der Proselytenmacherei nicht durchzuführen; der Entwurf entscheide sich für das vollendete 14. Lebensjahr, weil dieser Zeitpunkt mit dem Ende der Schulpflicht und regelmäßig mit dem Zeitpunkte der Konfirmation oder Kommunion, also der kirchlichen Selbständigkeit, zusammenfalle.[13])

Ueber die §§ 325—328 beriet die I. Kommission am 20. Januar 1886 in ihrer 509. Sitzung; es wurde beantragt, diese Vorschriften zu streichen und den Landesgesetzen die Bestimmung darüber zu überlassen, in welchem religiösen Bekenntnisse das Kind zu erziehen sei. Die Auffassung des Entwurfs, daß die Entscheidung über die religiöse Erziehung des Kindes als die Ausübung eines den privatrechtlichen Normen entfließenden Rechtes zu erachten sei, möge ihre Berechtigung haben; die Ausübung jener Befugnis sei aber durch das interkonfessionelle Kirchenstaatsrecht in den verschiedenen Staaten aus öffentlichrechtlichen Gründen vielfach beschränkt. Daraus ergäben sich überwiegende Bedenken gegen die vorgeschlagene Regelung.[14]) Dieser Antrag fand Annahme.

Demgemäß lauteten die §§ 1508 und 1658 des Entwurfs I:

„In welchem religiösen Bekenntnisse das Kind (der Mündel) zu erziehen ist, bestimmt sich nach den Landesgesetzen."

Die Motive erkennen an, daß im Hinblick auf die Verschiedenartigkeit und vielfache Unklarheit und Unvollständigkeit des bestehenden Rechtes erhebliche Gründe für eine einheitliche reichsrechtliche Regelung der Materie sprächen. Dagegen falle aber entscheidend ins Gewicht, daß die landesgesetzlichen Bestimmungen vorwiegend dem öffentlichen Rechte angehören und von diesem Standpunkt aus das Bestimmungsrecht des erziehungsberechtigten Elternteils in verschiedener Weise beschränkt sei. Die Vorschrift des § 1508 beseitige den (beim Schweigen des Gesetzes möglichen) Zweifel, inwieweit eine Beschränkung des Erziehungsberechtigten durch die Landesgesetze zulässig bleibe.[15])

Wie vorauszusehen war, begegnete diese ängstliche Zurückhaltung des Gesetzgebers auf einem praktisch so wichtigen Gebiete vielfachem Widerspruch.[16]) Insbesondere war es Gierke, der lebhaft das Bedürfnis einheitlicher Regelung betonte und darauf hinwies, daß der familienrechtliche Charakter der Frage ihre Behandlung im BGB. rechtfertige und mit sich bringe.

III. Die Beratungen der II. Kommission; Art. 134 des EinfG. z. BGB.

Bei der Beratung der §§ 1508 und 1658 in der II. Kommission wurden nicht weniger als 9 verschiedene Anträge gestellt.[17]) Während von einer Seite vorgeschlagen wurde, diese Paragraphen zu streichen und entsprechende Vorschriften in das Einführungsgesetz aufzunehmen, enthielten andere Anträge eingehende Bestimmungen, die sich zumeist an die Vorschläge des Planckschen Vorentwurfs anschlossen, fast übereinstimmend aber das Unterscheidungsalter nicht vor Vollendung des 16. Lebensjahrs des Kindes eintreten lassen wollten. Einigkeit bestand darüber, daß die reichsrechtliche Regelung der Frage mit Rücksicht auf die bis-

---

[13]) Begründung S. 1479 ff., 1481.

[14]) Protokolle der I. Kommission (metallographiert) S. 7620 ff.

[15]) Bd. IV S. 757 ff.; s. auch S. 1099.

[16]) Vgl. Zusammenstellung der gutachtlichen Aeußerungen zu dem Entw. eines BGB., gefertigt im Reichsjustizamt, Bd. IV Berlin 1890 S. 390, 401, Bd. VI Berlin 1891 S. 635; s. auch Güttler S. 36 ff.; Schmidt S. 479 ff.; Clara Eck im ArchBürgR. Bd. 41 S. 44 ff.

[17]) Protokolle der Kommission für die zweite Lesung des Entwurfs des BGB. Bd. IV, Berlin 1897, S. 865 ff.

herige Rechtsverschiedenheit und Rechtsunsicherheit dringend erwünscht sei; daß bei Lösung der Frage auch Gesichtspunkte des interkonfessionellen Kirchenstaatsrechts in Betracht kommen, sei nicht als berechtigter Einwand anzuerkennen. Gleichwohl beschloß die Kommission mit 12 gegen 7 Stimmen, in die Einzelberatung der Anträge nicht einzutreten, und zwar im wesentlichen aus „taktischen Gründen und Gründen der Opportunität."[18]) Man erwog insbesondere, daß sich von den Bundesregierungen nur Sachsen, Baden und Anhalt für die Regelung ausgesprochen hatten; es sei ferner mit Sicherheit anzunehmen, daß jede Regelung zur lebhaftesten Erörterung der in dieser Richtung zwischen den Konfessionen bestehenden grundsätzlichen Verschiedenheiten führen werde; von katholischer Seite werde namentlich das freie Bestimmungsrecht der Mutter gefordert werden, während in den Kreisen der evangelischen Bevölkerung darin eine Gefahr für die Gewissensfreiheit erblickt werden würde. Daraus aber könne leicht eine Gefahr für das Zustandekommen des ganzen Gesetzgebungswerkes sich ergeben. Mit dem Vorschlage, die Verweisung auf die Landesgesetzgebung im Einführungsgesetze vorzunehmen, erklärte sich die Kommission einverstanden.[19]) Abgelehnt wurde der Antrag, das Unterscheidungsalter reichsrechtlich an die Vollendung des 16. Lebensjahrs zu knüpfen, weil es im Hinblick auf die noch zu erhoffende Regelung der Materie in einem besonderen Reichsgesetz zweckmäßiger sei, jetzt von einer solchen abzusehen. Als Ergebnis dieses Beschlusses wurde anerkannt, daß nunmehr auch die Frage, ob dem Erziehungsberechtigten während der ganzen Dauer der Minderjährigkeit das Recht zustehe, das Glaubensbekenntnis des Kindes zu bestimmen, der Landesgesetzgebung anheimfalle; doch wurde von einer Seite bemerkt, dem Erziehungsberechtigten müsse mindestens die obrigkeitliche Unterstützung versagt werden, wenn er das Kind gegen dessen Ueberzeugung zum Kirchenbesuch und zur Teilnahme an den religiösen Handlungen eines bestimmten Bekenntnisses anzuhalten versuche.[20])

Angenommen wurde bei dieser Gelegenheit der Antrag, daß dem Vormund die Sorge für die religiöse Erziehung des Mündels entzogen werden könne, wenn er nicht dem gleichen Bekenntnis wie der Mündel angehört.[21])

Bei der zweiten Lesung des Entwurfs in der zweiten Kommission wurde als Art. 78a in das Einführungsgesetz die Vorschrift aufgenommen:

„Unberührt bleiben die landesgesetzlichen Vorschriften über die religiöse Erziehung der Kinder."[22])

In dieser Gestalt ist die Bestimmung in den dem Reichstag vorgelegten Entwurf eines Einführungsgesetzes zum BGB. und als Art. 134 in das Einführungsgesetz zum BGB. vom 18. August 1896 selbst übergegangen.

Der Vorbehalt des Art. 134 EG. z. BGB., daß die Vorschriften der Landesgesetze über die religiöse Kindererziehung „unberührt bleiben", hatte eine doppelte Bedeutung: zunächst wurden dadurch die in dieser Hinsicht beim Inkrafttreten des BGB. bestehenden landesgesetzlichen Vorschriften aufrecht erhalten; außerdem aber wurde damit der Landesgesetzgebung das Recht eingeräumt, die Frage der religiösen Kindererziehung durch neue Vorschriften zu regeln.[23]) Von dieser Be-

---

[18]) Protokolle S. 874.

[19]) Protokolle S. 875.

[20]) Protokolle S. 875 ff.

[21]) Protokolle S. 877 ff.; vgl. den nunmehrigen § 1801 BGB.

[22]) Protokolle der II. Kommission Bd. VI S. 441.

[23]) S. Art. 3 EG. z. BGB.: „Soweit in dem BGB. oder in diesem Gesetze die Regelung den Landesgesetzen vorbehalten oder bestimmt ist, daß landesgesetzliche Vorschriften unberührt bleiben oder erlassen werden können, bleiben die bestehenden landesgesetzlichen Vorschriften in Kraft und können neue landesgesetzliche Vorschriften erlassen werden."

fugnis haben zahlreiche Bundesstaaten (die meisten thüringischen Staaten, Hessen, Lübeck, Elsaß-Lothringen) Gebrauch gemacht; s. unten unter VI, f, m, n, o, q, r, t, x, y.

Ueber die Frage, inwieweit die Vorschriften des BGB. selbst für die Regelung der religiösen Kindererziehung maßgebend waren, s. unten unter VI, z.

IV. Der sog. „Toleranzantrag" und sein Schicksal.

Noch war seit dem Inkrafttreten des BGB. kein Jahr vergangen, als ein neuer Versuch zur reichsrechtlichen Regelung der religiösen Kindererziehung unternommen wurde. Am 23. November 1900 reichte Dr. Lieber (Montabaur) in Gemeinschaft mit den Abgeordneten Gröber, Dr. Pichler, Dr. Spahn und Dr. Bachem den „Entwurf eines Reichsgesetzes betr. die Freiheit der Religionsausübung" ein. Nach § 1 dieses Entwurfs sollte jedem Reichsangehörigen innerhalb des Reichsgebiets volle Freiheit des religiösen Bekenntnisses, der Vereinigung zu Religionsgemeinschaften, sowie der gemeinsamen häuslichen und öffentlichen Religionsübung zustehen; doch dürfe durch die Ausübung der Religionsfreiheit den bürgerlichen und staatsbürgerlichen Pflichten kein Abbruch geschehen.

§ 2 des Entwurfs lautete:

> „In Ermangelung einer Vereinbarung der Eltern sind für die religiöse Erziehung eines Kindes die landesrechtlichen Vorschriften desjenigen Bundesstaats maßgebend, in dessen Bezirk der Mann bei der Eingehung der Ehe seinen Wohnsitz hatte.
>
> Nach beendetem 12. Lebensjahre steht dem Kinde die Entscheidung über sein religiöses Bekenntnis zu."

Die §§ 3 und 4 handelten vom Austritt aus einer Religionsgemeinschaft und dessen rechtlichen Folgen. Ein zweiter Abschnitt des Entwurfs (§§ 5—10) war der „Religionsfreiheit der Religionsgemeinschaften" gewidmet.[24])

Die erste Beratung des Entwurfs im Reichstag fand am 5. Dezember 1900 statt und endigte mit der Ueberweisung des Entwurfs zur Vorberatung an eine aus 28 Mitgliedern bestehende Kommission, nachdem der Reichskanzler von Bülow schon bei Beginn der Sitzung erklärt hatte, der Entwurf sei wegen des darin enthaltenen Eingriffs in das Kirchenhoheitsrecht der Bundesstaaten für die Regierungen unannehmbar.[25]) Gleichwohl ging die Kommission mit Eifer ans Werk und erledigte ihre Aufgabe in zwei Lesungen und 16 Sitzungen; Auskunft über diese Verhandlungen gibt der Bericht vom 10. Mai 1901, der schon wegen der außerordentlich eingehenden und sorgfältigen, als Beilage beigefügten Darstellung des damals bestehenden Rechtszustandes von bleibendem Wert ist.[26])

Der § 1 des Entwurfs wurde unverändert angenommen. Den vorgeschlagenen § 2 änderte der Antragsteller ab wie folgt:

> „§ 2. Für die Bestimmung des religiösen Bekenntnisses, in welchem ein Kind erzogen werden soll, ist die Vereinbarung der Eltern maßgebend, welche jederzeit vor oder nach Eingehung der Ehe getroffen werden kann. Die Vereinbarung ist auch nach dem Tode des einen oder beider Elternteile zu befolgen.
>
> § 2a. In Ermangelung einer Vereinbarung der Eltern gelten für die Bestimmung des religiösen Bekenntnisses, soweit nicht nachfolgend ein anderes vorgeschrieben ist, die Vorschriften des Bürgerlichen Gesetzbuches über die Sorge für die Person des Kindes.

---

[24]) Stenogr. Berichte über die Verhandl. des Reichstags, 10. Legisl.-Periode II. Session 1900—1902, 1. Anlageband S. 367 Drucksache Nr. 80.

[25]) Stenogr. Berichte über die Verhandl. des Reichstags, 10. Legisl.-Periode II. Session 1900—1902 Bd. 1 S. 301 ff.

[26]) Stenogr. Berichte über die Verhandl. des Reichstags, 10. Legisl.-Periode II. Session 1900—1902, 3. Anlageband S. 2389—2425, Drucksache Nr. 372; die Beilage (Materialien) umfaßt die Seiten 2426—2535.

Steht dem Vater oder der Mutter das Recht und die Pflicht, für die Person des Kindes zu sorgen, neben einem dem Kinde bestellten Vormund oder Pfleger zu, so geht bei einer Meinungsverschiedenheit über die Bestimmung des religiösen Bekenntnisses, in welchem das Kind zu erziehen ist, die Meinung des Vaters oder der Mutter vor.

Das religiöse Bekenntnis des Kindes kann weder von dem Vormunde noch von dem Pfleger geändert werden.“

In dieser Form fand die Vorschrift Annahme. Neugeschaffen wurde als § 2b die Bestimmung:

„Gegen den Willen des Erziehungsberechtigten darf ein Kind nicht zur Teilnahme an dem Religionsunterricht oder Gottesdienst einer anderen Religionsgemeinschaft angehalten werden, als den in § 2 und § 2a getroffenen Bestimmungen entspricht.“

Das Unterscheidungsalter wurde im § 2c auf das vollendete 14. Lebensjahr festgesetzt. Die Bestimmungen über den Austritt aus einer Religionsgemeinschaft wurden mit geringfügigen Aenderungen angenommen. Der zweite Teil des Antrags, der die Religionsfreiheit der Religionsgemeinschaften zum Gegenstande hatte, wurde, um das Zustandekommen des Gesetzes zu erleichtern, von den Antragstellern zurückgezogen.

Die zweite Beratung erfolgte in den Sitzungen des Reichstags vom 29. Januar, 1., 3. und 5. Mai 1902, die dritte in der Sitzung vom 5. Juni 1902. Bei der zweiten Beratung wurde dem § 1 ein weiterer Absatz beigefügt, wonach die Bestimmungen über das Vereins- und Versammlungswesen aufrecht erhalten bleiben sollten. Im übrigen wurde der Entwurf in der dritten Beratung unter Ablehnung aller Abänderungsanträge nach den Beschlüssen der Kommission mit 163 gegen 60 Stimmen bei 3 Stimmenthaltungen angenommen.[27]) Ein Beschluß des Bundesrats erfolgte nicht.

Der am 3. Dezember 1903 von Graf Hompesch und Gen. eingereichte „Entwurf eines Reichsgesetzes, betr. die Freiheit der Religionsübung“, wiederholte den Inhalt des Antrags Lieber, den ersten Teil in der vom Reichstag angenommenen Fassung, den zweiten Teil in der Form, in welcher er ursprünglich eingebracht war[28]). Die erste Beratung des neuen Antrags fand statt in den Sitzungen vom 4., 8. und 18. Februar 1905; sie führte wiederum zur Ueberweisung an eine Kommission von 28 Mitgliedern; auch diesmal hatte der Vertreter des Bundesrats erklärt, daß der Entwurf bei den Bundesregierungen nicht auf Annahme rechnen könne[29]). Die Kommission, an deren Beratungen kein Vertreter der Regierung teilnahm, erledigte die erste Lesung in 4 Sitzungen vom 2. März bis 4. April 1905, die zweite in einer Sitzung. Der Entwurf wurde mit mehreren Abänderungen angenommen; hinsichtlich der religiösen Kindererziehung ging die wesentlichste dahin, daß gegen den Willen des Erziehungsberechtigten ein Kind nicht zur Teilnahme an einem Religionsunterricht oder Gottesdienst angehalten werden dürfe[30]).

Eine Beratung im Plenum fand wegen des Schlusses des Reichstags nicht mehr statt.

Am 30. November 1905 wurde ein neuer Versuch zur Regelung der Materie unternommen, indem von Graf Hompesch und Gen. neuerdings der „Entwurf eines Reichsgesetzes, betreffend die Freiheit der Religionsausübung“

---

[27]) Stenogr. Berichte über die Verhandl. des Reichstags, 10. Legisl.-Periode II. Session 1900—1903 Bd. 4 S. 3736 ff., Bd. 6 S. 5203 ff., 5277 ff., 5308 ff., 5428 ff.

[28]) Stenogr. Berichte über die Verhandl. des Reichstags, 11. Legisl.-Periode I. Session, erster Sessionsabschnitt 1903/4, 1. Anl.-Bd. S. 67 ff., Aktenstück Nr. 22.

[29]) Stenogr. Berichte über die Verhandl. des Reichstags, 11. Legisl.-Periode I. Session, zweiter Sessionsabschnitt, Bd. 6 S. 4245 ff., 4349 ff., 4560 ff.

[30]) Stenogr. Berichte a. a. O. 8. Anlagenband S. 4595 ff., Aktenstück Nr. 791. Auch diesem Bericht sind reichhaltige Materialien beigegeben (a. a. O. S. 4610—4766).

in einer gegenüber den erwähnten Kommissionsbeschlüssen wenig veränderten Form eingereicht wurde[31]). Die erste Beratung dieses Entwurfs erfolgte in den Sitzungen vom 24. und 31. Januar 1906; der Antrag auf Verweisung an eine Kommission wurde nunmehr abgelehnt; die zweite Beratung fand am 2. Mai 1906 statt, wurde aber unerledigt abgebrochen[32]).

Die wiederholte Einbringung eines nahezu gleichlautenden Entwurfs durch Graf Hompesch und Gen. erfolgte am 20. Februar 1907[33]); der erste Teil des Entwurfs endlich wurde neuerdings eingebracht am 15. Februar 1912 durch Dr. Schädler und Gen.[34]). Zu einer Beratung und Beschlußfassung über diese Anträge ist es nicht mehr gekommen.

V. Die Reichsverfassung vom 11. August 1919.

Die Verfassung des Deutschen Reichs vom 11. August 1919 behandelt im zweiten Hauptteil die Grundrechte und Grundpflichten der Deutschen, im dritten Abschnitte dieses Hauptteils Religion und Religionsgesellschaften. Nach Art. 135 Satz 1 genießen alle Bewohner des Reichs volle Glaubens- und Gewissensfreiheit; nach Art. 136 Abs. 1 werden die bürgerlichen und staatsbürgerlichen Rechte und Pflichten durch die Ausübung der Religionsfreiheit weder bedingt noch beschränkt, nach Abs. 3 dieses Artikels ist niemand verpflichtet, seine religiöse Ueberzeugung zu offenbaren, und sind Behörden nur insoweit berechtigt, nach der Zugehörigkeit zu einer Religionsgesellschaft zu fragen, als davon Rechte und Pflichten abhängen oder eine gesetzlich angeordnete statistische Erhebung dies erfordert; nach Abs. 4 darf niemand zu einer kirchlichen Handlung oder Feierlichkeit oder zur Teilnahme an religiösen Uebungen oder zur Benutzung einer religiösen Eidesform gezwungen werden. Der im 4. Abschnitt (Bildung und Schule) enthaltene Art. 149 lautet:

„Der Religionsunterricht ist ordentliches Lehrfach der Schulen mit Ausnahme der bekenntnisfreien (weltlichen) Schulen. Seine Erteilung wird im Rahmen der Schulgesetzgebung geregelt. Der Religionsunterricht wird in Uebereinstimmung mit den Grundsätzen der betreffenden Religionsgesellschaft unbeschadet des Aufsichtsrechts des Staates erteilt.[35])

Die Erteilung religiösen Unterrichts und die Vornahme kirchlicher Verrichtungen bleibt der Willenserklärung der Lehrer, die Teilnahme an religiösen Unterrichtsfächern und an kirchlichen Feiern und Handlungen der Willenserklärung desjenigen überlassen, der über die religiöse Erziehung des Kindes zu bestimmen hat.

Die theologischen Fakultäten an den Hochschulen bleiben erhalten".

Durch diese Bestimmungen haben die landesrechtlichen Vorschriften über die religiöse Kindererziehung keinerlei Abänderung erfahren (Beschl. des KG. vom 8. April 1921, DJZ. 1921 S. 372 ff). Wie das Kammergericht in einem Beschluß vom 30. April

[31]) Stenogr. Berichte über die Verhandl. des Reichstags 11. Legisl.-Periode, II. Session, 1. Sessionsabschnitt 1905/6, II. Anl.-Bd. S. 1607, Aktenstück Nr. 40.

[32]) Stenogr. Berichte über die Verhandl. des Reichstags 11. Legisl.-Periode, II. Session, 1. Sessionsabschnitt 1905/6 Bd. 1 S. 762 ff. Bd. 2 S. 907 ff., Bd. 4 S. 2834 ff.

[33]) Verhandl. des Reichstags 12. Legisl.-Periode, I. Session, Bd. 239, Anl.-Bd. Nr. 48.

[34]) Verhandl. des Reichstags 13. Legisl.-Periode, I. Session, Bd. 298, Anl.-Bd. Nr. 124.

[35]) Auf Grund des Art. 13 Abs. 2 der Reichsverfassung und des Ges. vom 8. April 1920 (RGBl. S. 510) hat das Reichsgericht am 29. November 1920 ausgesprochen, daß § 2 Abs. 2 und § 18 Abs. 2 Satz 2 und 3 des sächsischen Uebergangsgesetzes für das Volksschulwesen vom 22. Juli 1919 (betr. Beseitigung des Religionsunterrichts in der allgemeinen Volksschule), ferner die in der Bek. vom 10. Dezember 1918 des Arbeiter- und Soldatenrats für Hamburg, Altona und Umgebung und in der VO. des Arbeiter- und Soldatenrats Bremen vom 7. Januar 1919 und der diese VO. bestätigenden VO. der vorläufigen Bremischen Regierung vom 2. und 7. März 1919 enthaltene Beseitigung des Religionsunterrichts in den öffentlichen Schulen den Art. 146, 149, 174 der Reichsverfassung widerspricht (RGBl. 1920 S. 2016). Vgl. hiezu Pötzsch in DJZ. 1921 S. 125 ff. und Urt. des KG. vom 31. August 1921, DJZ. 1921 S. 835.

1920 (OLG. Bd. 41 S. 57 ff.) mit Recht ausführt, hatten diese landesrechtlichen Vorschriften lediglich die Frage zum Gegenstande, welchem von mehreren nach Lage des einzelnen Falles in Betracht kommenden religiösen Bekenntnissen das Kind angehören solle; die Entscheidung hierüber erschöpfte sich wesentlich in der Anordnung, die Erziehung des Kindes in einem ihm nicht zukommenden Glauben zu unterlassen, während die Frage, ob das Kind überhaupt zum Besuch kirchlicher Feiern anzuhalten sei, ganz außerhalb des Rahmens jener Vorschriften lag. Aus Art. 136 Abs. 4 der RVerf. folgt nichts gegenteiliges; denn die den Erziehungsberechtigten obliegende religiöse Erziehung des Kindes kann nicht als eine der im Art 136 Abs. 4 erwähnten Betätigungen angesehen werden; als solche kommen vielmehr nur bestimmte einzelne Aeußerungen der Zugehörigkeit zu einer Religionsgemeinschaft in Betracht, wie Taufe, Konfirmation, Kommunion, Beichte, Abendmahl, Trauung und Besuch des Gottesdienstes.[36])

VI. Rechtszustand in Deutschland vor dem Inkrafttreten des Gesetzes vom 15. Juli 1921.

Eine eingehende Darstellung des buntscheckigen, unübersichtlichen und vielfach unklaren Rechtszustandes, der hinsichtlich der religiösen Kindererziehung unmittelbar vor dem Inkrafttreten des Gesetzes vom 15. Juli 1921 in den einzelnen deutschen Staaten herrschte, liegt außerhalb des Rahmens dieser Arbeit; ein kurzer Ueberblick aber erscheint erforderlich, schon um die Schwierigkeiten ermessen zu können, die der reichsrechtlichen Regelung entgegenstanden.

a) Preußen.

In ganz besonders hohem Maße zeigte sich die Rechtszersplitterung Deutschlands auf dem Gebiete der religiösen Kindererziehung in Preußen.

1. Im größten Teile der sogen. alten Provinzen (Ostpreußen, Westpreußen, Brandenburg, Pommern mit Ausnahme von Neuvorpommern und Rügen, Schlesien und Sachsen) galten die durch Art. 89, 1, c des preuß. AG. z. BGB. vom 20. September 1899 ausdrücklich aufrechterhaltenen Vorschriften der §§ 77, 78, 81—84, 642 aus Teil II Tit. 2 des Allg. Landrechts von 1794. Die Vorschrift des § 76, daß bei Mischehen bis zum zurückgelegten 14. Lebensjahre Söhne in der Religion des Vaters, Töchter in der der Mutter zu erziehen seien, wurde durch die Kgl. VO. („Deklaration") vom 21. November 1803 dahin abgeändert, daß alle ehelichen Kinder in der Religion des Vaters zu erziehen seien und eine Abänderung dieser Regel durch Verträge nicht statthaft sei. Aufrecht erhalten dagegen wurde durch die Deklaration der § 78, wonach niemand das Recht haben sollte, den Eltern zu widersprechen, solange sie über den ihren Kindern zu erteilenden Religionsunterricht einig sind. Durch die Kabinettsorder vom 17. August 1825 wurde die Deklaration vom 21. November 1803 auch in der Rheinprovinz und in Westfalen eingeführt. Nach § 80 II, 2 PLR. war auch nach dem Tode der Eltern der Unterricht der Kinder in dem Glaubensbekenntnisse desjenigen von ihnen, zu dessen Geschlecht sie gehören, fortzusetzen; auf eine erst in der letzten Krankheit erfolgte Religionsänderung sollte dabei keine Rücksicht genommen werden (§ 81). Hatte aber der verstorbene

---

[36]) Ebenso Beschl. des KG. vom 7. Januar 1921, DJZ. 1921 S. 205 ff.; vgl. auch Beschl. des gleichen Gerichts vom 11. Juli 1919, OLG. Bd. 40 S. 80, und vom 17. Oktober 1919, RJA. Bd. 16 S. 185 ff. Die Vorschrift des § 1779 Abs. 2 Satz 2 BGB. ist durch Art. 106 der RVerf. nicht berührt worden (KG. in RJA. Bd. 16 S. 192 ff.; s. Bem. IV, 2, e, α zu § 3).

Ehegatte ein zu seinem Geschlecht gehöriges Kind das ganze letzte Jahr vor seinem Tode im Glaubensbekenntnisse des anderen Ehegatten unterrichten lassen, so war dieser Unterricht bis zum 14. Lebensjahre des Kindes fortzusetzen (§ 82). Nach § 83 durfte vor Vollendung des 14. Jahres kein Kind zur Annahme oder zum öffentlichen Bekenntnis einer anderen Religion, als wozu es nach den vorhergehenden Bestimmungen gehörte, zugelassen werden. § 84 setzte das vollendete 14. Lebensjahr als Unterscheidungsalter fest; § 642 bestimmte, daß uneheliche Kinder bis zu diesem Zeitpunkt im Glaubensbekenntnisse der Mutter zu erziehen seien. Darüber, ob und in welchem Umfang die §§ 80—82 durch die Deklaration vom 21. November 1803 eine Abänderung erfahren hatten, insbesondere, ob einer Vereinbarung der Eltern über den Tod des Vaters hinaus Bedeutung zukomme, herrschte im Schrifttum und in der Rechtsprechung weitgehende Meinungsverschiedenheit. Bestritten war auch, ob auf Kinder aus ungemischten Ehen die Deklaration von 1803 oder die Vorschriften des BGB. anzuwenden seien.[37]) Ueber die religiöse Erziehung von Kindern aus jüdischen Ehen s. KGJ. Bd. 49 A S. 29 ff. Die Vorschrift des Anhangs (§ 104 zu Teil II Tit. 2 § 754) über die religiöse Erziehung der Pflegekinder hatte seit 1. Januar 1900 ihre Geltung verloren, da dem BGB. das Institut der Pflegekindschaft fremd ist.[38])

2. In Holstein war für Kinder aus gemischten Ehen das Gesetz vom 14. Juli 1863 über die Religionsübung und Gemeindeverhältnisse der Reformierten, Katholiken, Mennoniten, Anglikaner und Baptisten maßgebend. Hiernach (§ 10) entschied über das Bekenntnis solcher Kinder in erster Linie der Wille des Vaters; war dieser gestorben, ohne seinen Willen erklärt zu haben, oder zur Ausübung seines Bestimmungsrechts unfähig geworden, so entschied der Wille der Mutter; konnte auch dieser nicht festgestellt werden, so waren die Kinder in der Religion des Vaters zu erziehen. Vertragsmäßige Regelung war durch § 6 ausgeschlossen.[39])

3. In Schleswig war nach Ziff. 3 der Verf. vom 23. April 1864 die Regelung der religiösen Erziehung der Kinder dem freien Uebereinkommen der Eheleute überlassen.[40])

4. Die für Hannover maßgebende VO. über die religiöse Erziehung der Kinder, deren Eltern verschiedener Konfession sind, sowie auch der Findlinge vom 31. Juli 1826 regelte nur die religiöse Erziehung von Kindern aus gemischten Ehen, unehelichen Kindern und Findelkindern. Das Bestimmungsrecht stand hienach ausschließlich dem Vater zu; Verträge, wodurch der Vater auf dieses Recht verzichtete, waren für nichtig erklärt; der Wille des Vaters sollte auch über seinen Tod hinaus bindend sein. Das Gleiche galt für legitimierte und solche uneheliche Kinder, die der Vater anerkannt hatte und in seinem Hause oder auf seine Kosten erziehen ließ; andere uneheliche Kinder sollten der Religion der Mutter folgen. Als Unterscheidungsalter war das 14. Lebensjahr festgesetzt.[41])

---

[37]) Vgl. Güttler S. 68 ff., S. 81 ff. und die von ihm erwähnten Schriftsteller und Entscheidungen; Schmidt S. 92 ff.; Staudinger, Komm. zum BGB. 7./8. Aufl., Bem. I, 2, a zu § 1631, Bem. 2, d zu § 1707, Vorbem. 4 vor § 1741, Bem. 4 zu EG. Art. 134; Goldmann-Lilienthal, Familienrecht, Berlin 1921 S. 259 Anm. 16, S. 345 Anm. 21; Tophoff in GruchotsBeitr. Bd. 64 S. 308 ff.; Ad. Weißler in Zeitschr. des Deutschen Notarvereins Bd. 10 (1910) S. 409 ff.; KGJ. Bd. 28 A S. 12 ff., Bd. 32 A S. 58 ff., Bd. 37 A S. 78 ff., Bd. 45 A S. 78 ff., Bd. 48 A S. 10 ff., OLG. Bd. 30 S. 69 ff. (Hamburg), S. 70 ff. (KG.), Bd. 33 S. 352 (KG.), Jur. Wschr. 1920 S. 906 ff. (KG.), DJZ. 1921 S. 372 ff. (KG.).

[38]) KGJ. Bd. 28 A S. 12 ff.

[39]) Güttler S. 87 ff.; Schmidt S. 4 ff.; vgl. auch SeuffArch. Bd. 64 Nr. 113 (Hamburg).

[40]) Güttler S. 90 ff.; Schmidt S. 5.

[41]) Güttler S. 91 ff.; Schmidt S. 181 ff.; vgl. auch KGJ. Bd. 5 S. 307 ff., Bd. 39 A S. 21 ff., Bd. 46 A S. 74 ff.

5. In Kurhessen stand nach § 4 der VO. vom 13. April 1853 das Bestimmungsrecht für Kinder von 7—14 Jahren dem Vater zu; mangels einer solchen Bestimmung sollten Kinder bis zum vollendeten 14. Lebensjahr in der Konfession des Vaters erzogen werden; für uneheliche Kinder war die gleiche Befugnis der Mutter eingeräumt. Gehörten die Eltern keiner christlichen Kirche an, so stand ihnen das weitergehende Bestimmungsrecht nach den Vorschriften des Ges. vom 29. Oktober 1848, die Religionsfreiheit und die Einführung der bürgerlichen Ehe betr., zu.[42])

6. Nach dem Nassauischen Edikt vom 22. und 26. März 1808 über die Erziehung der Kinder aus gemischten Ehen waren eheliche Kinder in der Religion des Vaters, uneheliche in der der Mutter zu erziehen; Verträge waren für nichtig erklärt, als Unterscheidungsalter war das 14. Lebensjahr festgesetzt. Durch Erlaß das Staatsmin. vom 7. Dezember 1848 wurde aber anerkannt, daß bei gemischten Ehen dem von dieser Regelung abweichenden übereinstimmenden Willen der Eltern kein Hindernis in den Weg zu legen sei.[43])

7. Im Gebiete der vormaligen freien Stadt Frankfurt a. M. galt die VO. vom 5. September 1811 über die Religionsbestimmung der Kinder aus gemischten Ehen. Sie betrachtete die religiöse Erziehung der Kinder als Ausfluß der väterlichen Gewalt, übertrug daher das Bestimmungsrecht bei Meinungsverschiedenheit der Eltern dem Vater (Art. 3). Verträge waren für zulässig erklärt; mangels vertragsmäßiger Regelung sollten die Kinder beiderlei Geschlechts in der Religion des Vaters erzogen werden (Art. 4—8). Als Unterscheidungsalter war das 16. Lebensjahr bestimmt (Art. 11); über die Religion unehelicher Kinder sollte im Falle der Anerkennung der Vater, andernfalls die Mutter zu entscheiden haben (Art. 12).[44])

8. In den Gebieten der bis 1866 zu Bayern gehörenden Amtsgerichte Weyhers, Hilders und Orb galten nach VO. vom 22. Mai 1867 hinsichtlich der religiösen Erziehung der Kinder die Bestimmungen der II. Beilage zur bayrischen Verfassung vom 26. Mai 1818;[45]) s. unten unter b, 1.

9. In Neuvorpommern, Rügen, Lauenburg, Hohenzollern und Homburg vor der Höhe waren keinerlei Vorschriften über die religiöse Kindererziehung erlassen.[46])

10. Die preußische Vormundschaftsordnung vom 5. Juli 1875 bestimmte in § 28 Abs. 2 ausdrücklich, daß die besonderen Vorschriften über die religiöse Erziehung der Kinder in Kraft bleiben.

11. Auch die neue preußische Verfassung vom 30. November 1920 hat keine Aenderung der vorstehend angeführten Rechtsnormen bewirkt. Sie enthält eine einzige auf die Religion bezügliche Vorschrift, nämlich den Art. 76, worin die bürgerliche Wirkung des Austritts aus einer Religionsgemeinschaft öffenllichen Rechtes geregelt ist. Hiernach hat, wer aus einer Religionsgemeinschaft öffentlichen Rechtes mit bürgerlicher Wirkung austreten will, den Austritt bei Gericht zu erklären oder als Einzelerklärung in öffentlich beglaubigter Form einzureichen; die Steuerpflicht des Ausgetretenen erlischt frühestens mit Ende des Steuerjahrs, in dem die Austrittserklärung abgegeben worden ist. Zur Ausführung dieser Vorschrift erging das Ges. vom 30. November 1920 betr. den Austritt aus den Religionsgesellschaften öffentlichen Rechts (GesSamml. 1921 S. 119 ff.).

---

[42]) Güttler S. 99 ff.; Schmidt S. 194 ff.; vgl. auch KGJ. Bd. 11 S. 355 ff. (Kassel), Bd. 34 C S. 41 ff., Bd. 36 C S. 64 ff.

[43]) Güttler S. 104 ff.; Schmidt S. 207 ff.; vgl. auch OLG. Frankfurt a. M. in KGJ. Bd. 13 S. 413 ff., Bd. 14 S. 434 ff. und in OLG. Bd. 30 S. 69 Note 1.

[44]) Güttler S. 109 ff.; Schmidt S. 224 ff.

[45]) Güttler S. 114; Schmidt S. 10 Anm. 1.

[46]) Güttler S. 255 ff.; Schmidt S. 27 ff., 92.

b) Bayern.

1. In Bayern hatte das Recht der religiösen Kindererziehung durch Abschnitt I Kapitel III der Beil. II zu Tit. IV § 9 der Verfassungsurkunde vom 26. Mai 1818 eine eingehende Regelung erfahren.[47]) Nach § 12 entschied über die Frage, in welcher Religion Kinder von Eltern verschiedenen Glaubensbekenntnisses zu erziehen seien, in erster Linie die in einem gültigen Ehevertrage getroffene Vereinbarung. Mangels einer solchen Vereinbarung sollten Söhne der Religion des Vaters, Töchter der Religion der Mntter folgen (§ 14). Durch den Tod der Eltern sollte hierin nichts geändert werden, ebensowenig durch Auflösung der Ehe (§§ 16, 17). Nach § 18 war beim Vorhandensein eines das Religionsverhältnis der Kinder regelnden Ehevertrags der Uebergang der Eltern zu einem anderen Glaubensbekenntnisse solange auf die Religion der Kinder ohne Einfluß, als die Ehe noch gemischt blieb; anderenfalls sollten die Kinder der nunmehr gleichen Religion der Eltern folgen, ausgenommen, wenn sie dem Ehevertrag gemäß bereits durch Konfirmation oder Kommunion in die Kirche einer anderen Konfession aufgenommen waren; in diesem Falle sollten sie bis zum Unterscheidungsalter (das durch Kapitel II § 6 auf den Zeitpunkt der Volljährigkeit festgesetzt war) darin belassen werden. Pflegekinder waren in dem Glaubensbekenntnisse zu erziehen, dem sie nach ihrem vorigen Stande zu folgen hatten (§ 19). Durch Heirat legitimierte und vom Vater anerkannte uneheliche Kinder waren hinsichtlich der religiösen Erziehung ehelichen Kindern gleichgestellt; nicht anerkannte uneheliche Kinder sollten im Glaubensbekenntnisse der Mutter erzogen werden (§§ 20, 21). Findlinge und uneheliche Kinder unbekannter Mütter sollten nach § 22 der Religion desjenigen, der das Kind aufgenommen hatte, falls er einer der öffentlich eingeführten Kirchen angehörte, oder der Religionspartei des Findlingsinstituts, worin sie erzogen wurden, folgen; eventuell sollte sich ihre Religion nach jener der Mehrheit der Einwohner des Findungsortes richten (§ 22). § 23 gewährte den geistlichen Obern, den nächsten Verwandten, den Vormündern und Paten das Recht, über die Befolgung dieser Vorschriften zu wachen.

Durch Art. 8 Ziff. 4 des Ges. vom 8. August 1878 über die Errichtung eines Verwaltungsgerichtshofs und das Verfahren in Verwaltungsrechtssachen waren Streitigkeiten über religiöse Kindererziehung als Verwaltungssachen im Sinne dieses Gesetzes erklärt.

Ob die Bestimmungen der II. Verfassungsbeilage auf Kinder aus ungemischten Ehen entsprechend anzuwenden seien, war bestritten; der bayerische Verwaltungsgerichtshof hat die Frage in ständiger Rechtsprechung verneint und insoweit das bürgerliche Recht für maßgebend erklärt.[48]) Eine Vereinbarung über die religiöse Erziehung der Kinder konnte nach der (allerdings lebhaft bestrittenen) Anschauung des Verwaltungsgerichtshofs nur in der nach bürgerlichem Recht für den Abschluß von Eheverträgen vorgeschriebenen Form mit Rechtswirksamkeit getroffen werden.[49])

---

[47]) Vgl. Güttler S. 114 ff.; Schmidt S. 233 ff.; Staudinger Bem. I, 2, a zu § 1631, Bem. 2, d zu § 1707, Bem. 7 zu § 1718, Vorbem. 3 vor § 1719, Vorbem. 4 vor § 1741, Bem. 4 zu EG. Art. 134; Bl. f. RA. Bd. 78 S. 520 ff.; C. A. Geiger, Die religiöse Kindererziehung in gemischten Ehen nach bayerischem Rechte, Augsburg 1894; Oertmann, Bayrisches Landesprivatrecht, Halle a. S. 1903, S. 591 ff.; Fr. Eichelsbacher, Der Zwang zu religiöser Betätigung in Familie und Schule, Würzburg 1911; Cl. Menner, Einige Fragen zur religiösen Kindererziehung, Blätter für administr. Praxis Bd. 62 S. 248 ff., 298 ff.; W. Bärthlein, Die religiöse Kindererziehung in Bayern, München 1912; O. Kollmann, Die Religionsverhältnisse der Kinder in Bayern, Ansbach 1913.

[48]) Entsch. des VGH. Bd. 4 S. 111 ff., Bd. 5 S. 141, Bd. 20 S. 104, Bd. 38 S. 206; ebenso BayObLGZ. Bd. 13 S. 181.

[49]) Entsch. des VGH. Bd. 4 S. 161 ff., Bd. 12 S. 454, Bd. 13 S. 566 ff.

Demgemäß war für solche Verträge seit 1. Januar 1900 § 1434 BGB. maßgebend, wonach Abschluß vor Gericht oder vor einem Notar bei gleichzeitiger Anwesenheit beider Teile erforderlich war. Von der im EG. z. BGB. Art. 141 ausgesprochenen Befugnis, nur die Gerichte oder nur die Notare für zuständig zu erklären, hatte Bayern Gebrauch gemacht, indem es die Notare ausschließlich für zuständig erklärte.[50]) Es bedurften daher Verträge über religiöse Kindererziehung seit 1. Januar 1900 in ganz Bayern zu ihrer Gültigkeit notarieller Beurkundung.[51]) Ueber die Anwendbarkeit des § 18 der II. VerfBeil. auf Israeliten s. Heimberger in Bl. f. administr. Praxis Bd. 62 S. 326 ff. und anderseits Entsch. des VGH. Bd. 33 S. 159 ff.

2. Eine vollkommene Neuregelung erfuhr das bayerische Recht der religiösen Kindererziehung durch § 17 der Verfassungsurkunde des Freistaates Bayern vom 14. August 1919. Er lautet:

> „Jedermann ist volle Glaubens- und Gewissensfreiheit gewährleistet.
>
> Die Entscheidung über die Zugehörigkeit der Kinder zu einer Religionsgesellschaft steht bis zu deren vollendetem sechzehnten Lebensjahre den Erziehungsberechtigten zu. Bis zu diesem Zeitpunkte können die Eltern die Zugehörigkeit ihrer Kinder zu einer Religionsgesellschaft auch durch Vertrag regeln. Ein solcher Vertrag bedarf der gerichtlichen oder notariellen Beurkundung; er wird durch den Tod der Eltern nicht berührt. Ist ein Kind mit Zustimmung der Erziehungsberechtigten vor Vollendung des sechzehnten Lebensjahres durch einen Kultusakt einer Religionsgesellschaft endgültig in diese aufgenommen worden, so kann hieran durch die Erziehungsberechtigten nichts mehr geändert werden. Von diesem Alter an hat das Kind selbst die Freiheit der Entscheidung über sein Verbleiben in der Religionsgesellschaft.
>
> Der Austritt aus einer Religionsgesellschaft kann mündlich oder schriftlich bei dem Standesamte des Wohnsitzes oder ständigen Aufenthaltsortes erklärt werden. Die schriftliche Erklärung bedarf der Beglaubigung durch eine öffentliche Behörde. Abs. II findet entsprechende Anwendung. Nichtigkeit und Anfechtbarkeit der Austrittserklärung sind nach den Vorschriften des bürgerlichen Rechtes zu beurteilen.
>
> Neue freiwillige Leistungen des Staates, der bürgerlichen Gemeinden und Gemeindeverbände an einer Religionsgesellschaft werden durch Zuschläge zu den Staatssteuern und Umlagen der Angehörigen dieser Religionsgesellschaft aufgebracht.“ [52])

Aus der Entstehungsgeschichte dieser Vorschrift ergibt sich, daß damit von dem früheren Grundsatz des teilweisen gesetzlichen Bekenntniszwangs abgegangen und das entscheidende Gewicht auf den Zusammenhang der religiösen Erziehung mit dem Erziehungsrecht überhaupt gelegt werden sollte; es kann auch keinem Zweifel unterliegen, daß hiedurch das dritte Kapitel der II. Verfassungsbeilage von 1818 außer Wirksamkeit gesetzt war.[53])

An der Bestimmung des Art. 8 Ziff. 4 des Ges. vom 8. August 1878, wonach Streitigkeiten über religiöse Kindererziehung als Verwaltungsrechtssachen erklärt waren, war durch § 17 der neuen Verfassungsurkunde nichts geändert worden.[54])

---

[50]) Art. 15 Abs. 2 Satz 2 des AG. zum GVG. vom 23. Februar 1879 in der durch Art. 167, I des AG. zum BGB. vom 9. Juni 1899 festgesetzten Fassung, Art. 1 des Notariatsges. vom 9. Juni 1899.

[51]) Entsch. des VGH. Bd. 33 S. 169 ff.; and. Ans. Oertmann, Bayrisches Landesprivatrecht S. 602.

[52]) Vgl. hiezu R. Piloty, Die Verfassungsurkunde des Freistaates Bayern, München, Berlin und Leipzig 1919 S. 75 ff.; v. d. Pfordten, Die religiöse Kindererziehung in Bayern, Bay. Gem.- u. Verw.Zeitung Bd. 30 S. 433 ff., 457 ff.; R. Mezger in BayZfR. 1920 S. 38 ff. Die zum Vollzug des § 17 Abs. 3 ergangene Bek. vom 30. Oktober 1919 (GVBl. 1919 S. 784) ist aufgehoben und ersetzt worden durch die im Anhang unter II abgedruckte Bek. über Vollzug des § 17 Abs. 3 der VerfUrk. des Freistaates Bayern vom 16. Januar 1922.

[53]) Entsch. d. VGH. Bd. 40 S. 119 ff.; ebenso v. d. Pfordten a. a. O. S. 434 und Mezger a. a. O.

[54]) v. d. Pfordten a. a. O. S. 465.

c) Sachsen.

1. In Sachsen waren früher hinsichtlich der religiösen Kindererziehung maßgebend die §§ 52, 53, 54, 58 des Mandats vom 19. Februar 1827 über die Ausübung der katholisch-geistlichen Gerichtsbarkeit in den hiesigen Kreislanden und die Grundsätze zur Regulierung der gegenseitigen Verhältnisse der katholischen und evangelischen Glaubensgenossen, die §§ 6—20 des Ges. vom 1. November 1836, betr. die Ehen unter Personen evangelischen und katholischen Glaubensbekenntnisses und die religiöse Erziehung der von Eltern solcher verschiedenen Konfessionen erzeugten Kinder, § 11 des Ges. vom 2. November 1848 über die Religionsverhältnisse der deutsch-katholischen Glaubensgenossen, § 20 des Ges. vom 20. Juni 1870, betr. die Einführung der Zivilstandsregister für Personen, welche keiner im Königreich Sachsen anerkannten Religionsgesellschaft angehören, § 6 des Ges. vom 26. April 1873, betr. das Volksschulwesen, und §§ 14, 15 der Ausf.-VO. hiezu vom 25. August 1874, § 49 des AG. z. BGB. vom 18. Juni 1898, § 73 des Ges. über die Verwaltungsrechtspflege vom 19. Juli 1900, § 6 des Ges. vom 10. Juni 1904, betr. die israelischen Religionsgemeinden, und § 9 der AusfVO. hiezu vom 29. Juni 1904.[55])

2. Der hienach bestehende Rechtszustand, den Kloß[56]) mit Recht als lückenhaft, widerspruchsvoll und unbefriedigend bezeichnete, wurde vollkommen umgestaltet durch das Gesetz über die religiöse Erziehung der Kinder vom 16. Juni 1920.[57]) Nach § 1 dieses Gesetzes sollten über die religiöse Erziehung der Kinder bis zu deren 14. Lebensjahr die Erziehungsberechtigten bestimmen; zu einer Aenderung der religiösen Erziehung aber sollte, solange beiden Eltern die Sorge für die Person des Kindes zusteht, ihre übereinstimmende Willenserklärung erforderlich sein. Nach § 2 war es Verlobten und Ehegatten gestattet, die religiöse Erziehung der Kinder bis zum 14. Lebensjahr durch gerichtlich oder notariell beurkundeten Vertrag zu regeln. Im Vertrag konnte auch bestimmt werden, daß wenn ein Elternteil verstorben oder für tot erklärt oder sonst an der Ausübung des Erziehungsrechts verhindert ist, der andere Teil nur aus wichtigen Gründen mit Genehmigung des Vormundschaftsgerichts vom Vertrag abweichen könne. Der Austritt aus der Kirche war schon durch Ges. vom 4. August 1919, abgeändert durch Ges. vom 26. Januar 1920[58]), geregelt worden. Hienach ist der Austritt aus einer staatlich anerkannten Religionsgesellschaft nach Vollendung des 14. Lebensjahrs Jedem gestattet, der im Freistaate Sachsen seinen Wohnsitz oder ständigen Aufenthalt hat (§ 1); nach § 3 kann der Austretende bestimmen, daß sich der Austritt auf seine Kinder unter 14 Jahren erstreckt, sofern ihm die Sorge für deren Person zusteht; solange dies beim Vater der Fall ist, kann die Mutter eine solche Bestimmung nicht treffen; die Erklärung kann bis zur Vollendung des 14. Lebensjahrs der Kinder nachgeholt werden.

d) Württemberg.

Nach Art. VI des Religionsedikts vom 15. Oktober 1806 waren Kinder aus Ehen zwischen Angehörigen verschiedener christlicher Konfessionen regelmäßig in der Religion des Vaters zu erziehen; doch war den Eltern gestattet, durch einen

---

[55]) Vgl. Güttler S. 149 ff.; Schmidt S. 306 ff.; R. Kloß, Sächsisches Landesprivatrecht, 2. Aufl. Halle a. S. 1908 S. 373 ff. und die weiteren von ihm S. 373 Anm. 1 angeführten Schriftsteller.

[56]) a. a. O. S. 373 ff.

[57]) Sächs. Gesetzbl. 1920 S. 253 ff.

[58]) GuVOBl. für den Freistaat Sachsen 1919 S. 205 ff., 1920 S. 20. S. auch VO. zur Ausf. dieses Gesetzes vom 5. August 1919, GuVOBl. für den Freistaat Sachsen 1919 S. 206 ff.

von der Obrigkeit des Ehegatten abgeschlossenen Vertrag abweichende Bestimmungen zu treffen. Durch den Erlaß des Geheimen Rates vom 14. März 1817 wurde die Bestimmung beseitigt, daß, wenn in einer gemischten Ehe der Vater evangelischer Konfession war, die Söhne in dieser Konfession erzogen werden mußten. Nach MinErl. vom 14. September 1826 und 14. Juli 1831 konnte mangels Vorliegens eines Vertrags der Vater die Kinder auch in einer anderen als seiner eigenen Konfession erziehen lassen. Das Unterscheidungsalter war durch VO. vom 15. August 1817 für Knaben auf das vollendete 16., für Mädchen auf das vollendete 14. Lebensjahr festgesetzt.[59])

e) Baden.

Durch § 1 des Ges. vom 9. Oktober 1860 über die Ausübung der Erziehungsrechte in bezug auf die Religion der Kinder war das Bestimmungsrecht für eheliche Kinder dem Vater, für uneheliche Kinder der Mutter eingeräumt; mangels einer solchen Bestimmung folgten eheliche Kinder der Religion des Vaters, uneheliche der der Mutter. Der Mutter stand gemäß § 3 eine Aenderung in der religiösen Erziehung der Kinder zu, wenn auf sie das Recht der Erziehung übergegangen war; doch bedurfte sie hiezu der Genehmigung der Staatsbehörde. Das Unterscheidungsalter war im § 5 auf das vollendete 16. Lebensjahr festgesetzt. Das Einschreiten der Staatsbehörde sollte nur auf Anrufen eines Elternteils stattfinden (§ 6). Verträge über die religiöse Erziehung der Kinder waren hienach unzulässig.

Durch § 34 der VO. zur Ausf. des BGB. vom 11. November 1899 wurden für die in dem erwähnten Gesetz der Staatsbehörde übertragenen Verrichtungen die Amtsgerichte für zuständig erklärt.[60])

§ 5 des Ges. vom 9. Oktober 1860 betr. die rechtliche Stellung der Kirchen und kirchlichen Vereine im Staate[61]) ist durch das Gesetz vom 4. Juli 1918[62]) nicht geändert worden.

Die badische Verfassung vom 21. März 1919[63]) enthält im § 18 Abs. 2 den Grundsatz, daß Niemand zu einer kirchlicheu Handlung oder Feierlichkeit gezwungen oder an der Erfüllung seiner religiösen Pflichten gehindert werden darf, und bestimmt im § 19 Abs. 3:

> „Kein Lehrer darf wider seine erklärte religiöse Ueberzeugung zur Erteilung des Religionsunterrichts oder zur Vornahme kirchlicher Verrichtungen, kein Schüler gegen die religiöse Ueberzeugung der Erziehungsberechtigten zum Besuch des Religionsunterrichts oder zur Teilnahme an kirchlichen Handlungen gezwungen werden."

---

[59]) Güttler S. 143 ff.; Schmidt S. 368 ff.; K. Göz, Das Staatsrecht des Königreichs Württemberg, Tübingen 1908 S. 502; Glock-Schneidler, Das im Königreich Württemberg geltende Reichs- und Landesrecht, Karlsruhe 1909 S. 258 Nr. 2331 und 2332; Graf in Speidels württemb. Zivilhandbuch, Stuttgart 1914 S. 439 ff.; Carlebach, Komm. zum FGG., Stuttgart 1913 S. 151 ff.; s. auch Urt. d. Reichsg. vom 23. November 1905 in Jur. Wschr. 1906 S. 21 ff., Entsch. d. OLG. Stuttgart vom 9. und 23. November 1910, Zeitschr. f. d. freiw. Gerichtsb. u. die Gemeindeverwaltung in Württemberg Bd. 53 (1911) S. 73 ff., 78 ff.

[60]) Güttler S. 173 ff.; Schmidt S. 390 ff.; Dorner-Seng, Badisches Landesprivatrecht, Halle a. S. 1906 S. 658 ff.; vgl. auch OLG. Bd. 12 S. 330 ff. und Zentralbl. f. freiw. G. Bd. 16 S. 338 ff. (OLG. Karlsruhe), Entsch. d. bayr. VGH. Bd. 39 S. 105 ff.

[61]) „Diejenigen, welchen nach den bürgerlichen Gesetzen die Erziehungsrechte zustehen, haben zu bestimmen, in welcher Religion die Kinder erzogen werden sollen.
Die näheren Verfügungen bleiben einem besonderen Gesetze vorbehalten."

[62]) Badisches GuVOBl. 1918 S. 195 ff.

[63]) Badisches GuVOBl. 1919 S. 279 ff.

f) Hessen.

In Hessen wurde das Recht der religiösen Kindererziehung unter Zugrundelegung der Vorschriften des BGB. durchgreifend geregelt durch die Art. 108—116 des AG. z. BGB. vom 17. Juli 1899. Danach hatte der Vater eines ehelichen Kindes auf die Dauer seines Erziehungsrechts das Recht, zu bestimmen, in welchem religiösen Bekenntnisse das Kind erzogen werden solle (Art. 108). Durch Art. 109 war gewissen Erklärungen und letztwilligen Anordnungen des Vaters eine über seinen Tod hinaus maßgebende Wirksamkeit beigelegt. Art. 110 übertrug das Bestimmungsrecht subsidiär dem Erziehungsberechtigten; bei einer Meinungsverschiedenheit zwischen Mutter und Vormund oder Pfleger sollte die Meinung der Mutter vorgehen. Das Unterscheidungsalter war im Art. 112 auf das vollendete 14. Lebensjahr festgesetzt. Hinsichtlich unehelicher Kinder galten die gleichen Vorschriften mit der Maßgabe, daß an die Stelle des Vaters die Mutter zu treten hatte (Art. 113). Verträge, welche das Bestimmungsrecht des Erziehungsberechtigten einschränkten, waren im Art. 115 für nichtig erklärt.[64])

g) Mecklenburg-Schwerin.

Nach VO. vom 25. Januar 1811, abgeändert durch VO. vom 30. März 1821, galt für Ehen zwischen Lutheranern und Katholiken die Bestimmung, daß Söhne in der Religion des Vaters, Töchter in der Religion der Mutter zu erziehen seien, wenn nicht vor der Eheschließung abweichende Vereinbarungen getroffen waren. Als Unterscheidungsalter war das 14. Lebensjahr festgesetzt. Kinder lutherischer Eltern durften nach landesherrlichem Reskript vom 7. März 1853 vor ihrer in der lutherischen Kirche erfolgten Konfirmation nicht in die katholische Kirche aufgenommen werden, es sei denn, daß im besonderen Falle die Konzession zum Uebertritt erteilt wurde.[65])

h) Sachsen-Weimar-Eisenach.

Nach § 1 des Ges. vom 10. April 1895 betr. die Konfession der Kinder aus gemischten Ehen zwischen Evangelischen und Katholiken, sowie über den Konfessionswechsel der Evangelischen und Katholiken, folgten eheliche Kinder grundsätzlich der Konfession des Vaters; dieser konnte auch bestimmen, daß die Kinder in der Konfession der Mutter zu erziehen seien; durch nachfolgende Ehe legitimierte und von einem Ehepaar an Kindes Statt angenommene Kinder waren ehelichen Kindern gleichgestellt. War dem Vater aber das Erziehungsrecht entzogen oder Vormundschaft über ihn angeordnet, so war sein Konfessionswechsel ohne Einfluß und sein Bestimmungsrecht kam in Wegfall (§ 4). Die Konfession von Kindern über 12 Jahre wurde von einem Konfessionswechsel des Vaters nicht berührt und konnte auch durch den Vater nicht geändert werden (§ 5). Vertragsmäßige Regelung war ausgeschlossen (§ 6). Das Unterscheidungsalter war auf das 18. Lebensjahr festgesetzt (§ 7). Uneheliche Kinder folgten nach dem durch § 12 aufrechterhaltenen § 8 des Ges. vom 6. Mai 1857 der Konfession der Mutter.[66])

---

[64]) Güttler S. 186 ff.; J. Seitz, Die religiöse Erziehung der Kinder im Großherzogtum Hessen, Arch. f. kathol. Kirchenrecht Bd. 80 S. 709 ff.; Best, Die hessischen Gesetze, Verordnungen und Dienstanweisungen zur Ausführung des BGB. und seiner Nebengesetze, Bd. 1, Mainz 1900 S. 83 ff., Ergänzungsband, Mainz 1916 S. 25 ff.; P. Wolf, Hessisches Landesprivatrecht, Halle a. S. 1910 S. 566 ff. Ueber das frühere Recht s. Schmidt S. 407 ff., Wolf a. a. O. S. 566 ff.

[65]) Güttler S. 182 ff.; Schmidt S. 20, 418 ff.; G. v. Buchka, Landesprivatrecht der Großherzogtümer Mecklenburg-Schwerin und Mecklenburg-Strelitz, Halle a. S. 1905 S. 162 ff.

[66]) Güttler S. 195 ff.; Fr. Böckel, Landesprivatrecht der thüringischen Staaten, Halle a. S. S. 1912 S. 809 ff. Ueber das frühere Recht s. Schmidt S. 421 ff.

Gemäß § 1 des Ges. betr. das Land Thüringen vom 30. April 1920 (RGBl. 1920 S. 841) wurden Sachsen-Weimar-Eisenach, Sachsen-Meiningen, Reuß, Sachsen-Altenburg, Sachsen-Gotha (ohne Coburg), Schwarzburg-Rudolstadt und Schwarzburg-Sondershausen mit Wirkung vom 1. Mai 1920 ab zu einem Land Thüringen vereinigt. Im § 63 Abs. 2 Satz 2 der Verfassung des Landes Thüringen vom 11. März 1921 (GesS. S. 57 ff.) ist bestimmt: „Die Gesetze und Verordnungen der ehemaligen thüringischen Freistaaten bleiben solange in Kraft, als nicht die in ihnen geregelte Materie durch Thüringen rechtlich geordnet ist" (vgl. § 62 Abs. 3 Satz 2 der vorläufigen Verfassung des Landes Thüringen vom 12. Mai 1920, GesS. S. 67 ff.). Ein Gesetz über die religiöse Kindererziehung hat das Land Thüringen nicht erlassen; das weimarische Gesetz vom 10. April 1895 galt also bis zum 1. Januar 1922 weiter.

i) Mecklenburg-Strelitz.

In Mecklenburg-Strelitz bestanden keinerlei landesrechtliche Bestimmungen über die religiöse Erziehung der Kinder.[67])

k) Oldenburg.

Das revidierte Staatsgrundgesetz vom 22. November 1852 (Art. 34 §§ 1 und 2) setzte das Unterscheidungsalter auf das 14. Lebensjahr fest und übertrug das Bestimmungsrecht hinsichtlich der religiösen Erziehung der Kinder sowohl für gemischte als für ungemischte Ehen den nach bürgerlichem Recht zur Erziehung berechtigten Personen.[68])

l) Braunschweig.

Nach § 14 des Ges. vom 25. März 1875, die Verhältnisse der Dissidenten betr., entschied über die religiöse Erziehung ehelicher Kinder von Dissidenten der Vater, während uneheliche der Mutter folgten. Im übrigen war das Ges. vom 29. Dezember 1902, die Ordnung der kirchlichen Verhältnisse der Katholiken betr., maßgebend, das auf die vielfachen Beschwerden der katholischen Bevölkerung hin als unmittelbare Folge des „Toleranzantrags" (s. oben Ziff. IV) erlassen wurde.[69]) Nach § 1 dieses Gesetzes waren Kinder aus gemischten Ehen im Bekenntnisse des Vaters zu erziehen, es sei denn, daß dieser nach der Geburt und vor der Taufe des ersten Kindes erklärt hätte, daß alle Kinder im Bekenntnisse der Mutter zu erziehen seien. Konfessionswechsel und Tod der Eltern waren für einflußlos, abweichende Vereinbarungen für nichtig erklärt. Ausnahmen von diesen Vorschriften zu gestatten, war durch § 6 dem Landesherrn vorbehalten. Als Unterscheidungsalter war im § 8 das 14. Lebensjahr festgesetzt.[70])

m) Sachsen-Meiningen.

Das Ges. vom 18. August 1899 betr. die religiöse Erziehung erklärte im Art. 2 hinsichtlich des Rechtes, zu bestimmen, in welchem religiösen Bekenntnisse ein Kind zu erziehen sei, die Vorschriften des BGB. über die Sorge für die Person des Kindes für maßgebend; doch konnte nach Art. 3 zu Lebzeiten des Vaters,

---

[67]) **Güttler** S. 185; **G. v. Buchka**, Landesprivatrecht für die Großherzogtümer Mecklenburg-Schwerin und Mecklenburg-Strelitz S. 163.

[68]) **Güttler** S. 185 ff.; **Schmidt** S. 21 ff.

[69]) Vgl. Stenogr. Ber. über die Verhandl. des Reichstags 11. LegislPer., I. Session 1903—1905 2. Sessionsabschnitt Bd. 6 S. 4247 ff.; die Materialien des Gesetzes sind ebenda, Anlagenband 8 S. 4615 ff., der Text des Gesetzes ebenda S. 4655 ff. abgedruckt.

[70]) **Güttler** S. 203 ff. Ueber das frühere Recht s. **Schmidt** S. 424 ff.

auch wenn ihm die Sorge für die Person des Kindes nicht zustand, ohne seine Einwilligung die Mutter (von einzelnen Ausnahmen abgesehen) das religiöse Bekenntnis eines gemeinschaftlichen Kindes nicht ändern. Die vom Vormund und Pfleger getroffenen Bestimmungen bedurften der Genehmigung des Vormundschaftsgerichts; in gewissen Fällen konnte dieses die Bestimmung der Erziehungsberechtigten ändern oder an deren Stelle selbst Bestimmung treffen (Art. 4 und 5). Das Religionsbekenntnis eines nicht mehr volksschulpflichtigen Kindes konnte nur mit seiner Zustimmung geändert werden (Art. 6). Soweit nach diesen Vorschriften nichts anderes galt, waren nach Art. 1 eheliche Kinder in der Religion des Vaters, uneheliche in der der Mutter zu erziehen.[71])

Die vorstehenden Bestimmungen galten trotz des Uebergangs von Sachsen-Meiningen an das Land Thüringen bis zum 1. Januar 1922 weiter (s. oben unter h Abs. 2).

n) Sachsen-Altenburg.

Die §§ 105—108 des AG. z. BGB. vom 4. Mai 1899 stimmten mit den unter m erwähnten Artikeln 2—5 des Sachsen-Meiningen'schen Gesetzes vom 18. August 1899 wörtlich überein;[72]) sie gelten (in der durch Ges. vom 11. Januar 1906 Art. I Nr. 1—3 festgesetzten Fassung) trotz des Uebergangs von Sachsen-Altenburg an das Land Thüringen bis zum 1. Januar 1922 weiter (s. oben unter h Abs. 2).

o) Sachsen-Coburg-Gotha.

Die Vorschriften des Sachsen-Coburg-Gotha'schen AG. z. BGB. vom 20. Nov. 1899 (Art. 48) entsprachen im wesentlichen denjenigen von Sachsen-Altenburg. Von den Abweichungen ist hervorzuheben, daß alle den Bestimmungen des Ges. zuwiderlaufenden Vereinbarungen für nichtig erklärt waren (§ 1 Satz 2), daß nach dem Tode des Vaters die Mutter das Bekenntnis des Kindes nur mit Genehmigung des Vormundschaftsgerichts ändern durfte (§ 4), daß, wenn einem Elternteil die Sorge für die Person des Kindes neben einem Vormund oder Pfleger zustand, bei Meinungsverschiedenheiten die Meinung des Vaters oder der Mutter vorgehen sollte (§ 2), und daß Vormund und Pfleger das religiöse Bekenntnis des Kindes überhaupt nicht ändern konnten (§ 6). Als Unterscheidungsalter war durch Regulativ vom 23. August 1811 (für Gotha) und 24. Juni 1813 (für Coburg) das vollendete 18. Lebensjahr festgesetzt.[73])

An die Stelle dieser Vorschriften war gemäß § 5 des Staatsvertrags über die Vereinigung Coburgs mit Bayern vom 14. Februar 1920 mit dem Tage der Vereinigung für die vormals coburgischen Landesteile Art. 17 der bayerischen Verfassungsurkunde vom 14. August 1919 (s. oben unter b, 2) getreten; damit hatte Art. 48 des AG. z. BGB. für Coburg von selbst seine Geltung verloren.[74])

Sachsen-Gotha wurde mit Sachsen-Weimar-Eisenach, Sachsen-Meiningen, Reuß, Sachsen-Altenburg, Schwarzburg-Rudolstadt und Schwarzburg-Sondershausen mit Wirkung vom 1. Mai 1920 ab zu einem Land Thüringen vereinigt; die erwähnten Bestimmungen des AG. z. BGB. vom 20. November 1899 gelten aber für Gotha bis zum 1. Januar 1922 weiter (s. oben unter h Abs. 2).

---

[71]) Güttler S. 217 ff.; Böckel, Landesprivatrecht der thüring. Staaten S. 809 ff. Ueber das frühere Recht s. Schmidt S. 23.

[72]) Vgl. Böckel, Landesprivatrecht der thüring. Staaten S. 811 ff.

[73]) Güttler S. 222 Anm. 1; Böckel, Landesprivatrecht der thüring. Staaten S. 811 ff. Ueber das frühere Recht s. Schmidt S. 434 ff.

[74]) Bay. GuVBl. 1920 S. 335 ff.; vgl. bayer. JMinBek. vom 30. Januar 1922 (GuVBl. 1922 S. 155 unter B, II, a).

p) Anhalt.

Durch Ges. vom 13. Februar 1851 war als Unterscheidungsalter das 14. Lebensjahr festgesetzt; im übrigen bestanden keinerlei Vorschriften über die religiöse Kindererziehung.[75])

q) Schwarzburg-Rudolstadt.

Die Art. 156—162 des AG. z. BGB. vom 11. Juli 1899 stimmten mit den Vorschriften des AG. für Sachsen-Coburg-Gotha nahezu wörtlich überein; doch war durch Art. 160 das 14. Lebensjahr als Unterscheidungsalter erklärt.[76]) Diese Bestimmungen sind trotz des Uebergangs von Schwarzburg-Rudolstadt in das Land Thüringen bis zum 1. Januar 1922 in Kraft geblieben (s. oben unter h Abs. 2).

r) Schwarzburg-Sondershausen.

Nach Art. 51 des AG. z. BGB. vom 19. Juli 1899 folgten eheliche Kinder der Konfession des Vaters, uneheliche der der Mutter; der Vater konnte aber nach der Geburt des ersten Kindes durch gerichtliche oder notarielle Erklärung die Kinder der Konfession der Mutter zuführen (§§ 1, 6). Alle aus einer Ehe stammenden Kinder waren in derselben Konfession zu erziehen (§ 3); Verträge über die religiöse Erziehung der Kinder waren für unwirksam erklärt (§ 5). Das Unterscheidungsalter war auf das 16. Lebensjahr festgesetzt; abgesehen hievon war ein Wechsel des religiösen Bekenntnisses der Kinder nur auf Grund landesherrlichen Dispenses zulässig (§§ 7, 8).[77])

Trotz des Uebergangs von Schwarzburg-Sondershausen in das Land Thüringen galten diese Bestimmungen bis zum 1. Januar 1922 weiter (s. oben unter h Abs. 2).

s) Waldeck.

Nach VO. vom 28. März 1827 über die religiöse Erziehung solcher Kinder, deren Eltern sich zu verschiedenen Konfessionen bekennen, waren eheliche Kinder mangels einer abweichenden Vereinbarung der Eltern in der Religion des Vaters zu erziehen; das gleiche galt für legitimierte und solche uneheliche Kinder, die der Vater anerkannte und auf seine Kosten erziehen ließ, während andere uneheliche Kinder der Religion der Mutter folgten. Als Unterscheidungsalter war das vollendete 18. Lebensjahr bestimmt.[78])

t) Reuß älterer und jüngerer Linie.

Die Bestimmungen des AG. z. BGB. für Reuß ä. L. vom 26. Oktober 1899 § 136 und des AG. z. BGB. für Reuß j. L. vom 10. August 1899 § 99 stimmten mit den entsprechenden Vorschriften der AG. von Sachsen-Meiningen und Sachsen-Coburg-Gotha (s. oben unter m und o) im wesentlichen überein.[79]) Diese Vorschriften galten trotz des Uebergangs von Reuß in das Land Thüringen bis zum 1. Januar 1922 weiter (s. oben unter h Abs. 2).

---

75) Güttler S. 202.
76) Vgl. Böckel, Landesprivatrecht der thüringischen Staaten S. 811 ff.
77) Vgl. Böckel, Landesprivatrecht der thüringischen Staaten S. 809 ff.
78) Güttler S. 239 ff.; Schmidt S. 434 ff.; R. Lange, Landesprivatrecht der Fürstentümer Waldeck und Pyrmont, Halle a. d. S. 1910 S. 131.
79) Vgl. Böckel, Landesprivatrecht der thüringischen Staaten S. 811 ff.

u) Schaumburg-Lippe.

Abgesehen von der Bestimmung des Reskripts vom 3. Juli 1809, wonach ein bis zur Konfirmation in der einen Religion unterrichtetes Kind berechtigt war, zu einer anderen Religion überzugehen, bestanden in Schaumburg-Lippe keinerlei Vorschriften über die religiöse Kindererziehung.[80])

v) Lippe.

Nach Art. 7 des Edikts vom 9. März 1854, betr. die gesetzliche Gleichstellung der katholischen Kirche mit der evangelischen Landeskirche, sollten mangels anderweitiger Vereinbarung der Eltern (die aber gemäß VO. vom 7. Oktober 1857 nur nach Abschluß der Ehe getroffen werden konnte) alle Kinder aus gemischten Ehen in der Konfession des Vaters erzogen werden. Als Unterscheidungsalter war das 14. Lebensjahr festgesetzt. Nach § 5 der VO. vom 24. Dezember 1889, die Regelung der evangelisch-protestantischen Parochial- und Konfessionsverhältnisse betr., konnte der Vater auch bestimmen, daß die Kinder in einer anderen als seiner eigenen Konfession zu erziehen seien; war der Vater ohne schriftliche Bestimmung hierüber gestorben, so stand das gleiche Recht der Witwe zu.[81])

w) Bremen und Hamburg.

In Bremen und Hamburg bestanden keinerlei Bestimmungen über die religiöse Erziehung der Kinder.[82])

x) Lübeck.

Nach dem AG. z. BGB. vom 30. Oktober 1899 stand die Bestimmung des religiösen Bekenntnisses für eheliche Kinder dem Vater zu, während uneheliche Kinder in der Religion der Mutter zu erziehen waren; nach dem Tode des Vaters sowie beim Erlöschen oder Ruhen seines Rechtes der Sorge für die Person des Kindes war das Kind im religiösen Bekenntnisse des Vaters zu erziehen (§§ 110 bis 112). Das Vormundschaftsgericht konnte aus wichtigen Gründen eine abweichende Anordnung treffen (§ 114). Das Versprechen, ein Kind in einem bestimmten Religionsbekenntnisse zu erziehen, und der Verzicht des Vaters auf sein Bestimmungsrecht waren für nichtig erklärt (§ 117). Als Unterscheidungsalter war das 16. Lebensjahr festgesetzt (§ 118).

y) Elsaß-Lothringen.

Im AG. z. BGB. vom 17. April 1899 waren für das Recht, zu bestimmen, in welchem Bekenntnis ein Kind zu erziehen sei, im wesentlichen die Vorschriften des BGB. über die Sorge für die Person des Kindes als maßgebend erklärt; doch sollte bei einer Meinungsverschiedenheit zwischen einem Elternteil und Vormund oder Pfleger die Meinung des Vaters oder der Mutter vorgehen; auch war das Recht der Mutter zur Aenderung des Bekenntnisses eines gemeinschaftlichen Kindes bei Lebzeiten des Vaters gewissen Einschränkungen unterworfen (§§ 119—121). Vom Vormund oder Pfleger konnte das religiöse Bekenntnis des Kindes nicht geändert werden (§ 122).[83]) Durch Art. 51 des Friedensver-

---

[80]) Güttler S. 234.

[81]) Güttler S. 234 ff.; Schmidt S. 25 ff., 437 ff.

[82]) Güttler S. 243. Für Hamburg vgl. auch RJA. Bd. 13 S. 66 ff. = SeuffArch. Bd. 69 Nr. 249 (OLG. Hamburg) sowie insbesondere A. Nöldeke, Hamburgisches Landesprivatrecht, Halle a. S. 1907 S. 773 ff.

[83]) W. Kisch, Elsaß-Lothringisches Landesprivatrecht, Halle a. S. 1905 S. 932 ff.; Carlebach, Komm. z. FGG., Stuttgart 1913 S. 148 ff.

trags von Versailles vom 28. Juni 1919 wurde Elsaß-Lothringen mit Wirkung vom 11. November 1918 ab von Deutschland an Frankreich abgetreten.

z) Subsidiäre Geltung des BGB.

Soweit in einzelnen Bundesstaaten hinsichtlich der religiösen Erziehung der Kinder überhaupt keine Vorschriften bestanden (Mecklenburg-Strelitz, Bremen, Hamburg) oder die bestehenden Gesetze die Materie nur unvollständig (z. B. nur hinsichtlich der aus gemischten Ehen stammenden Kinder) geregelt hatten, galten in Deutschland vor dem Inkrafttreten des Ges. vom 15. Juli 1921 die Bestimmungen des BGB. über die Erziehung (s. insbesondere § 1631) auch für die religiöse Erziehung der Kinder.[84]) Hienach war zur Bestimmung der Konfession eines Kindes derjenige berechtigt, dem die (tatsächliche) Sorge für die Person des Kindes zustand.[85]) Bei Meinungsverschiedenheiten zwischen Vater und Mutter ging gemäß § 1634 die Meinung des Vaters vor. Im Falle des Mißbrauchs des Fürsorgerechts war das Vormundschaftsgericht nach näherer Bestimmung des § 1666 zum Einschreiten berechtigt und verpflichtet. Verträge über die religiöse Erziehung waren, da nach BGB. auf das Erziehungsrecht nicht verzichtet werden kann,[86]) ohne rechtliche Wirkung.

Ueber Statutenkollision (internationales und interlokales Privatrecht) s. unten Vorbem. 4, a.

VII. Entstehungsgeschichte des Gesetzes vom 15. Juli 1921.

Das Gesetz vom 15. Juli 1921 verdankt seine Entstehung dem von dem Abgeordneten Marx und Genossen (Dr. Everling, Gerstenberger, Dr. Schücking, Trimborn, DDr. Kahl, Schiffer, Leicht) am 4. Februar 1921 eingebrachten „Entwurf eines Gesetzes betreffend religiöse Kindererziehung“,[87]) welcher lautete:

„§ 1.

Für die Bestimmung des religiösen Bekenntnisses eines Kindes gelten die Vorschriften des Bürgerlichen Gesetzbuches über die Sorge für die Person des Kindes mit der Maßgabe, daß das religiöse Bekenntnis des Kindes weder vom Vormund noch vom Pfleger des Kindes geändert werden kann.

§ 2.

Nach vollendetem 14. Lebensjahr steht dem Kinde die Entscheidung über sein religiöses Bekenntnis zu.

§ 3.

Alle entgegenstehenden Bestimmungen der Landesgesetze und Art. 134 des Einführungsgesetzes zum Bürgerlichen Gesetzbuch werden aufgehoben.“

Dem Entwurf war folgende Begründung beigegeben:

„Die Entscheidung über das religiöse Bekenntnis eines Kindes steht naturgemäß in engstem Zusammenhang mit der Erziehung im allgemeinen.

---

[84]) So mit überzeugender Begründung Güttler S. 40 ff., 255; ebenso Nöldeke S. 774 und der ebenda in Note 77 erwähnte Beschluß des OLG. Hamburg, Kloß S. 374, Oertmann S. 609 ff., Speidel (Graf) S. 440 ff.; and. Ans. G. v. Buchka S. 163, nach welchem in Mecklenburg-Strelitz das gemeine Recht maßgebend geblieben sein soll.

[85]) Vgl. Staudinger Vorbem. III vor § 1631.

[86]) Staudinger Bem. I, 5, c zu § 1631.

[87]) Verhandlungen des Reichstages 1920/1921 I. Wahlperiode 1920, Aktenstück Nr. 1459. Ueber Besprechungen dieses Entwurfs in Zeitungen und Zeitschriften s. Perels S. 637 Note 3; vgl. auch -n in LZ. 1921 Nr. 718 Umschlagseite 1, Barth in DJZ. 1921 S. 426 ff.

Das Bürgerliche Gesetzbuch regelt zwar die Frage, wem die Erziehung eines Kindes zusteht, hat aber trotzdem die Frage, wem die Entscheidung über das Religionsbekenntnis eines Kindes zustehen soll, der Landesgesetzgebung überlassen (§ 134 Einführungsgesetz zum BGB.). Das hat zu einer höchst unwillkommenen Rechtszersplitterung geführt. Der Wunsch nach Herbeiführung eines einheitlichen Rechtes auch auf diesem Gebiete ist in den letzten Jahren in steigendem Maße hervorgetreten, namentlich auch angesichts des Art. 149 Abs. 2 der Reichsverfassung.

Die Unterzeichneten wollen diesem berechtigten Wunsche durch Stellung dieses Antrages Rechnung tragen, ohne sich durch ihre Unterschrift auf alle Einzelheiten des Antrags festzulegen."

Die erste Beratung des Entwurfs erfolgte am 26. Februar 1921 und führte ohne Debatte zur Ueberweisung des Antrags an den 22. Ausschuß, den sog. „Rechtsausschuß".[88]) Ueber das Schicksal des Entwurfs in diesem Ausschuß gibt dessen Bericht vom 24. Juni 1921[89]) Aufschluß.

Als Vertreter der Reichsregierung nahmen an den Ausschußverhandlungen teil: als Mitglieder und Kommissare des Reichsministeriums Ministerialdirektor Degg, Ministerialrat Dr. Conze (beide vom Reichsjustizministerium), Ministerialdirektor Freiherr von Welser, Ministerialrat Dr. Kaisenberg und Regierungsrat Scheer (vom Reichsministerium des Innern), endlich Regierungsrat Barentropp vom preußischen Ministerium für Wissenschaft, Kunst und Volksbildung, als Mitglieder des Reichsrats der bayrische Gesandte Dr. von Preger, der bayrische Ministerialdirektor Dr. von Nüßlein und der württembergische Ministerialdirektor Schäffer. Der Ausschuß selbst bestand aus den Abgeordneten: Dr. Spahn (Vorsitzender), Dr. Barth (Chemnitz, Berichterstatter), Brey, Dr. Curtius, Dr. Düringer, Dr. Everling, Fischer (Hannover), Dr. Haas (Baden), Dr. Herzfeld, Frau Juchacz, D. Dr. Kahl, Korell, Dr. Lauscher, Leicht, Leutheußer, Dr. Levi, Marx, Merkel, Frau Müller-Otfried, D. Mumm, Frau Pfülf, Dr. Radbruch, Rheinländer, Ristau, Dr. Rosenfeld, Schmidt (Sachsen), Dr. Schücking, Taubadel. Es fanden drei Lesungen statt, die erste am 15. März, 21. April, 2., 4. und 7. Juni 1921, die zweite am 15. und 16. Juni 1921, die dritte am 21. Juni 1921. Die in diesen drei Lesungen gestellten Anträge sind dem Bericht als Anlage II beigegeben.

Zur Begründung des Entwurfs führte der Hauptantragsteller Marx im wesentlichen folgendes aus: Daß eine reichsrechtliche Regelung der Frage der religiösen Kindererziehung dringend erforderlich sei, könne nicht bestritten werden, nachdem die Zustände, wie sie sich bis jetzt auf diesem Gebiete entwickelt hätten, geradezu unhaltbar geworden seien. Die Rechtszersplitterung gehe soweit, daß es in Deutschland zurzeit mehr als 30 verschiedene Rechte in dieser Frage gebe, in Preußen allein etwa 7, in der Stadt Frankfurt a. M. allein mindestens 5. Bei dem häufigen Wohnsitzwechsel bereite schon die Frage, welches Recht zur Anwendung komme, nicht selten die erheblichsten Schwierigkeiten. Unhaltbar seien insbesondere die Zustände, die sich aus der fortdauernden Geltung der für den größten Teil Preußens noch immer maßgebenden Deklaration von 1803 ergeben hätten. Auch Art. 149 Abs. 2 der neuen Reichsverfassung habe in dieser Hinsicht keine Abhilfe gebracht. Gegen die reichsrechtliche Regelung könne keinerlei begründetes Bedenken erhoben werden; denn es handle sich nicht in erster Linie um eine Frage auf dem Schulgebiete, sondern um eine solche des Elternrechts und des elterlichen Erziehungsrechts; es sei lediglich eine folgerichtige und sinn-

---

[88]) Verhandl. des Reichstags I. Wahlperiode 1920 Bd. 347 S. 2518.
[89]) Verhandl. des Reichstags I. Wahlperiode 1920, Aktenstück Nr. 2317.

gemäße Ausgestaltung der Vorschriften des BGB., wenn auch die religiöse Kindererziehung reichsrechtlich geregelt werde.

Auch der Abgeordnete Dr. Kahl bezeichnete die reichsrechtliche Regelung der Materie als unbedingt erwünscht. Nachdem die Reichsverfassung, insbesondere durch Art. 149, sich mit dem Gebiete der Religion beschäftige, könne die Regelung der religiösen Kindererziehung nicht mehr dem Landesrecht überlassen bleiben. Die Neuregelung müsse absolut gemeines Recht, also unter Ausschluß des Landesrechts, schaffen. Hinsichtlich der zugrunde zu legenden Richtlinien müsse man wählen zwischen dem Prinzip der freien Bestimmung und dem der gesetzlichen Zuweisung. Das erstere habe seine dreifache Ausprägung erhalten in dem Grundsatze der Vertragsfreiheit, einer davon unterschiedenen freien Einigung und des einseitigen Verfügungsrechts (des Vaters oder der Mutter); das zweite Grundprinzip erscheine in doppelter Gestalt, entweder als gesetzliche Nachfolge aller Kinder in die Religion des Vaters, oder als konfessionelle Teilung der Kinder nach dem Geschlechte der Eltern. Von diesen Prinzipien hätten auszuscheiden: die einseitige Verfügungsgewalt, weil sie mit dem Wesen der Ehe im Widerspruch stehe; die Teilung der Kinder nach dem Geschlecht, weil dadurch unter den Geschwistern selbst Religionsverschiedenheit eintrete; die gesetzliche Nachfolge in die Konfession des Vaters, weil ihre Voraussetzung, daß der Vater überhaupt einer Konfession angehöre, zurzeit nicht mehr in dem früheren Maße zutreffe; die unverbindliche freie Einigung, weil sie erfahrungsmäßig die Quelle vieler Streitigkeiten sei; endlich auch das Prinzip der Vertragsfreiheit mit der Folge rechtlicher Bindung der Eltern auch auf die Zeit nach Auflösung der Ehe, weil sich gerade bei diesem System die stärksten Beeinflussungen der Gewissensfreiheit geltend gemacht hätten. Der einzig gangbare Weg sei daher der dem Antrag Marx zugrunde liegende Gedanke, auf das allgemeine Recht des BGB. zurückzugreifen. Gegenüber diesem Antrage sei allerdings das Recht der Frau und Mutter stärker zu betonen; die elterliche Gewalt müsse auf diesem Gebiet durch den gleichberechtigten einheitlichen Willen von Vater und Mutter ausgeübt werden. In gewissen Fällen müsse ferner das Vormundschaftsgericht zum Eingreifen berechtigt sein. Endlich empfehle es sich, die gleichen Grundsätze auf die Erziehung in bestimmten „Weltanschauungen“ anzuwenden.

Die weitere Aussprache befaßte sich mit folgenden Hauptfragen:

1. Ist eine reichsgesetzliche Regelung der Rechtsmaterie überhaupt notwendig und erwünscht?

2. Welche Tragweite ist dem zu erlassenden Reichsgesetze beizumessen dem öffentlichen Rechte, insbesondere dem Kirchenrechte gegenüber?

3. Auf welchen Grundsätzen ist das geplante Reichsgesetz über die religiöse Kindererziehung aufzubauen: Grundsatz der freien Bestimmung oder der gesetzlichen Zuweisung, ersterenfalls, welches der drei Unterprinzipien soll dann Geltung haben, der Grundsatz der Vertragsfreiheit, der unverbindlichen freien Einigung oder des einseitigen Verfügungsrechts, sei es des Vaters oder der Mutter?

Die Frage 1 wurde allseitig dahin beantwortet, daß die reichsrechtliche Regelung durch Schaffung absolut gemeinen Rechtes notwendig und erwünscht sei. Hinsichtlich des Verhältnisses zum öffentlichen Rechte, insbesondere zum Kirchenrechte, wurde betont, daß die religiöse Kindererziehung nur insoweit reichsgesetzlich geregelt werden solle, als sie privatrechtlicher Natur sei; das geplante Gesetz solle also eine Ergänzung der Vorschriften des BGB. bilden und — vorbehaltlich des Entscheidungsrechts des Vormundschaftsrichters im Falle des § 1666 BGB. — lediglich privatrechtliche, dagegen keine irgendwie gearteten öffentlich-rechtlichen, vor Verwaltungsbehörden oder Verwaltungsgerichten verfolgbaren Ansprüche erzeugen. Daß das Gesetz nur privatrechtliche Wirkungen haben solle, wurde als einhellige Ansicht des Ausschusses festgestellt, worauf der Vertreter des Reichsministeriums des Innern die von ihm in dieser Hinsicht zunächst geäußerten Bedenken fallen ließ.

Geteilt waren die Meinungen darüber, ob der Vertragsstandpunkt oder der Grundsatz der unverbindlichen, freien, jederzeit widerruflichen Einigung vorzuziehen sei. Die Mehrheit war der Anschauung, daß der Vertragsstandpunkt zu Gewissenszwang führe, und entschied sich daher für den Grundsatz der unverbindlichen freien Einigung, wodurch auch die Gleichberechtigung von Vater und Mutter sichergestellt sei.

Als Grundlage für die weitere Beratung wurde der Antrag Kahl (Nr. 54) gewählt. Die Beratung in der ersten Lesung des Ausschusses führte zur Annahme des Gesetzentwurfs A, die Beratung in zweiter Lesung zur Annahme des Entwurfs B, die Beratung in dritter Lesung zur Annahme des Entwurfs C.[90]) Ueber die hinsichtlich der einzelnen Bestimmungen im Ausschuß geäußerten Ansichten und Meinungsverschiedenheiten s. die Erläuterungen zu den einzelnen Paragraphen.

Die zweite Beratung des Entwurfs im Reichstagsplenum fand statt in der Sitzung vom 4. Juli 1921. Der Berichterstatter Dr. Barth betonte zunächst die rechtlichen und politischen Schwierigkeiten der einheitlichen Regelung und hob hervor, daß das Gesetz ein privatrechtliches sei, das in keiner Weise in das öffentliche Recht oder das Kirchenrecht übergreifen wolle. Er erwähnte die Gründe, die für die Annahme des Grundsatzes der freien, unverbindlichen, jederzeit einseitig widerruflichen Einigung und für die Ablehnung des Vertragsprinzips maßgebend waren, und bezeichnete es als eine Konzession gegenüber den Anhängern dieses letzteren Prinzips, daß man eine Uebergangsbestimmung geschaffen habe, nach welcher alle bis zur Verkündung des Gesetzes abgeschlossenen religiösen Erziehungsverträge — mit gewissen Einschränkungen — gültig bleiben sollten. Der Entwurf bedeute einen immensen Fortschritt nicht nur gegenüber der bisherigen Rechtsunsicherheit und Rechtszersplitterung, sondern auch im Hinblick auf den ihm innewohnenden Geist der Toleranz, der von jeder Einseitigkeit irgendeiner Konfession oder Weltanschauung gegenüber frei sei.

Der Abgeordnete Leicht als Vertreter der Bayrischen Volkspartei bekannte sich als Anhänger des Grundsatzes der Vertragsfreiheit, wie er in der bayrischen Verfassung vom 14. August 1919 (s. oben VI, b) zum Ausdruck gekommen sei, und bemerkte, daß seine Partei dem Entwurf nicht zustimmen könne, weil durch die bayrische Regelung die Gleichberechtigung der Mutter, die Stetigkeit der Erziehung des Kindes und die Wahrung des konfessionellen Friedens besser gewahrt sei.

Mit einer geringfügigen Abänderung des § 1 a (nunmehr § 2) wurde der Entwurf in zweiter und sodann in der sich unmittelbar anschließenden dritten Lesung „mit großer Mehrheit" (dagegen stimmten die Mitglieder der Bayrischen Volkspartei) angenommen. Die zu dem Gegenstand eingegangenen Petitionen wurden als durch die Annahme des Gesetzentwurfs für erledigt erklärt.[91])

Das Gesetz wurde sodann unter dem Titel „Gesetz über die religiöse Kindererziehung" am 15. Juli 1921 vom Reichspräsidenten ausgefertigt und in der am 29. Juli 1921 ausgegebenen Nr. 78 des Reichsgesetzblatts (S. 939 ff.) verkündet.

---

[90]) Bericht des Ausschusses a. a. O. S. 2011 ff.

[91]) Verhandl. des Reichstags I. Wahlperiode 1920 Bd. 350 S. 4389 ff., 4391, 4394. Daß die Beratungen des Ausschusses „rein sachlich und juristisch und ohne jeden Mißton" verlaufen sind, bestätigt ausdrücklich Marx S. 7.

Text des Gesetzes.

Der Reichstag hat das folgende Gesetz beschlossen, das mit Zustimmung des Reichsrats hiermit verkündet wird:

§ 1.

Ueber die religiöse Erziehung eines Kindes bestimmt die freie Einigung der Eltern, soweit ihnen das Recht und die Pflicht zusteht, für die Person des Kindes zu sorgen. Die Einigung ist jederzeit widerruflich und wird durch den Tod eines Ehegatten gelöst.

§ 2.

Besteht eine solche Einigung nicht oder nicht mehr, so gelten auch für die religiöse Erziehung die Vorschriften des Bürgerlichen Gesetzbuchs über das Recht und die Pflicht, für die Person des Kindes zu sorgen.

Es kann jedoch während bestehender Ehe von keinem Elternteil ohne die Zustimmung des anderen bestimmt werden, daß das Kind in einem anderen als dem zur Zeit der Eheschließung gemeinsamen Bekenntnis oder in einem anderen Bekenntnis als bisher erzogen, oder daß ein Kind vom Religionsunterricht abgemeldet werden soll.

Wird die Zustimmung nicht erteilt, so kann die Vermittlung oder Entscheidung des Vormundschaftsgerichts beantragt werden. Für die Entscheidung sind, auch soweit ein Mißbrauch im Sinne des § 1666 des Bürgerlichen Gesetzbuchs nicht vorliegt, die Zwecke der Erziehung maßgebend. Vor der Entscheidung sind die Ehegatten sowie erforderlichenfalls Verwandte, Verschwägerte und die Lehrer des Kindes zu hören, wenn es ohne erhebliche Verzögerung oder unverhältnismäßige Kosten geschehen kann. Der § 1847 Abs. 2 des Bürgerlichen Gesetzbuchs findet entsprechende Anwendung. Das Kind ist zu hören, wenn es das zehnte Jahr vollendet hat.

§ 3.

Steht dem Vater oder der Mutter das Recht und die Pflicht, für die Person des Kindes zu sorgen, neben einem dem Kinde bestellten Vormund oder Pfleger zu, so geht bei einer Meinungsverschiedenheit über die Bestimmung des religiösen Bekenntnisses, in dem das Kind erzogen werden soll, die Meinung des Vaters oder der Mutter vor, es sei denn, daß dem Vater oder der Mutter das Recht der religiösen Erziehung auf Grund des § 1666 des Bürgerlichen Gesetzbuchs entzogen ist.

Steht die Sorge für die Person eines Kindes einem Vormund oder Pfleger allein zu, so hat dieser auch über die religiöse Erziehung des Kindes zu bestimmen. Er bedarf dazu der Genehmigung des Vormundschaftsgerichts. Vor der Genehmigung sind die Eltern sowie erforderlichenfalls Verwandte, Verschwägerte und die Lehrer des Kindes zu hören, wenn es ohne erhebliche Verzögerung oder unverhältnismäßige Kosten geschehen kann. Der § 1847 Abs. 2 des Bürgerlichen Gesetzbuchs findet entsprechende Anwendung. Auch ist das Kind zu hören, wenn es das zehnte Lebensjahr vollendet hat. Weder der Vormund noch der Pfleger können eine schon erfolgte Bestimmung über die religiöse Erziehung ändern.

§ 4.

Verträge über die religiöse Erziehung eines Kindes sind ohne bürgerliche Wirkung.

§ 5.

Nach der Vollendung des vierzehnten Lebensjahrs steht dem Kinde die Entscheidung darüber zu, zu welchem religiösen Bekenntnis es sich halten will. Hat das Kind das zwölfte Lebensjahr vollendet, so kann es nicht gegen seinen Willen in einem anderen Bekenntnis als bisher erzogen werden.

§ 6.

Die vorstehenden Bestimmungen finden auf die Erziehung der Kinder in einer nicht bekenntnismäßigen Weltanschauung entsprechende Anwendung.

§ 7.

Für Streitigkeiten aus diesem Gesetz ist das Vormundschaftsgericht zuständig. Ein Einschreiten von Amts wegen findet dabei nicht statt, es sei denn, daß die Voraussetzungen des § 1666 des Bürgerlichen Gesetzbuchs vorliegen.

§ 8.

Alle diesem Gesetz entgegenstehenden Bestimmungen der Landesgesetze sowie Artikel 134 des Einführungsgesetzes zum Bürgerlichen Gesetzbuch werden aufgehoben.

§ 9.

Verträge über religiöse Erziehung bleiben in Kraft, soweit sie vor Verkündung dieses Gesetzes abgeschlossen sind. Auf Antrag der Eltern oder des überlebenden Elternteils wird ein bestehender Vertrag durch Beschluß des Vormundschaftsgerichts aufgehoben.

§ 10.

Wenn beide Eltern vor dem Inkrafttreten dieses Gesetzes verstorben sind und über die religiöse Erziehung in einem bestimmten Bekenntnis nachweisbar einig waren, so kann der Vormund bestimmen, daß sein Mündel in diesem Bekenntnis erzogen wird. Er bedarf zu dieser Bestimmung der Genehmigung des Vormundschaftsgerichts.

§ 11.

Das Gesetz tritt am 1. Januar 1922 in Kraft. Der Reichspräsident ist jedoch ermächtigt, das Gesetz für ein Land im Einvernehmen mit der Landesregierung zu einem früheren Zeitpunkt in Kraft zu setzen.

Berlin, den 15. Juli 1921.

Der Reichspräsident
Ebert.

Der Reichsminister der Justiz
Schiffer.

Erläuterungen.

Vorbemerkungen.

1. Verhältnis zum Landesrecht.

Nach der Reichsverfassung vom 11. August 1919 ist die Gesetzgebung des Reichs teils eine ausschließliche (Art. 6), teils eine konkurrierende (Art. 7), teils eine sog. Bedarfsgesetzgebung (Art. 8 und 9), teils eine nur normative (Art. 10 und 11).[92]) Das Gesetz vom 15. Juli 1921 behandelt die religiöse Kindererziehung als Teil des Familienrechts (s. unten Ziff. 2, a); die Zuständigkeit des Reichs findet daher ihre Grundlage in Art. 7 Nr. 1 der Reichsverfassung, wonach dem Reiche die Gesetzgebung über das bürgerliche Recht zusteht. Nach Art. 13 Abs. 1 der Reichsverfassung gilt der Grundsatz: „Reichsrecht bricht Landesrecht". Das Gesetz vom 15. Juli 1921 hat daher absolut gemeines deutsches Reichsrecht geschaffen; soweit es die religiöse Kindererziehung überhaupt regelt (s. unten Ziff. 2, a), ist für landesrechtliche Vorschriften, von solchen auf Grund des § 200 FGG. abgesehen, auf diesem Gebiete kein Raum mehr (vgl. Bem. 1 und 3 zu § 8). Es sind demgemäß die bisherigen, durch EG. z. BGB. Art. 134 aufrecht erhalten gebliebenen Landesgesetze über religiöse Erziehung mit dem Beginn der Geltung des Ges. vom 15. Juli 1921 außer Kraft getreten und neue landesgesetzliche Vorschriften auf diesem Gebiete nicht mehr zulässig. Im Einklang damit bestimmt § 8 des Gesetzes, daß alle diesem Gesetz entgegenstehenden Bestimmungen der Landesgesetze sowie Art. 134 des EG. z. BGB. aufgehoben werden.

2. Privatrechtliche Natur des Gesetzes; Verhältnis zum öffentlichen Rechte, insbesondere zum Kirchen- und Schulrecht.

a) Wie bei der Beratung des Gesetzes wiederholt hervorgehoben wurde, befaßt sich dieses nur mit der privatrechtlichen Seite der religiösen Kindererziehung. Nach § 1626 BGB. steht das eheliche Kind, solange es minderjährig ist, unter elterlicher Gewalt. Der Inhaber der elterlichen Gewalt hat nach § 1627 das Recht und die Pflicht, für die Person (und das Vermögen) des Kindes zu sorgen. Diese Sorge umfaßt nach § 1631 das Recht und die Pflicht, das Kind zu erziehen, zu beaufsichtigen und seinen Aufenthalt zu bestimmen. Einen Teil der hienach als Gegenstand der Sorge für die Person des Kindes erscheinenden Erziehung im allgemeinen bildet die religiöse Erziehung. Durch EG. Art. 134 war dieses Rechtsgebiet der reichtsgesetzlichen Regelung vorenthalten und der Landesgesetzgebung überlassen worden. Diese Lücke schließt das Gesetz vom 15. Juli 1921. Es ist demgemäß ein rein

---

[92]) Vgl. Arndt, Komm. z. RV. 2. Aufl., Berlin und Leipzig 1921 Bem. 1 zu Art. 6.

privatrechtliches Gesetz; indem es die Frage der Erziehung des minderjährigen Kindes nach der Seite der religiösen Erziehung hin regelt, bildet es eine Ergänzung zum BGB. in Gestalt einer Novelle zu § 1631.[93]) Aus dem Gesetz ergeben sich daher lediglich privatrechtliche, dagegen keine irgendwie gearteten öffentlich-rechtlichen Ansprüche, die vor Verwaltungsbehörden oder Verwaltungsgerichten geltend gemacht werden könnten.[94])

b) Die Frage der religiösen Kindererziehung hat (wie ja z. B. auch das Eherecht) auch eine öffentlich-rechtliche Seite und insbesondere mehrfache Berührungspunkte mit dem Kirchenrecht. Soweit solche Gesichtspunkte in Betracht kommen, bleibt das Reichs- und Landeskirchenrecht maßgebend. Daher bemessen sich z. B. die Voraussetzungen (insbesondere die Form) des Austritts aus einer Religionsgemeinschaft — vorbehaltlich des Eingreifens einzelner Vorschriften des Ges. vom 15. Juli 1921 (s. z. B. § 2 Abs. 2) — nach den einschlägigen Bestimmungen des Landeskirchenrechts.[95]) Auch die Frage inwieweit ein Elternteil wegen seines Verhaltens in Beziehung auf die religiöse Erziehung seiner Kinder der Kirchenzucht unterliegt, beantwortet sich ausschließlich nach kirchenrechtlichen Vorschriften.[96])

c) Die Regelung des öffentlichen Unterrichts und der Schulpflicht hat das BGB. dem Landesstaatsrecht vorbehalten (Motive d. BGB. Bd. IV S. 750 ff., Staudinger Bem. I, 2, b zu § 1631). Die Reichsverfassung vom 11. August 1919 beschränkt sich auf einige grundlegende Normen (Art. 142—149), überläßt aber die nähere Ausgestaltung bis zur Erlassung des nach Art. 146 Abs. 2 Satz 3 der Reichsverfassung in Aussicht genommenen, bisher noch nicht ergangenen Reichsschulgesetzes der Landesgesetzgebung. Nach Art. 149 Abs. 1 der Reichverfassung ist der Religionsunterricht ordentliches Lehrfach der Schulen mit Ausnahme der bekenntnisfreien (weltlichen) Schulen; seine Erteilung wird im Rahmen der Schulgesetzgebung geregelt; er wird in Uebereinstimmung mit den Grundsätzen der betreffenden Religionsgesellschaft unbeschadet des Aufsichtsrechts des Staates erteilt. Nach Abs. 2 bleibt die Teilnahme an religiösen Unterrichtsfächern und an kirchlichen Feiern und Handlungen der Willenserklärung desjenigen überlassen, der über die religiöse Erziehung des Kindes zu bestimmen hat. Wie im Ausschuß hervorgehoben wurde, ist die Entscheidung über den Religionsunterricht von der Entscheidung über die religiöse Erziehung unabhängig; es ist z. B. keineswegs ausgeschlossen, die Erziehung des Kindes in einem bestimmten Bekenntnis anzuordnen

[93]) Vgl. Marx S. 12: „Es handelt sich lediglich um eine folgerichtige und sinngemäße Ausgestaltung der Vorschriften des BGB. über das elterliche Recht"; s. auch S. 15; Perels S. 639: „Sein (des Gesetzgebers) Werk stellt sich dar als eine Ergänzung zum BGB. und zum FGG."; Spitta S. 5: „es (das Ges. v. 15. Juli 1921) ist lediglich eine Ergänzung der Vorschriften des BGB., nimmt aber auch insoweit den Stoff ganz für sich in Anspruch"; v. d. Pfordten, GZ. S. 129: „es ist sozusagen ein Nebengesetz zum BGB."; abweichend v. d. Pfordten, K. S. 8 ff.: das Gesetz lese sich zwar wie ein Ausführungs- oder Ergänzungsgesetz zum BGB., es könne aber ebensogut als ein Vollzugsgesetz zu den Art. 135—137, 149 Abs. 2 der Reichsverfassung bezeichnet werden; sein Gebiet liege auf der Grenze zwischen öffentlichem und und bürgerlichem Rechte.

[94]) Bericht des Ausschusses a. a. O. S. 2002. Vgl. ebenda: „Die Frage der religiösen Erziehung sei in dem Gesetz nicht als Religionsfrage, sondern als Erziehungsfrage behandelt" und S. 2003: „Da der Ausschuß einhellig der Ansicht war, daß das gesammte Gesetz lediglich privatrechtliche Wirkungen haben solle, ließ auch der Vertreter des Reichsministeriums des Innern die von ihm vorgebrachten Bedenken fallen."

[95]) Bericht des Ausschusses S. 2002. S. für Preußen Einl. VI, a, 11; für Bayern § 17 Abs. 3 der VerfUrk. vom 14. August 1919 und die im Anhang unter II abgedruckte Bekanntmachung vom 16. Januar 1922; für Sachsen Ges. vom $\frac{\text{4. August 1919}}{\text{26. Januar 1920}}$ und VO. zur Ausführung dieses Gesetzes vom 5. August 1919 (s. Einl. VI, c, 2). Hinsichtlich der übrigen Länder s. die Zusammenstellung im Nachtragsband zum Staudinger'schen Kommentar z. BGB., München 1922 Bem. 6 Abs. 3 zum EG. Art. 134; vgl. auch die Zusammenstellung unter IV der Materialien zum Bericht des Ausschusses über den Toleranzantrag (Stenogr. Ber. über die Verhandl. des Reichstags 10. Legisl.-Periode II. Session 1900/02 3. Anl.-Bd. S. 2456 ff.).

[96]) S. z. B. cod. juris canonici von 1917 can. 1060 ff., 2195 ff.; vgl. Bem. IV, b, 2 zu § 4.

und dennoch das Kind aus dem Religionsunterricht dieses Bekenntnisses herauszunehmen, etwa aus Unzufriedenheit mit dem Lehrer.[97])

Ueber die hinsichtlich der Abmeldung vom Religionsunterricht bestehende Sondervorschrift des § 2 Abs. 2 s. Bem. V, 3, c zu § 2.

Erlasse der Länder über die Teilnahme am Religionsunterricht und die Befreiung von demselben sind gültig, soweit sie nicht mit Art. 149 der Reichsverfassung in Widerspruch stehen (vgl. oben Anm. 35). Ueber die in den einzelnen Ländern in dieser Hinsicht geltenden Bestimmungen s. die Zusammenstellung im Nachtragsband zum Staudingerschen Komm. z. BGB., München 1922 Bem. 6 Abs. 4 zu EG. Art. 134.

3. Leitende Grundgedanken des Gesetzes.

a) Das Gesetz vom 15. Juli 1921 verwirft das Prinzip der gesetzlichen Zuweisung, erklärt sich vielmehr für den Grundsatz der freien Bestimmung und zwar in der Form der unverbindlichen, jederzeit widerruflichen und durch den Tod eines Elternteils aufgelösten freien Einigung der Eltern, soweit ihnen das Recht der Sorge für die Person des Kindes zusteht (§ 1). Mangels einer solchen Einigung sind nach § 2 Abs. 1 die Vorschriften des BGB. über die Sorge für die Person des Kindes maßgebend. Ausnahmen von diesem Grundsatz enthalten § 2 Abs. 2, 3 und § 3.

b) Im Einklang mit dem Grundsatz der freien und jederzeit widerruflichen Einigung versagt § 4 Verträgen über die religiöse Erziehung eines Kindes jede bürgerliche Wirkung. Eine Ausnahme hievon enthält die Uebergangsbestimmung des § 9 (s. auch § 10).

c) Als Unterscheidungsalter ist das vollendete 14. Lebensjahr des Kindes bestimmt (§ 5 Satz 1). Nach Vollendung des 12. Lebensjahrs darf das Kind nicht gegen seinen Willen einem anderen Bekenntnisse zugeführt werden; nach Vollendung des 10. Lebensjahrs ist es in gewissen Fällen vor der Entscheidung des Vormundschaftsgerichts zu hören (§ 5 Satz 2, § 3 Abs. 2 Satz 5).

d) Im Gegensatze zu zahlreichen bisherigen Gesetzen, die nur für Kinder aus gemischten Ehen Bestimmung trafen, gilt das Gesetz vom 15. Juli 1921 ohne Rücksicht darauf, ob die Eltern den gleichen oder verschiedenen Bekenntnissen angehören;[98]) es gilt ferner ohne Rücksicht darauf, welchem Bekenntnisse die Eltern angehören, und findet auch Anwendung, wenn ein Elternteil oder beide überhaupt keinem bestimmten Bekenntnis angehören (s. § 6 und Bem. hiezu).

e) Für die Stellung des Vormundschaftsgerichts gegenüber den Eltern, dem Vormund und dem Pfleger gelten, soweit das Gesetz vom 15. Juli 1921 nicht Sondervorschriften enthält (s. § 2 Abs. 3, § 3 Abs. 2), die Bestimmungen des BGB. (s. insbesondere §§ 1666, 1837) und des Ges. über die Angelegenheiten der freiwilligen Gerichtsbarkeit vom 17. Mai 1898 auch hinsichtlich der religiösen Kindererziehung. Für Streitigkeiten aus dem Gesetz ist nach § 7 ausschließlich das Vormundschaftsgericht zuständig; für die Geltendmachung von Ansprüchen im ordentlichen Rechtsweg ist daher kein Raum. Das Einschreiten des Vormundschaftsgerichts von Amts wegen ist auf die Fälle der §§ 1666, 1837, 1838, 1886, 1915 beschränkt (s. Bem. IV zu § 7). Für die Uebergangszeit sind dem Vormundschaftsgericht durch § 9 Satz 2 und § 10 Satz 2 besondere Aufgaben zugewiesen.

---

[97]) Bericht des Ausschusses S. 2002 c. Unzutreffend ist die Ansicht (Goldmann-Lilienthal S. 477; ebenso Besig S. 5), daß sich das Gesetz vom 15. Juli 1921 nicht mit der Frage der Teilnahme der Kinder am Religionsunterricht befasse, weil diese Frage durch Art. 149 der Reichsverfassung entschieden sei.

[98]) Damit ist die bestrittene Frage, was unter einer „gemischten Ehe" zu verstehen sei (vgl. Güttler S. 10 ff., Oertmann, Bayr. Landesprivatrecht S. 593 ff. und die von ihm erwähnten weiteren Schriftsteller; s. auch § 1 eines zum Toleranzantrag gestellten Abänderungsantrags, Stenogr. Ber. über die Verhandl. des Reichstags, 10. Legisl.-Periode II. Session 1900/02 3. Anl.-Bd. S. 2403), ihrer Bedeutung im wesentlichen beraubt; s. aber auch § 2 Abs. 2 und Bem. V, 3, a zu § 2. Ueber den Begriff der „gemischten Ehe" nach österreichischem Recht (Art. 1 Abs. 2 des Ges. vom 25. Mai 1868; s. Anhang VI, a) vgl. Prager Juristische Zeitschrift (wissenschaftl. Vierteljahresschrift) I. Jahrg. (1921) Heft I/II S. 35 Anm. 2.

4. Räumliches Geltungsgebiet des Gesetzes (internationales Privatrecht, Statutenkollision).

a) Rechtszustand vor dem Inkrafttreten des Gesetzes vom 15. Juli 1921.[99])

Ausdrückliche Vorschriften darüber, welches von verschiedenen in Betracht kommenden örtlichen Rechten im einzelnen Falle hinsichtlich der religiösen Kindererziehung anzuwenden sei („Kollisionsnormen")[100]), enthielten von den früheren Landesgesetzen nur diejenigen von Sachsen und Braunschweig.

§ 9 Abs. 4 des sächsischen Gesetzes vom 1. November 1836 (s. Einl. VI, c, 1) lautete:

> „Bei Eltern, welche sich erst künftig in das Königreich Sachsen wenden, wird dasjenige zur Anwendung gebracht, was die gesetzliche Verfassung des Landes, wo die Ehe geschlossen worden, hierüber mit sich bringt, daferne sie nicht nach den Bestimmungen dieses Gesetzes (§§ 7 und 8) ein anderes unter sich festsetzen."

Nach der Praxis des sächsischen Kultusministeriums galt diese Bestimmung nur für solche Eltern, die zur Zeit der Eheschließung die sächsische Staatsangehörigkeit noch nicht besaßen, sie aber nach Verlegung ihres Wohnsitzes erlangten. Die Bestimmung wurde daher für unanwendbar erachtet auf sächsische Staatsangehörige, die in einem anderen Staate geheiratet hatten und dann nach Sachsen zurückgekehrt waren, und ebenso auf Angehörige anderer Staaten, die außerhalb Sachsens geheiratet und nach Verlegung ihres Wohnsitzes ihre Staatsangehörigkeit beibehalten hatten.[101])

§ 5 Abs. 1 des braunschweigischen Gesetzes vom 29. Dezember 1902 (s. Einl. VI, l) bestimmte, daß, wenn Eheleute verschiedenen Bekenntnisses oder aus einer gemischten Ehe nachgebliebene Witwer oder Witwen, welche Kinder unter 14 Jahren besitzen, in Braunschweig ihren Wohnsitz nehmen, für die Erziehung ihrer Kinder die Gesetze desjenigen Landes maßgebend sein sollen, in dem die Eheleute ihren ersten Wohnsitz hatten. Wenn aber die Ehegatten zur Zeit ihrer Niederlassung in Braunschweig noch keine Kinder oder nur solche über 14 Jahre hatten, so sollte für die religiöse Erziehung der später geborenen Kinder das braunschweigische Recht maßgebend sein.[102])

§ 2 des Toleranzantrags vom 23. November 1900, wonach in Ermangelung einer Vereinbarung der Eltern die landesrechtlichen Vorschriften desjenigen Bundesstaats maßgebend sein sollten, in dessen Bezirk der Mann bei Eingehung der Ehe seinen Wohnsitz hatte, wurde von dem Antragsteller nicht aufrechterhalten.[103])

Die im EinfG. z. BGB. enthaltenen Normen des internationalen Privatrechts (Art. 7—30) regeln an sich nur das Verhältnis des deutschen zum außerdeutschen Recht und gelten auch nicht ohne weiteres für die dem Landesrechte enthaltenen Materien. Von einer weitverbreiteten Meinung[104]) wurde aber angenommen, daß sie auch auf das Verhältnis der deutschen Bundesstaaten untereinander entsprechend anzuwenden seien, soweit nicht das Landes-

---

[99]) Vgl. hiezu insbesondere K. Neumeyer, Studien aus dem internationalen Verwaltungsrecht, I. Die religiöse Kindererziehung, Böhms Zeitschr. Bd. 17 S. 50 ff.; derselbe, Internationales Verwaltungsrecht Bd. I, München und Berlin 1910 S. 404 ff.; Schmidt S. 441 ff., 446 ff.; Güttler S. 57 ff.; Graf, Die religiöse Kindererziehung im internationalen Recht, Zeitschrift für die freiwillige Gerichtsbarkeit und die Gemeindeverwaltung in Württemberg) Bd. 53 (1911) S. 321 ff.

[100]) Vgl. Staudinger Bd. VI. Vorbem. A vor § 7.

[101]) Komm.-Bericht zum Toleranzantrag (Stenogr. Ber. über die Verhandl. des Reichstags, 10. Legisl.-Periode, II. Session 1900—1902, III. Anl.-Bd. Aktenstück Nr. 372, S. 2451. Ueber die hieraus erwachsenen praktischen Unzuträglichkeiten s. ebenda S. 2451 ff.

[102]) Güttler S. 205 ff., 211. Ueber den inhaltlich übereinstimmenden § 11 des früheren braunschweigischen Gesetzes vom 10. Mai 1867 und seine schwankende Auslegung in der Praxis s. Komm.-Bericht zum Toleranzantrag a. a. O. S. 2452.

[103]) S. Einleitung Ziff. IV.

[104]) Vgl. KGJ. Bd. 32 A S. 27, Bd. 39 A S. 31; s. auch KG. in Böhms Zeitschr. Bd. 16 S. 312.

recht selbst hierüber Bestimmung trifft.[105]) Von dem Standpunkt aus, daß die religiöse Kindererziehung als ein (privatrechtliches) „Rechtsverhältnis" i. S. der Art. 19, 20 EG. zu erachten sei, wurden demgemäß vielfach (insbesondere in der Praxis der preußischen Gerichte) die auf dem Gebiete der religiösen Kindererziehung auftauchenden Fragen des internationalen Privatrechts nach dem (in den Art. 19, 20 zur Anerkennung gelangten) Staatsangehörigkeitsprinzip beantwortet.[106]) Von anderer Seite wurde dagegen die Ansicht vertreten, daß die religiöse Kindererziehung, zum mindesten soweit sie den Bekenntniszwang zum Gegenstand habe, dem öffentlichen Rechte angehöre, und daß bei Zweifel über das anzuwendende Recht das Territorialprinzip der Entscheidung zugrunde zu legen sei.[107]) Auch der bayerische Verwaltungsgerichtshof hat in ständiger Rechtsprechung, obwohl er das Recht der religiösen Kindererziehung als dem Familienrecht angehörend erachtet,[108]) das Territorialprinzip für maßgebend erklärt,[109]) in einigen neueren Entscheidungen allerdings mit dem Abmaße, daß dieser Grundsatz gewisser Einschränkungen bedürfe.[110])

Für das sog. interlokale (interprovinziale) Privatrecht, d. h. die Entscheidung der Frage, welches von verschiedenen in einem Bundesstaate geltenden Rechten hinsichtlich der religiösen Kindererziehung im einzelnen Falle anzuwenden sei, wurde in der Regel unter entsprechender Anwendung der im EG. z. BGB. anerkannten Grundsätze das Recht des Wohnsitzes des Erziehungsberechtigten für entscheidend erklärt.[111])

Hinsichtlich der Form von Verträgen über religiöse Kindererziehung hat der bayerische Verwaltungsgerichtshof bei Verträgen unter Verlobten die Gesetze des ersten ehelichen Wohnsitzes, bei später abgeschlossenen Verträgen das Recht des Ortes, wo die Eheleute zur Zeit des Vertragsschlusses ihren Wohnsitz hatten, für maßgebend erachtet. (Entsch. des VerwGH. Bd. 34 S. 97 und die dort erwähnten früheren Entscheidungen).

Ueber zahlreiche weitere Einzelfragen herrschten im Schrifttum und in der Rechtsprechung weitgehende Meinungsverschiedenheiten.[112])

b) Rechtszustand nach dem Ges. vom 15. Juli 1921.

Da das Ges. vom 15. Juli 1921 einheitliches deutsches Reichsrecht geschaffen hat (s. oben Ziff. 1), handelt es sich in Zukunft im wesentlichen nur noch um die Frage, ob deutsches oder außerdeutsches Recht zur Anwendung zu bringen ist (über eine hiervon bestehende Ausnahme

---

105) Eine solche Sondervorschrift enthält z. B. das badische AusfG. z. BGB. vom 17. Juni 1899 in Art. 2, wodurch die Art. 7—30 des EG. z. BGB. auf alle badischen Landesgesetze privatrechtlichen Inhalts für entsprechend anwendbar erklärt sind. Die oben erwähnten Kollisionsnormen des sächsischen und braunschweigischen Rechtes sind, weil einer durch Art. 134 dem Landesrecht vorbehaltenen Materie angehörend, durch das EG. z. BGB. nicht berührt worden.

106) KGJ. Bd. 32 A S. 27, Bd. 39 A S. 31, Bd. 44 A S. 41; ebenso OLG. Hamburg in SeuffArch. Bd. 64 Nr. 113 und Graf a. a. O.

107) So insbesondere K. Neumeyer a. a. O.; zustimmend Staudinger Bd. VI Bem. III, 2 zu Art. 19. Vgl. auch KGJ. Bd. 48 A S. 10.

108) Entsch. des VerwGH. Bd. 5 S. 181.

109) Entsch. des VerwGH. Bd. 5 S. 179 ff., Bd. 11 S. 434, Bd. 12 S. 451, Bd. 18 S. 227, Bd. 34 S. 94; ebenso BayObLGZ. Bd. 13 S. 181.

110) Entsch des VerwGH. Bd. 39 S. 103 ff., JurWschr. 1920 S. 165 ff.; vgl. auch Sehling in der Anm. hiezu.

111) Vgl. KGJ. Bd. 44 A S. 39 ff.; s. auch Graf a. a. O. S. 326, E. Zitelmann, Internationales Privatrecht, Leipzig 1897 Bd. I S. 395 ff., G. Walker, Internationales Privatrecht, Wien 1921 S. 10 ff., Urt. d. LG. Braunschweig vom 22. September 1917 in Niemeyers Zeitschr. Bd. 27 S. 380 ff., P. Klein, ebenda Bd. 28 S. 259 ff.

112) Vgl. Güttler S. 57 ff., Schmidt S. 446 ff., Oertmann, Bayr. Landesprivatrecht S. 597, Dorner-Seng, badisches Landesprivatrecht S. 659, Speidel (Graf), württembergisches Zivilhandbuch S. 445 ff., Kisch, elsaß-lothringisches Landesprivatrecht S. 933, Graf a. a. O.

s. unten Ziff. 5 Abs. 3). Das Gesetz selbst trifft hierüber keine ausdrückliche Bestimmung. Da es aber die religiöse Kindererziehung nur insoweit regelt, als sie privatrechtlicher Natur ist (s. oben Ziff. 2, a), kann es keinem Zweifel unterliegen, daß für seinen räumlichen Geltungsbereich die Kollisionsnormen des EinfG. z. BGB., und zwar in erster Linie Art. 19 und 20, maßgebend sind. Das Gesetz ist sohin, falls es sich um ein eheliches Kind handelt, anwendbar, wenn der Vater und, falls der Vater gestorben ist, die Mutter die Reichsangehörigkeit besitzt; das gleiche gilt, wenn die Reichsangehörigkeit des Vaters oder der Mutter erloschen, die des Kindes aber bestehen geblieben ist. Handelt es sich um ein uneheliches Kind, so ist das Ges. anwendbar, wenn die Mutter eine Deutsche ist oder nach Erlöschen ihrer Reichsangehörigkeit die des Kindes bestehen geblieben ist. Ob Vater, Mutter und Kind die Reichsangehörigkeit besitzen, bemißt sich nach dem Reichs- und Staatsangehörigkeitsgesetz vom 22. Juli 1913 (RGBl. 1913 S. 583 ff.).

Wie das Reichsgericht [118]) mit Recht annimmt, ist in entsprechender Anwendung der Art. 19 und 20 das Rechtsverhältnis zwischen ausländischen Eltern und ihren Kindern regelmäßig nach dem Rechte des Staates zu beurteilen, dem der Vater (bezw. die uneheliche Mutter) angehört. Das gilt auch hinsichtlich der religiösen Kindererziehung.

Gehören die Eltern eines ehelichen oder die Mutter eines unehelichen Kindes keinem Staate an, so richtet sich die religiöse Erziehung der Kinder nach den Gesetzen des Staates, dem Vater oder Mutter zuletzt angehört haben und, wenn sie auch früher einem Staate nicht angehört haben, nach den Gesetzen des Staates, in welchem sie ihren Wohnsitz und in Ermangelung eines Wohnsitzes ihren Aufenthalt haben oder zu der maßgebenden Zeit gehabt haben (EG. Art. 29). Ueber den Fall mehrfacher Staatsangehörigkeit s. Staudinger Bd. VI Bem. 2 Abs. 2 zu Art. 7, Bem. III zu Art. 29 des EG.

Eine Einschränkung dieser Grundsätze kann sich aus EG. Art. 30 ergeben, wonach die Anwendung eines ausländischen Gesetzes ausgeschlossen ist, wenn sie gegen die guten Sitten oder gegen den Zweck eines deutschen Gesetzes verstoßen würde. Hienach ist im Hinblick auf Art. 135 Satz 1 der Reichsverfassung vom 11. August 1919, der allen Bewohnern des Reichs volle Glaubens- und Gewissensfreiheit gewährleistet, die Anwendung ausländischen Rechtes insbesondere dann ausgeschlossen, wenn sich daraus in irgend welcher Form ein Gewissenszwang gegenüber dem Kinde oder seiner Eltern ergeben würde (vgl. hiezu Bem. VI zu § 4). Zuständigkeit und Verfahren bemessen sich nach den Vorschriften des Gesetzes vom 15. Juli 1921 (s. insbes. § 7 und Bem. hiezu), auch wenn in sachlicher Hinsicht ausländisches Recht anzuwenden ist.

Eine wesentlich abweichende Ansicht vertritt v. d. Pfordten, K. Bem. 2 zu § 8. Nach ihm soll es auf die Staatsangehörigkeit insoweit nicht ankommen, als das Gesetz selbst Regeln aufstellt; ausländisches Recht könne nur insoweit maßgebend sein, als es sich um rein privatrechtliche Vorschriften handle. Demgemäß sei die Frage der Religionsmündigkeit auch für im Inland wohnende Ausländer stets nach § 5 Satz 1 zu entscheiden; dagegen bestimme sich z. B. nach ausländischem Rechte, inwieweit der ausländischen unehelichen Mutter die Erziehungsgewalt zusteht. Diese Ansicht hängt mit der Auffassung zusammen, daß das Gesetz vom 15. Juli 1921 „keineswegs rein bürgerlich-rechtlich" sei und dürfte gleich dieser, mit der Entstehungsgeschichte und dem vielfach zum Ausdruck gekommenen Willen des Gesetzgebers (s. oben Ziff. 2, a) unvereinbaren Meinung abzulehnen sein.

Nach Spitta S. 5 (ebenso v. d. Pfordten, GZ. S. 131) soll das Gesetz auf alle Personen Anwendung finden, die im Reiche ständigen Aufenthalt haben, weil Art. 135 der Reichsverfassung allen Bewohnern des Reichs volle Glaubens- und Gewissensfreiheit zusichere; allein der örtliche Geltungsbereich des Gesetzes vom 15. Juli 1921 kann im Hinblick auf dessen bürgerlich-rechtliche Natur nicht von jenem rein öffentlich-rechtlichen Satze der Verfassung abhängig gemacht werden.

---

[118]) RGZ. Bd. 81 S. 377 ff.

5. Zeitliches Geltungsgebiet des Gesetzes.[114])

Nach § 11 Satz 2 in Verbindung mit der Verordnung vom 8. September 1921 (RGBl. S. 1263) ist das Gesetz vom 15. Juli 1921 in Preußen am 1. Oktober 1921, im übrigen Reich am 1. Januar 1922 in Kraft getreten. Übergangsbestimmungen enthalten die §§ 9 und 10.

Ist eine Entscheidung der unteren Instanz noch vor dem Inkrafttreten des Gesetzes ergangen, so ist dies kein Hindernis für die Anwendung des neuen Rechtes in der oberen Instanz; denn die letztere Entscheidung bildet die Richtschnur für die künftige religiöse Erziehung des Kindes, die sich nicht in einer der geltenden Rechte fremden Bahn bewegen darf.[115])

Nach § 9 Satz 1 bleiben Verträge über religiöse Erziehung in Kraft, soweit sie vor Verkündung des Gesetzes (rechtswirksam, s. Bem. 2, b zu § 9) abgeschlossen sind. Ist hinsichtlich solcher Verträge zweifelhaft, nach welchen gesetzlichen Bestimmungen ihre Rechtsgültigkeit zu beurteilen ist, so finden die Grundsätze des früheren internationalen und (soweit es sich um die Kollision zwischen verschiedenen in einem Bundesstaate früher gültigen Rechten handelt) interlokalen Privatrechts Anwendung (s. oben Ziff. 4, a). Vgl. hiezu Bem. 2, b zu § 9.

§ 1.

Ueber die religiöse Erziehung eines Kindes bestimmt die freie Einigung der Eltern, soweit ihnen das Recht und die Pflicht zusteht, für die Person des Kindes zu sorgen. Die Einigung ist jederzeit widerruflich und wird durch den Tod eines Ehegatten gelöst.

Inhaltsübersicht.

[114]) Vgl. hinsichtlich des früheren Rechtes Schmidt S. 457 ff.

[115]) Vgl. Entsch. des bayr. VerwGH. Bd. 40 S. 117; s. auch die dort in Note* erwähnte frühere Entscheidung.

I. Entstehungsgeschichte. Während nach dem Antrage Marx für die Bestimmung des religiösen Bekenntnisses eines Kindes grundsätzlich die Vorschriften des BGB. über die Sorge für die Person des Kindes entscheiden sollten, beschloß der Ausschuß schon bei der ersten Lesung, die freie Einigung der Eltern für maßgebend zu erklären.

Der Antrag, durch die Fassung: „in welchem Bekenntnis oder in welcher Weltanschauung ein Kind erzogen werden soll" eine nähere Bestimmung des Begriffs der religiösen Erziehung zu geben, wurde abgelehnt, weil die „religiöse Erziehung" ein ganz bestimmter Begriff (terminus technicus) sei, über den kein Streit bestehe. Dagegen wurde beschlossen, den Begriff der „Einigung" im Gesetze selbst näher zu erläutern; auch wurde es für angezeigt erachtet, das Bestimmungsrecht der Eltern ausdrücklich an die Voraussetzung zu knüpfen, daß ihnen die Sorge für die Person des Kindes zusteht.

Bei der zweiten Lesung im Ausschuß wiederholte ein Abgeordneter die Bedenken gegen die Aufnahme einer Begriffsbestimmung darüber, was unter „freier Einigung" zu verstehen sei; wenn der überlebende Ehegatte sich an die mit dem verstorbenen Ehegatten getroffene Vereinbarung für gebunden halte, so solle doch die im Sinne dieser früheren Einigung getroffene Regelung der religiösen Erziehung eines Kindes auch weiterhin maßgebend bleiben. Die Mehrheit des Ausschusses hielt jedoch an der bei der ersten Lesung beschlossenen Begriffsbestimmung fest.

Der bei der dritten Lesung erfolgten Anregung, das Wort „freie" vor „Einigung" als selbstverständlich zu streichen, wurde keine Folge gegeben, weil Wert darauf gelegt wurde, im Gesetze selbst zum Ausdruck zu bringen, daß es sich um eine freie, von keiner Instanz irgendwie beeinflußte Einigung handle.[116])

II. Begriff und Inhalt, Beginn und Ende der „religiösen Erziehung".

1. Wie in Bem. I erwähnt, hielt der Ausschuß eine gesetzliche Bestimmung des Begriffs der religiösen Erziehung für entbehrlich, weil es sich dabei um einen unbestrittenen Fachausdruck handle.

Daß die „religiöse Erziehung" einen Bestandteil der Erziehung überhaupt bildet, ergibt sich aus dem Sprachgebrauch und wurde auch bei der Beratung des Gesetzes mehrfach betont.[117]) Der Inhalt der Erziehungsgewalt im allgemeinen ist mit den Motiven zum BGB. (Bd. IV S. 750) darin zu erblicken, daß sie das Recht und die Pflicht umfaßt, in einer den Interessen, den Fähigkeiten und Anlagen, sowie den sonstigen Verhältnissen des Kindes entsprechenden Weise für dessen körperliche, geistige und insbesondere auch sittliche Ausbildung zu sorgen, es zu einem bestimmten Lebensberufe fähig zu machen und zur Erreichung dieser Ziele überhaupt die Handlungen des Kindes zu leiten. Die religiöse Erziehung umfaßt demgemäß das Recht und die Pflicht, in der gleichen Weise für die religiöse Ausbildung des Kindes zu sorgen; sie ist der „Inbegriff derjenigen Tätigkeit, welche dazu dient, den Kindern die Glaubenssätze ihrer Konfession in der Familie, in der Schule und in der Kirche beizubringen und begreiflich zu machen, sowie sie zur Uebung jener Religionspflichten anzuleiten, welche die Konfession vorschreibt" (Entsch. des bayr. Verwaltungsgerichtshofs vom 5. November 1880, Samml. Bd. 2 S. 160; übereinstimmend Güttler S. 3). Dabei ist hervorzuheben, daß dem Grundsatze des § 6 entsprechend auch die Erziehung in einer nicht bekenntnismäßigen Weltanschauung als „religiöse Erziehung" im Sinne des Gesetzes zu erachten ist (v. d. Pfordten, Z. S. 130; vgl. Bem. 3 zu § 6).

Als wichtigster — aber keineswegs ausschließlicher — Inhalt der religiösen Erziehungsgewalt erscheint das Recht und die Pflicht, zu bestimmen, in welchem Bekenntnis oder in welcher Weltanschauung das Kind erzogen werden soll (s. unten Bem. V, 1, a—c).[118])

2. Demgemäß beschränkt sich die religiöse Erziehung keineswegs auf die Erteilung von Religionsunterricht in der Schule, umfaßt vielmehr auch die Anleitung zu religiöser Betätigung im Haus und in der Familie. Die religiöse Erziehung eines Kindes beginnt also nicht erst mit seiner Schulpflicht, sondern schon mit seiner Geburt, wenn auch

[116]) Ber. d. Aussch. a. a. O. S. 2003, 2006, 2009.

[117]) Ber. d. Aussch. S. 2000, 2001.

[118]) Es ist daher nicht zutreffend, wenn behauptet wird, das Gesetz regle ausschließlich die Frage, wem die Bestimmung darüber zusteht, in welchem Bekenntnisse Kinder zu erziehen sind (so Goldmann-Lilienthal, Familienrecht S. 477).

(von der Wahl des Bekenntnisses abgesehen) in den ersten Lebensjahren des Kindes für eine Einwirkung des Erziehungsberechtigten wenig Raum ist.[119])

3. Das Recht und die Pflicht, das Kind zu erziehen, ist Bestandteil der Sorge für die Person, endigt daher gleich dieser mit der Minderjährigkeit des Kindes (BGB. §§ 1631 Abs. 1, 1626, 1627), also mit der Vollendung des 21. Lebensjahrs (BGB. § 2), im Falle der Volljährigkeitserklärung (die gemäß BGB. § 3 Abs. 1 nach der Vollendung des 18. Lebensjahrs zulässig ist) mit der Rechtskraft der Verfügung des Vormundschaftsgerichts, durch die das Kind für volljährig erklärt wird (BGB. § 3 Abs. 2, FGG. § 56 Abs. 2).

Auch die religiöse Erziehung dauert grundsätzlich bis zur Volljährigkeit oder Volljährigkeitserklärung des Kindes fort. Gleichwie aber aus dem Inhalte des Erziehungsrechts im allgemeinen sich ergibt, daß es (trotz Fortdauer der Sorge für die Person) sein Ende erreicht, wenn zu seiner Ausübung im Interesse des Kindes kein Bedürfnis mehr besteht, sodaß eine darüber hinausgehende Ausübung sich als ein das Eingreifen des Vormundschaftsgerichts rechtfertigender Mißbrauch im Sinne des § 1666 BGB. darstellen kann (Motive zum BGB. Bd. IV S. 750; and. Ans. ohne überzeugende Begründung Goldmann-Lilienthal S. 258 Anm. 13), erleidet auch die religiöse Erziehungsgewalt, mit dem zunehmenden Alter des Kindes naturgemäß eine Einengung. In welchem Zeitpunkte die Erziehung eines Kindes als abgeschlossen zu erachten, für erzieherische Einwirkung daher kein Anlaß mehr besteht, läßt sich nicht allgemein, sondern nur unter Berücksichtigung der Umstände des einzelnen Falles, insbesondere der körperlichen, geistigen und sittlichen Entwicklung des Kindes, entscheiden (Staudinger Bem. I, 5, b zu § 1631). Das gilt auch für die religiöse Erziehung.[120]) Daneben aber unterliegt diese noch besonderen zeitlichen Beschränkungen insofern, als das Kind nach Vollendung des 14. Lebensjahrs entscheiden kann, zu welchem religiösen Bekenntnis es sich halten will (§ 5 Satz 1; vgl. Bem. III, 7 zu § 5), nach Vollendung des 12. Lebensjahrs nicht gegen seinen Willen in einem andern Bekenntnis als bisher erzogen werden kann (§ 5 Satz 2; vgl. Bem. IV zu § 5) und nach Vollendung des 10. Lebensjahrs in gewissen Fällen vor der Entscheidung des Vormundschaftsgerichts zu hören ist (§ 2 Abs. 3 Satz 5, § 3 Abs. 2 Satz 5; vgl. Bem. VI, 6, a, γ zu § 2, Bem. IV, 2, a, γ zu § 3).

Daß das religiöse Erziehungsrecht gegenüber einer unter elterlicher Gewalt stehenden minderjährigen Tochter mit deren Verheiratung endigt, ergibt sich aus BGB. § 1633; auf den Ehemann geht das Erziehungsrecht nicht über (Staudinger Bem. 1, b, α zu § 1633). Das gleiche gilt hinsichtlich einer unter Vormundschaft stehenden minderjährigen Ehefrau (§§ 1800, 1633). Für die Person eines volljährigen Mündels hat der Vormund nur insoweit zu sorgen, als der Zweck der Vormundschaft es erfordert (§ 1901); zu irgend welcher religiös-erzieherischen Einwirkung wird in solchen Fällen kaum jemals Anlaß vorliegen (vgl. Spitta S. 10).

III. Begriff der „freien Einigung".

Nach § 1 bestimmt über die religiöse Erziehung eines Kindes in erster Linie die „freie Einigung" der Eltern, die jederzeit widerrufen werden kann und durch den Tod eines Ehegatten gelöst wird.

1. Im Ausschuß wurde beantragt, in das Gesetz eine nähere Bestimmung des Begriffs der „freien Einigung" aufzunehmen, weil nach dem BGB. unter „Einigung" ein Vertrag mit rechtlicher Bindung zu verstehen sei. Dem Antrag wurde entgegengehalten, der fragliche Begriff sei für das Rechtsgebiet der religiösen Erziehung ganz klar; er ergebe sich aus der Rechtsprechung des Kammergerichts, wie sie sich in Auslegung des gleichlautenden, durch die Deklaration vom 21. November 1803 eingeführten Begriffs herausgebildet habe.[121]) Danach unterscheide sich die Einigung von einem Vertrag durch ihre reine Tatsächlichkeit und Unverbindlichkeit, infolgedessen durch ihre jederzeitige Widerruflichkeit, auch noch nach dem Tode des anderen Teils; es sei auch gefährlich, durch eine ausdrückliche Begriffsbestimmung die künftige Rechtsprechung einzuengen. Gleichwohl beschloß die Mehrheit des Ausschusses, die Begriffsbestimmung im Gesetze selbst zu geben (Ber. d. Aussch. S. 2003). Dies ist geschehen durch die Beifügung des zweiten Satzes, wonach die Einigung jederzeit widerruflich ist und durch den Tod eines Ehegatten gelöst wird

---

[119]) Vgl. Ber. d. Aussch. S. 2003: „Der Ausschuß war sich darüber einig, daß die religiöse Erziehung des Kindes, im Sinne des Gesetzes, von der Geburt des Kindes an beginnt, nicht etwa erst von dem Zeitpunkt, wo das Kind schulpflichtig wird"; ebenso Besig S. 5, v. d. Pfordten, Z. S. 131; and. Ans. für das frühere preußische Recht KGJ. Bd. 37 A S. 76 ff., wonach sich die religiöse Erziehung auf die Erteilung des dem religiösen Bekenntnis entsprechenden Unterrichts beschränke; s. auch Perels S. 640.

[120]) Vgl. Begründung des Planckschen Vorentwurfs S. 1479.

[121]) Vgl. KGJ. Bd. 10 S. 91 ff., Bd. 36 A S. 53, OLG. Bd. 17 S. 282 ff.

2. Begriff der „Einigung" im BGB. Nach BGB. § 873 ist zur Uebertragung des Eigentums an einem Grundstücke, zur Belastung eines Grundstücks mit einem Rechte sowie zur Uebertragung oder Belastung eines solchen Rechtes die Einigung des Berechtigten und des anderen Teiles über den Eintritt der Rechtsänderung und die Eintragung der Rechtsänderung in das Grundbuch erforderlich, soweit nicht das Gesetz ein Anderes vorschreibt. Für die hienach zur Uebertragung des Eigentums an einem Grundstück erforderliche Einigung des Veräußerers und des Erwerbers die das Gesetz als „Auflassung" bezeichnet, schreibt § 925 Abs. 1 Erklärung vor dem Grundbuchamt bei gleichzeitiger Anwesenheit beider Teile vor. Zur Uebertragung des Eigentums an beweglichen Sachen ist nach § 929 erforderlich, daß der Eigentümer die Sache dem Erwerber übergibt und beide darüber einig sind, daß das Eigentum übergehen soll; ist der Erwerber schon im Besitze der Sache, so genügt die Einigung über den Uebergang des Eigentums (vgl. hinsichtlich des Besitzerwerbs § 854 Abs. 2, hinsichtlich der Bestellung des Nießbrauchs an einer beweglichen Sache § 1032, hinsichtlich der Bestellung des Pfandrechts § 1205 Abs. 1 und § 1260 Abs. 1). Die „Einigung" im Sinne dieser Bestimmungen ist nichts anderes als ein (beide Teile verpflichtender, daher nicht einseitig widerruflicher) Vertrag, nämlich das zu dinglichen Rechtsänderungen neben dem obligatorischen Grundgeschäft (Kausalgeschäft) erforderliche eigentliche Leistungsgeschäft, der „dingliche Vertrag".[122])

3. In diametralem Gegensatze hiezu versteht § 1 des Gesetzes vom 15. Juli 1921 unter „Einigung" der Eltern nicht eine zwischen diesen abgeschlossene bindende Vereinbarung, einen Vertrag, sondern lediglich die Tatsache der Willensübereinstimmung beider Eltern. Das ergibt sich nicht nur aus den unter Ziff. 1 erwähnten Aeußerungen gelegentlich der Beratung im Ausschuß, sondern aus dem Gesetze selbst, das in § 4 Verträgen über die religiöse Kindererziehung jede bürgerliche Wirkung abspricht.

a) Im Hinblick auf ihren rein tatsächlichen Charakter bedarf die Einigung nicht ausdrücklicher Erklärungen, sie kann sich vielmehr auch stillschweigend (durch schlüssige Handlungen, z. B. widerspruchsloses Geschehenlassen einer religiösen Erziehungshandlung des anderen Elternteils trotz Kenntnis derselben) vollziehen.[123])

b) Die Beifügung des Wortes „frei" soll, wie in Bem. I erwähnt, erkennbar machen, daß es sich um eine von keiner Seite irgendwie beeinflußte Einigung handeln müsse. Ob hiebei nur Beeinflussungen in Betracht kommen, die nach BGB. die Anfechtbarkeit einer Willenserklärung begründen (Irrtum, arglistige Täuschung, Drohung; s. BGB. §§ 119, 123), kann zweifelhaft erscheinen. Die Frage dürfte zu bejahen sein (v. d. Pfordten, Z. S. 132, K. Bem. 3 Abs. 2; and. Ans. Bonin Bem. 2); sie ist aber ohne erhebliche praktische Bedeutung, da die Einigung ja beiderseits jederzeit widerruflich ist. Unzutreffend ist die Behauptung von Bonin Bem. 2, wenn die Einigung keine freie im Sinne des § 1 sei, könne der eheliche Vater die religiöse Erziehung des Kindes trotz des § 2 Abs. 2 gegen den Willen der Mutter ändern; denn gerade beim Mangel einer Einigung greifen die Bestimmungen des § 2 Abs. 1 und 2 Platz.

c) Wegen ihrer höchst persönlichen Natur kann die Einigung nicht durch einen Vertreter (im Willen), insbesondere nicht durch den gesetzlichen Vertreter eines Elternteils, zum Ausdruck gebracht werden. Ist ein Ehegatte geschäftsunfähig (BGB. § 104), so ist eine Einigung im Sinne des § 1 ausgeschlossen (BGB. § 105). Ist ein Ehegatte in der Geschäftsfähigkeit beschränkt (BGB. §§ 106, 114), so bedarf er zur Erklärung der Einigung nicht der Zustimmung seines gesetzlichen Vertreters (ebenso Bonin Bem. 3; s. auch KGJ. Bd. 40 A S. 10 ff.). Ueber die Bedeutung nachträglich eintretender Geschäftsunfähigkeit oder beschränkter Geschäftsfähigkeit s. unten unter f.

d) Die Einigung der Eltern ist nach Satz 2 jederzeit widerruflich. Jeder Ehegatte kann also eine hinsichtlich der religiösen Erziehung eines Kindes von ihm in irgendwelcher Form kundgegebene Willensmeinung jederzeit ändern. Ein förmlicher Widerruf (vgl. BGB. §§ 81 Abs. 2. 178, 531, 584) ist hiezu nicht erforderlich; die Kundgabe der Willensänderung ist an keine Form gebunden und kann auch stillschweigend (durch schlüssige Handlungen) erfolgen. Hinsichtlich der Unzulässigkeit der Vertretung und der Bedeutung der Geschäftsunfähigkeit und beschränkten Geschäftsfähigkeit gilt für den Widerruf der Einigung das gleiche wie für diese selbst; s. oben unter c.

[122]) Der vom Entwurf I (§ 828) verwendete Ausdruck „Vertrag" (die Motive Bd. III S. 172 sprechen von „dinglichem Vertrag") wurde von der II. Kommission nur deshalb beseitigt, weil die juristische Konstruktion der Wissenschaft überlassen bleiben sollte (Prot. der II. Komm. Bd. III S. 56 ff.). Vgl. Staudinger Bd. III S. 9 ff., S. 92 ff., Plancks Bd. 3 S. 15 ff., insbes. S. 18, RGR.-Komm. Bem. 7 zu § 873 und die dort erwähnten Entscheidungen des Reichsgerichts.

[123]) Vgl. KGJ. Bd. 10 S. 82.

Ist der Widerruf erfolgt, so ist die Einigung im Sinne des § 1 beseitigt; für die religiöse Erziehung der Kinder sind von da ab die Vorschriften der §§ 2 und 3 maßgebend (s. unten Bem. VI). Daß übrigens auch der Widerruf (formlos) widerrufen und damit die vorher bestandene Einigung wiederhergestellt werden kann, steht außer Zweifel.

e) Da die „Einigung" im Sinne des § 1 Satz 1 nichts anderes als die Tatsache der Willensübereinstimmung beider Eltern bedeutet, von einer solchen Willensübereinstimmung aber nach dem Tode eines Ehegatten nicht mehr gesprochen werden kann, hätte es der ausdrücklichen Vorschrift, daß die Einigung durch den Tod eines Ehegatten gelöst wird (Satz 2) kaum bedurft. Durch den Zusatz ist in einer jeden Zweifel beseitigenden Weise zum Ausdruck gebracht, daß der überlebende Ehegatte seine Willensmeinung hinsichtlich der religiösen Erziehung eines Kindes auch dann ändern kann, wenn zu Lebzeiten des anderen Ehegatten zwischen beiden Willensübereinstimmung bestand; ein, wenn auch in feierlichster Form erteiltes Versprechen, nach dem Tode des anderen Ehegatten die religiöse Erziehung der Kinder nicht zu ändern, entbehrt also jeder bindenden Wirkung.

Mit der Auflösung der Ehe durch den Tod eines Ehegatten wird hienach § 1 unanwendbar; für die religiöse Erziehung der Kinder sind von da ab die Vorschriften der §§ 2 und 3 maßgebend (s. unten Bem. IV, B, 1, b, α). Ueber den Einfluß der Todeserklärung eines Ehegatten s. unten Bem. IV, B, 1, b, γ. Vgl. auch unten Bem. VI.

f) Wird ein Ehegatte nachträglich geschäftsunfähig (BGB. § 104), so verliert die bis dahin etwa vorhanden gewesene Einigung ihre Wirksamkeit, es gelten also von da ab hinsichtlich der religiösen Erziehung der Kinder die Vorschriften der §§ 2 und 3 (ebenso Besig S. 7; and. Ans. Bonin Bem. 8). Dagegen wird die Einigung durch nachträglich eintretende beschränkte Geschäftsfähigkeit eines Ehegatten (BGB. § 114) nicht berührt (s. unten Bem. IV, B, 1, a, ε).

4. Eine Ausnahme von dem Grundsatze der Widerruflichkeit der Einigung enthält die Uebergangsvorschrift des § 9, wonach Verträge über religiöse Erziehung, soweit sie vor Verkündung des Gesetzes abgeschlossen sind, vorbehaltlich der nach Satz 2 zulässigen Aufhebung durch das Vormundschaftsgericht, in Kraft bleiben.

5. Eine besondere Bedeutung kommt der Einigung der Eltern nach der Uebergangsvorschrift des § 10 zu: Sind nämlich beide Eltern vor dem Inkrafttreten des Gesetzes verstorben und waren sie über die religiöse Erziehung in einem bestimmten Bekenntnisse nachweisbar einig, so kann der Vormund mit Genehmigung des Vormundschaftsgerichts bestimmen, daß sein Mündel in diesem Bekenntnis erzogen wird.

IV. Voraussetzung für die Maßgeblichkeit der freien Einigung der Eltern ist, daß **beiden Eltern die Sorge für die Person des Kindes zusteht.**

A. Tatsächliche Sorge für die Person und gesetzliche Vertretung in persönlichen Angelegenheiten.

Nach BGB. § 1630 umfaßt die Sorge für die Person eines Kindes auch dessen Vertretung in persönlichen Angelegenheiten. Diese Vertretung steht grundsätzlich demjenigen zu, dem die Sorge für die Person des Kindes obliegt, doch kann ausnahmsweise die tatsächliche Sorge für die Person und die Befugnis zur Vertretung des Kindes in persönlichen Angelegenheiten auch in verschiedenen Händen ruhen (vgl. Staudinger Bem. V zu § 1630). Mit Rücksicht darauf erhebt sich die Frage, ob die religiöse Erziehung als Akt der tatsächlichen Fürsorge oder als Bestandteil der gesetzlichen Vertretung in persönlichen Angelegenheiten zu erachten ist (vgl. Staudinger Vorbem. III vor § 1631). Daß das Gesetz vom 15. Juli 1921 die religiöse Erziehung zur tatsächlichen Sorge für die Person rechnet, kann schon um deswillen keinem Zweifel unterliegen, weil § 1 offenbar davon ausgeht, daß regelmäßig beiden Eltern das Recht und die Pflicht zustehe, für die Person des Kindes zu sorgen, nach § 1634 BGB. aber während der Dauer der Ehe die Mutter zwar neben dem Vater die tatsächliche Sorge für die Person hat, zur Vertretung des Kindes in persönlichen Angelegenheiten aber nicht berechtigt ist. Die Voraussetzung des § 1 Satz 1, daß beiden Eltern Recht und Pflicht der Sorge für die Person des Kindes zusteht, ist also auch dann gegeben, wenn z. B. dem Vater durch das Vormundschaftsgericht gemäß § 1666 Abs. 1 BGB. die gesetzliche Vertretung des Kindes in persönlichen Angelegenheiten entzogen, die tatsächliche Sorge für die Person aber belassen worden ist (vgl. Staudinger Bem. V, 3 zu § 1630, Bem. III, A, 2, a zu § 1666, KG. in RJA. Bd. 11 S. 4). Freilich kann sich auch im Bereiche der religiösen Erziehung die Notwendigkeit zu einem Eingreifen desjenigen ergeben, dem die gesetzliche Vertretung des Kindes in persönlichen Angelegenheiten zusteht; ist dem Vater die gesetzliche Vertretung des Kindes in persönlichen Angelegenheiten entzogen, so muß solchenfalls der an seiner Statt bestellte Pfleger für das Kind tätig werden (Staudinger Vorbem. III Abs 2 vor § 1631, Bem. VII Abs. 1 zu § 1666; vgl. v. d. Pfordten, K. S. 10, Bem. 2 Abs. 2 zu § 1, Bem. II zu § 2).

B. Anwendungsgebiet des § 1.

Bei Beantwortung der Frage, in welchen Fällen beiden Eltern die Sorge für die Person des Kindes zusteht, die Einigung der Eltern daher nach § 1 über die religiöse Erziehung bestimmt, muß unterschieden werden zwischen ehelichen Kindern, Kindern aus nichtigen oder anfechtbaren Ehen, unehelichen, legitimierten, an Kindes Statt angenommenen und solchen Kindern, deren Familienstand nicht zu ermitteln ist.

1. Eheliche Kinder.[124])

a) Während des Bestehens der Ehe.

α) Regelfall. Das BGB. spricht nicht von väterlicher, sondern von elterlicher Gewalt, da diese ihrem Wesen nach beiden Eltern gemeinsam zusteht. Solange aber beide Eltern leben, muß der Natur der Dinge nach das Recht der Mutter zurücktreten. Demgemäß ist Inhaber der elterlichen Gewalt während der Dauer der Ehe der Vater, in gewissem Umfang neben ihm auch die Mutter. Während an der Sorge für das Vermögen des Kindes die Mutter, solange die Ehe besteht, keinen Anteil hat, es sei denn, daß der Vater an der Ausübung der elterlichen Gewalt tatsächlich verhindert ist oder seine elterliche Gewalt ruht (BGB. § 1685 Abs. 1), steht nach § 1634 Satz 1 die (tatsächliche) Sorge für die Person des Kindes der Mutter neben dem Vater zu. Liegt keiner der unter β—ε erwähnten Ausnahmsfälle vor, so ist daher, solange die Ehe besteht, § 1 des Ges. vom 15. Juli 1921 anwendbar.

β) Wird das geistige oder leibliche Wohl des Kindes dadurch gefährdet, daß der Vater das Recht der Sorge für die Person des Kindes mißbraucht, das Kind vernachlässigt oder sich eines ehrlosen oder unsittlichen Verhaltens schuldig macht, so kann ihm das Vormundschaftsgericht die Sorge für die Person des Kindes (mit oder ohne die Befugnis zur gesetzlichen Vertretung des Kindes in persönlichen Angelegenheiten) entziehen (BGB. § 1666 Abs. 1, Staudinger Bem. III, A, 2, c und 3 zu § 1666). Die gleiche Maßregel kann gegenüber der Mutter hinsichtlich des ihr nach § 1634 zustehenden Rechtes auf Teilnahme an der Sorge für die Person des Kindes getroffen werden (Staudinger Bem. 4 Abs. 1 zu § 1634, Bem. V zu § 1666, KG. in RJA. Bd. 11 S. 4 ff.). In beiden Fällen ist die Anwendbarkeit des § 1 ausgeschlossen; die religiöse Erziehung bemißt sich von da ab nach §§ 2 und 3.

Wird dem Vater oder der Mutter nur die Sorge für die Person eines oder einzelner von mehreren Kindern entzogen, so bleibt hinsichtlich der religiösen Erziehung der übrigen Kinder § 1 anwendbar.

Hebt das Vormundschaftsgericht die von ihm nach § 1666 Abs. 1 verfügte Entziehung der Sorge für die Person wieder auf (§ 1671), so ist von da ab § 1 des Ges. vom 15. Juli 1921 wieder anwendbar.

γ) Nach BGB. § 1680 verwirkt der Vater die elterliche Gewalt (und damit die Sorge für die Person des Kindes), wenn er wegen eines an dem Kinde verübten Verbrechens oder vorsätzlich verübten Vergehens zu Zuchthausstrafe oder zu einer Gefängnisstrafe von mindestens sechs Monaten verurteilt wird. Diese Vorschrift ist entsprechend anwendbar auf die Fälle, in welchen einem Elternteil nicht die volle elterliche Gewalt, sondern nur die Sorge für die Person des Kindes zusteht; sie gilt insbesondere auch hinsichtlich des der Mutter nach § 1634 zustehenden Rechtes auf Teilnahme an der Sorge für die Person des Kindes (Staudinger Bem. 8 Abs. 1 zu § 1680). Die Verwirkung tritt gemäß § 1680 Abs. 2 mit der Rechtskraft des Strafurteils ein; mit dem gleichen Zeitpunkt wird § 1 des Ges. vom 15. Juli 1921 unanwendbar und die religiöse Erziehung bemißt sich von da ab nach §§ 2 und 3.

Ist die Verwirkung nur hinsichtlich eines oder einzelner von mehreren Kindern eingetreten (Staudinger Bem. 5 zu § 1680), so bleibt hinsichtlich der religiösen Erziehung der übrigen Kinder § 1 anwendbar.

Wird im Wege des Wiederaufnahmeverfahrens (StPO. §§ 399 ff.) das Strafurteil aufgehoben oder auf eine mildere als die in § 1680 bestimmte Strafe erkannt, so wird mit der Rechtskraft der neuen Entscheidung die Verwirkung der elterlichen Gewalt beseitigt (Staudinger Bem. 4 zu § 1680); von diesem Zeitpunkt ab ist daher § 1 wieder anwendbar.

δ) Ist der Vater an der Ausübung der elterlichen Gewalt tatsächlich verhindert (z. B. durch Krankheit, Abwesenheit, Haft), so übt während der Dauer der Ehe die Mutter die eheliche Gewalt mit Ausnahme der Nutznießung (also auch die Sorge für die Person des Kindes) aus (§ 1685 Abs. 1, Staudinger Bem. 3, a, ε zu § 1685). Für die Anwendbarkeit des § 1 des Ges. vom 15. Juli 1921 ist, solange diese Verhinderung dauert, kein Raum.

---

[124]) Welche Kinder ehelich sind, ergibt sich aus BGB. §§ 1591—1600, EG. z. BGB. Art. 18.

ε) Nach BGB. §§ 1676, 1677 **ruht** die elterliche Gewalt des Vaters:

αα) wenn er **geschäftsunfähig** ist, also sich in einem die freie Willensbestimmung ausschließendem Zustande krankhafter Störung der Geistestätigkeit befindet, sofern nicht der Zustand seiner Natur nach ein vorübergehender ist, oder wenn er wegen Geisteskrankheit entmündigt ist (BGB. § 1676 Abs. 1, § 104 Nr. 2, 3, § 6 Abs. 1 Nr. 1);

ββ) wenn er **in der Geschäftsfähigkeit beschränkt** ist, also wegen Geistesschwäche, Verschwendung oder Trunksucht entmündigt oder nach § 1906 unter vorläufige Vormundschaft gestellt ist (BGB. § 1676 Abs. 2 Satz 1, § 114, § 6 Abs. 1 Nr. 1–3; der Fall der Minderjährigkeit [§ 106] kommt beim Vater gemäß § 1303 nicht in Betracht);

γγ) wenn er nach § 1910 Abs. 1 einen **Pfleger** für seine Person und sein Vermögen erhalten hat (BGB. § 1676 Abs. 2 Satz 1);

δδ) wenn von dem Vormundschaftsgerichte **festgestellt** wird, daß er auf längere Zeit an der Ausübung der elterlichen Gewalt **tatsächlich verhindert** ist (BGB. § 1677 Abs. 1).

Gemäß § 1678 ist der Vater, solange seine elterliche Gewalt ruht, nicht berechtigt, sie auszuüben; die Ausübung (mit Ausnahme der Nutznießung) steht während der Dauer der Ehe der Mutter zu (§ 1685 Abs. 1); ihr steht also insbesondere die Sorge für die Person des Kindes in vollem Umfange zu.

In den unter αα und δδ erwähnten Fällen verliert der Vater auch das Recht zur Ausübung der Sorge für die Person des Kindes; § 1 des Ges. vom 15. Juli 1921 ist daher von diesem Zeitpunkt an unanwendbar; für die religiöse Erziehung sind die §§ 2, 3 maßgebend.

Dagegen verbleibt dem Vater in den unter ββ und γγ erwähnten Fällen die Sorge für die Person des Kindes unter Ausschluß der Vertretung in persönlichen Angelegenheiten und mit der Maßgabe, daß bei Meinungsverschiedenheiten die Meinung des gesetzlichen Vertreters vorgeht (§ 1676 Abs. 2 Satz 2 und 3) Da das Ges. vom 15. Juli 1921 die religiöse Kindererziehung als Bestandteil der tatsächlichen Sorge für die Person betrachtet (s. oben unter A), bleibt in diesen Fällen § 1 anwendbar.

Auf das nach § 1634 der **Mutter** zustehende Recht auf Teilnahme an der Sorge für die Person finden die §§ 1676, 1677 entsprechende Anwendung (**Staudinger** Bem. 4 zu § 1634). Ist sie (wegen Minderjährigkeit oder aus anderen Gründen) in der Geschäftsfähigkeit beschränkt oder hat sie nach § 1910 Abs. 1 einen Pfleger für ihre Person und ihr Vermögen erhalten, so bleibt § 1 anwendbar (BGB. §§ 1686, 1676 Abs. 2, 1696); ruht dagegen ihr Teilnahmerecht, weil sie geschäftsunfähig ist, oder auf Grund des § 1677, so sind für die religiöse Erziehung die §§ 2, 3 maßgebend.

Ruht die elterliche Gewalt des Vaters aus einem der oben unter ββ und γγ erwähnten Gründe und ist auch bei der Mutter eine dieser Voraussetzungen gegeben (sind z. B. Vater und Mutter wegen Verschwendung entmündigt) so steht beiden die (tatsächliche) Sorge für die Person des Kindes zu und § 1 bleibt anwendbar (and. Ans. **Spitta** S. 9).

b) **Nach Auflösung der Ehe.**[125])

Nach BGB. wird die Ehe aufgelöst durch den Tod eines Ehegatten, durch Scheidung (§ 1564 Satz 3) und durch Wiederverheiratung des Ehegatten eines für tot Erklärten (§ 1348 Abs. 2); vgl. **Staudinger** Bem. 2 zu § 1309.

α) Ist die Ehe durch den **Tod** eines Ehegatten aufgelöst, so wird hiedurch gemäß § 1 Satz 2 des Gesetzes vom 15. Juli 1921 eine vorher etwa vorhanden gewesene Einigung der Eltern über die religiöse Erziehung der Kinder gelöst; es gelten von da ab die Vorschriften der §§ 2, 3. Ueber den Fall der Todeserklärung eines Ehegatten s. unten unter γ.

β) **Scheidung.**[126])

αα) Ist die Ehe **aus einem der in den §§ 1565—1568 bestimmten Grunde** geschieden, so steht, solange die geschiedenen Ehegatten leben, die (tatsächliche) Sorge für die Person des Kindes, wenn ein Ehegatte allein für schuldig erklärt ist, dem anderen Ehegatten zu; sind beide Ehegatten für schuldig erklärt, so steht die Sorge für einen Sohn unter sechs Jahren und für eine Tochter der Mutter, für einen Sohn, der über sechs Jahre alt ist, dem Vater zu (§ 1635 Abs. 1 Satz 1). Das Vormundschaftsgericht kann aus besonderen Gründen im Interesse des Kindes eine abweichende Anordnung treffen, d. h. es kann die Sorge für die Person des Kindes derjenigen Ehegatten, dem sie hienach zustände, entziehen und auf die anderen Ehegatten übertragen (§ 1635 Abs. 1 Satz 2). Da in diesen Fällen die tatsächliche Sorge für die Person des Kindes immer nur einem der beiden Ehegatten zusteht, ist § 1 unanwendbar (unklar **Besig** S. 7 ff).

---

[125]) Unzutreffend ist die Ansicht von **Bonin** (Bem. 4), daß es für die Anwendbarkeit des § 1 auf den Fortbestand der Ehe nicht ankomme.

[126]) Vgl. hinsichtlich des früheren preußischen Rechtes KGJ. Bd. 36 A S. 48 ff.

ββ) Erfolgt die Scheidung wegen Geisteskrankheit eines Ehegatten (§ 1569), so finden hinsichtlich der Sorge für die Person des Kindes nicht die Sondervorschriften des § 1635, sondern die allgemeinen Bestimmungen Anwendung (Staudinger Bem. 5, c zu § 1635). Wird die Ehe wegen Geisteskrankheit der Frau geschieden, so ist für ihr Recht auf Teilnahme an der Sorge für die Person des Kindes (§ 1634) kein Raum mehr. Bei Scheidung wegen Geisteskrankheit des Mannes wird regelmäßig § 1685 Abs. 2 anwendbar sein, wonach das Vormundschaftsgericht der Mutter auf ihren Antrag die Ausübung der elterlichen Gewalt zu übertragen hat, wenn die elterliche Gewalt des Vaters ruht und keine Aussicht besteht, daß der Grund des Ruhens wegfallen werde. Aber auch wenn diese Voraussetzungen nicht vorliegen, also z. B. die Frau den Antrag auf Uebertragung der Ausübung der elterlichen Gewalt nicht stellt, ist jedenfalls der Vater wegen Geschäftsunfähigkeit und des dadurch herbeigeführten Ruhens seiner elterlichen Gewalt zu ihrer Ausübung nicht berechtigt (BGB. §§ 104 Nr. 2, 1676 Abs. 1, 1678). Auch bei Scheidung wegen Geisteskrankheit eines Ehegatten ist daher § 1 des Gesetzes vom 15. Juli 1921 unanwendbar.

γγ) Wird nicht auf Scheidung, sondern nach BGB. § 1575 auf Aufhebung der ehelichen Gemeinschaft erkannt, so treten, obwohl eine Auflösung der Ehe nicht Platz greift, die mit der Scheidung verbundenen Wirkungen ein (§ 1586 Satz 1, Staudinger Bem. III, A, a zu § 1586), es gilt also das gleiche wie in den unter αα und ββ erwähnten Fällen.

γ) Auflösung der Ehe infolge Wiederverheiratung des Ehegatten eines für tot Erklärten.

Wird ein Ehegatte für tot erklärt (BGB. §§ 13 ff.), so gilt die Ehe als in dem Zeitpunkt, der als Zeit des Todes festgestellt ist (BGB. § 18 Abs. 2, 3, ZPO. § 970 Abs. 2), durch den Tod des verschollenen Ehegatten aufgelöst (Staudinger Bem. 2 Abs. 2 zu § 1348). Damit gilt auch eine vorher etwa bestandene Einigung im Sinne des § 1 als gelöst.[127]) Wird die Todeserklärung infolge einer Anfechtungsklage (ZPO. §§ 957 ff., 973 ff.) aufgehoben oder kehrt der für tot Erklärte zurück, so kommt die durch die Todeserklärung begründete Vermutung in Wegfall. § 1 des Ges. vom 15. Juli 1921 ist zunächst noch nicht wieder anwendbar, da der für tot erklärte Vater nach § 1679 Abs. 1 die elterliche Gewalt, daher auch die Sorge für die Person des Kindes, die für tot erklärte Mutter nach §§ 1686, 1679 Abs. 1 das ihr nach § 1634 zustehende Recht auf Teilnahme an der Sorge für die Person verloren hat (Staudinger Bem. 4 zu § 1634). Der Vater erlangt aber die elterliche Gewalt dadurch wieder, daß er dem Vormundschaftsgerichte gegenüber seinen hierauf gerichteten Willen erklärt (§ 1679 Abs. 2), und das gleiche gilt gemäß § 1686 hinsichtlich des Rechtes der Mutter auf Teilnahme an der Sorge für die Person. Wird diese Erklärung abgegeben, so ist von da ab § 1 des Ges. vom 15. Juli 1921 wieder anwendbar. Hat aber der Ehegatte des für tot Erklärten eine neue Ehe geschlossen, so wird hiedurch gemäß § 1348 Abs. 2 die frühere Ehe aufgelöst, es sei denn, daß beiden Ehegatten der neuen Ehe bekannt war, daß der für tot Erklärte die Todeserklärung überlebt hat (Staudinger Bem. 4 zu § 1348). Hinsichtlich der Sorge für die Person der aus der früheren Ehe stammenden Kinder gilt solchenfalls nach § 1637 das gleiche, wie wenn die Ehe geschieden ist und beide Ehegatten für schuldig erklärt sind; § 1 des Ges. vom 15. Juli 1921 ist also unanwendbar (s. oben unter b, αα; unklar und teilweise unrichtig Besig S. 7, Bonin Bem. 8).

2. Kinder aus nichtigen oder anfechtbaren Ehen.

Das BGB. unterscheidet absolut nichtige Ehen (solche Ehen, bei denen die im § 1317 vorgeschriebene Form nicht beobachtet worden und die Eintragung in das standesamtliche Geburtsregister unterblieben ist), relativ nichtige Ehen (solche Ehen, bei denen die im § 1317 vorgeschriebene Form nicht beobachtet worden ist, die aber in das Heiratsregister eingetragen worden sind, ferner Ehen, die mit einem der in den §§ 1325 bis 1328 erwähnten materiellen Nichtigkeitsgrunde behaftet sind) und anfechtbare Ehen (solche Ehen, die aus einem der in den §§ 1331—1335, 1350 erwähnten Gründe der Anfechtung unterliegen). Eine absolut nichtige Ehe wird als von Anfang an nichtig angesehen. Das gleiche gilt von einer relativ nichtigen und von einer anfechtbaren und angefochtenen Ehe; doch kann die Nichtigkeit einer solchen Ehe nur nach Maßgabe der §§ 1329, 1343 geltend gemacht werden (Staudinger Vorbem. III, IV und VII vor § 1323).

---

[127]) Nicht das gleiche gilt im Falle bloßer Verschollenheit (längerer nachrichtloser Abwesenheit) eines Ehegatten; die Entfernung eines Ehegatten ohne anderweitige Anordnung hinsichtlich der religiösen Erziehung der Kinder rechtfertigt vielmehr die Annahme, daß nach seinem Willen die bisherige religiöse Erziehung fortdauern soll (so mit Recht KGJ. Bd. 36 A S. 53 ff.).

a) Bei diesem Grundsatze verbleibt es hinsichtlich der aus einer absolut nichtigen Ehe stammenden Kinder; sie gelten als unehelich, mag auch einer der Ehegatten oder beide die Ehe für gültig gehalten haben (§ 1699 Abs. 2, Staudinger Bem. 1 zu § 1699). § 1 des Ges. vom 15. Juli 1921 ist daher solchenfalls unanwendbar (s. unten unter 3).

b) Dagegen macht § 1699 Abs. 1 für Kinder aus einer relativ nichtigen oder anfechtbaren und angefochtenen Ehe eine Ausnahme von dem Grundsatze, daß eine solche Ehe als nicht geschlossen gilt. Kinder aus solchen Ehen gelten vielmehr, wenn sie im Falle der Gültigkeit der Ehe nach §§ 1591 ff. ehelich sein würden, als ehelich, sofern nicht beiden Ehegatten die Nichtigkeit oder Anfechtbarkeit der Ehe bei der Eheschließung bekannt war. Hinsichtlich des Rechtsverhältnisses zwischen Eltern und Kindern gelten die Sondervorschriften der §§ 1700—1702.

α) War beiden Ehegatten die Nichtigkeit oder Anfechtbarkeit der Ehe bei der Eheschließung unbekannt, so bestimmt sich das Rechtsverhältnis zwischen Eltern und Kindern, also insbesondere die Sorge für die Person des Kindes, nach den Vorschriften, die für Kinder aus einer wegen beiderseitigen Verschuldens geschiedene Ehe gelten (§ 1700, Staudinger Bem. 1, a zu § 1700). § 1 ist daher unanwendbar (s. oben unter 1, b, β, αα).

β) War dem Vater, nicht aber der Mutter die Nichtigkeit oder Anfechtbarkeit der Ehe bei der Eheschließung bekannt, so hat der Vater nicht die sich aus der Vaterschaft ergebenden Rechte; die elterliche Gewalt steht der Mutter zu (§ 1701). § 1 ist also unanwendbar.

γ) War der Mutter, nicht aber dem Vater die Nichtigkeit oder Anfechtbarkeit der Ehe bei der Eheschließung bekannt, so hat sie in Ansehung des Kindes nur diejenigen Rechte, die im Falle der Scheidung der allein für schuldig erklärten Frau zustehen (§ 1702 Abs. 1). Das Recht auf Teilnahme an der Sorge für die Person des Kindes nach Maßgabe des § 1634 steht ihr nicht zu (Staudinger Bem. 1, b zu § 1702); § 1 ist daher auch in diesen Fällen unanwendbar. Das Gleiche gilt in den Fällen des § 1702 Abs. 2 und 3 (also wenn die elterliche Gewalt des Vaters endigt oder wegen seiner Geschäftsunfähigkeit oder nach § 1677 ruht), weil beim Vorliegen dieser Voraussetzungen zwar der Mutter, nicht aber dem Vater die (tatsächliche) Sorge für die Person des Kindes zusteht (vgl. Staudinger Bem. 1, b Abs. 3 und 4 zu § 1702).

δ) Kinder aus einer relativ nichtigen oder anfechtbaren und angefochtenen Ehe, deren Nichtigkeit oder Anfechtbarkeit beiden Ehegatten bei der Eheschließung bekannt war, gelten als unehelich (§ 1699 Abs. 1, Staudinger Bem. 4 zu § 1699); § 1 ist daher unanwendbar (s. unten unter 3).

3. Uneheliche Kinder.

Das uneheliche Kind hat zwar im Verhältnisse zu der Mutter und deren Verwandten die rechtliche Stellung eines ehelichen Kindes (§ 1705) gilt aber nicht als verwandt mit seinem Vater (§ 1589 Abs. 2). Es hat daher überhaupt keine „Eltern" i. S. des § 1 des Ges. vom 15. Juli 1921 (vgl. Bem. IV, 2, a, γ Abs. 2 zu § 3). Schon aus diesem Grunde kann eine „Einigung" i. S. dieser Vorschrift nicht in Frage kommen. Abgesehen hievon ergibt sich die Unanwendbarkeit des § 1 auch daraus, daß zwar der unehelichen Mutter, nicht aber dem unehelichen Vater das Recht und die Pflicht zusteht, für die Person des Kindes zu sorgen (§ 1707 Satz 2, Staudinger Bem. 3 zu § 1707).

4. Legitimierte Kinder.

Das BGB. kennt zwei Arten der Legitimation unehelicher Kinder: die Legitimation durch nachfolgende Ehe (§§ 1719—1722) und die Legitimation durch Verfügung der Staatsgewalt („Ehelichkeitserklärung", §§ 1723—1740).

a) Nach § 1719 erlangt ein uneheliches Kind dadurch, daß sich der Vater mit der Mutter verheiratet, mit der Eheschließung die rechtliche Stellung eines ehelichen Kindes; es steht also von da ab dem Vater die elterliche Gewalt einschließlich der Sorge für die Person des Kindes, der Mutter das Recht auf Teilnahme an der Sorge für die Person des Kindes nach Maßgabe des § 1634 zu. Hinsichtlich der religiösen Erziehung gilt daher für solche Kinder das gleiche wie für eheliche Kinder (s. oben unter 1). Ist die Ehe der Eltern nichtig oder anfechtbar, so finden nach § 1721 die Vorschriften der §§ 1699—1704 entsprechende Anwendung, es gilt also hinsichtlich der religiösen Erziehung das gleiche wie für Kinder aus einer nichtigen oder anfechtbaren Ehe (s. oben unter 2).

b) Durch Ehelichkeitserklärung, die auf Antrag des unehelichen Vaters durch Verfügung der Staatsgewalt erfolgt (§ 1723), erlangt das uneheliche Kind die rechtliche Stellung eines ehelichen Kindes (§ 1736). Diese Wirkung erstreckt sich nicht auf die Frau des Vaters (§ 1737 Abs. 1 Satz 2); diese erlangt also nicht das nach § 1634 der ehelichen Mutter zustehende Recht auf Teilnahme an der Sorge für die Person des Kindes. Die leibliche (uneheliche) Mutter verliert mit der Ehelichkeitserklärung die (ihr nach § 1707 zustehende) tatsächliche Sorge für die Person des Kindes; hat sie dem Kinde Unterhalt zu gewähren, so erlangt sie die Sorge für die Person wieder, wenn die elterliche Gewalt des Vaters endigt oder wegen Geschäftsunfähigkeit des Vaters oder nach § 1677 ruht (§ 1738). Da sohin die Sorge für die Person eines durch Ehelichkeitserklärung legitimierten Kindes immer nur entweder dem Vater oder der (unehelichen) Mutter zusteht, ist § 1 des Gesetzes vom 15. Juli 1921 nicht anwendbar.

5. An Kindes Statt angenommene Kinder.

Nach § 1741 kann, wer keine ehelichen Abkömmlinge hat, durch Vertrag mit einem anderen diesen an Kindes Statt annehmen; der Vertrag bedarf der Bestätigung durch das zuständige Gericht.

a) Durch die den gesetzlichen Erfordernissen (s. BGB §§ 1741 Satz 1, 1742, 1744 bis 1751, 1753, Staudinger Bem. 1 und 2 zu § 1756) entsprechende Annahme erlangt das Kind (gleichviel, ob es ein eheliches oder uneheliches ist), von gewissen Ausnahmen (§§ 1758—1761) abgesehen, die rechtliche Stellung eines ehelichen Kindes des Annehmenden (§ 1757 Abs. 1). Mit der Annahme verlieren die leiblichen Eltern die elterliche Gewalt über das Kind, die uneheliche Mutter die Sorge für die Person des Kindes (§ 1765 Abs. 1). Nach § 1763 Satz 2 erstrecken sich die Wirkungen der Annahme nicht auf den Ehegatten des Annehmenden; der Ehemann einer annehmenden Frau erlangt nicht die elterliche Gewalt, die Ehefrau eines annehmenden Mannes nicht das nach § 1634 der ehelichen Mutter zustehende Recht auf Teilnahme an der Sorge für die Person des Kindes. § 1 des Gesetzes vom 15. Juli 1921 ist also (von den unten unter b und c erwähnten Ausnahmen abgesehen) unanwendbar.

b) Wird von einem Ehepaare gemeinschaftlich ein Kind angenommen oder nimmt ein Ehegatte ein Kind des anderen Ehegatten an, so erlangt das Kind nach § 1757 Abs. 2 die rechtliche Stellung eines gemeinschaftlichen ehelichen Kindes der Ehegatten. Dies gilt sowohl, wenn der Mann das leibliche (eheliche oder uneheliche) oder angenommene Kind der Frau, als wenn die Frau das leibliche (eheliche oder legitimierte) oder angenommene Kind des Mannes, nicht aber, wenn die Frau das uneheliche Kind des Mannes an Kindes Statt annimmt. Die elterliche Gewalt verbleibt dem Manne, wenn die Frau sein (eheliches oder angenommenes) Kind annimmt und geht von der Frau auf den Mann über, wenn dieser das vorher von der Frau angenommene Kind auch seinerseits annimmt, während die Frau an der Sorge für die Person nach Maßgabe des § 1634 teilnimmt (Staudinger Bem. 3 Abs. 1 und 2 zu § 1757). § 1 ist daher in solchen Fällen, gleichviel ob das angenommene Kind ein eheliches oder ein uneheliches ist, auf die Wahleltern anwendbar, als wäre das angenommene Kind ihr gemeinschaftliches eheliches Kind (s. oben unter 1).

c) Nach § 1765 Abs. 2 Satz 1 erlangen die leiblichen Eltern bzw. die uneheliche Mutter des angenommenen Kindes, falls sie diesem Unterhalt zu gewähren haben, die tatsächliche Sorge für die Person des Kindes wieder, wenn die elterliche Gewalt des Annehmenden endigt oder wegen Geschäftsunfähigkeit des Annehmenden oder nach § 1677 ruht. Die elterliche Gewalt des Annehmenden kann insbesondere auch dadurch endigen, daß das durch die Annahme begründete Rechtsverhältnis durch Vertrag nach § 1768 wieder aufgehoben wird oder nach § 1771 sein Ende findet. Eine etwa vorhanden gewesene Einigung der Wahleltern i. S des § 1 des Ges. vom 15. Juli 1921 (s. oben unter b) verliert damit ihre Kraft. Handelt es sich um ein eheliches Kind, dessen beide Eltern noch leben, so erlangt der leibliche Vater beim Vorliegen der Voraussetzungen des § 1765 Abs. 2, wenn er dem Kinde Unterhalt zu gewähren hat, zwar nicht die volle elterliche Gewalt, wohl aber die tatsächliche Sorge für die Person, die leibliche Mutter das Recht auf Teilnahme hieran nach § 1634 (Staudinger Bem. 2 Abs. 2, RGRKomm. Bem. 1 zu § 1765); § 1 des Ges. vom 15. Juli 1921 wird also in diesem Falle zugunsten der leiblichen Eltern wieder anwendbar. Hat die Mutter dem Kinde Unterhalt zu gewähren, so fällt die Sorge für die Person ihr zu (Staudinger Bem. 2 Abs. 3 zu § 1765); § 1 ist unanwendbar. Erlangt der Annehmende die elterliche Gewalt wieder oder endigt das Ruhen seiner elterlichen Gewalt oder die Unterhaltspflicht der leiblichen Eltern, so kommt das Recht und die Pflicht der leiblichen Eltern, für die Person des Kindes zu sorgen, wieder in Wegfall (Staudinger Bem. 3 zu § 1765); eine etwaige Einigung derselben hinsichtlich der religiösen Erziehung des Kindes verliert von da ab ihre Kraft; dagegen wird in den oben unter b erwähnten Fällen § 1 von da ab zu Gunsten der Wahleltern wieder anwendbar. Handelt es sich dagegen um ein uneheliches Kind, so ist § 1, solange die Voraussetzungen des § 1765 Abs. 2 gegeben sind, unanwendbar; bei Wegfall derselben wird § 1 in den oben unter b erwähnten Fällen zugunsten der Wahleltern wieder anwendbar.

Unanwendbar ist § 1765, wenn ein Ehegatte das Kind des anderen Ehegatten an Kindes Statt annimmt (Staudinger Bem. 4 zu § 1765).

d) Das Rechtsverhältnis der Pflegekindschaft ist dem BGB. unbekannt (Staudinger Bd. IV S. 1159).[128]) Die Ansicht, daß Pflegeeltern hinsichtlich der religiösen Erziehung als bevollmächtigte Vertreter der leiblichen Eltern anzusehen seien (so Bonin Bem. 4), entbehrt jeder rechtlichen Grundlage (richtig Spitta S. 5, v. d. Pfordten, Z. S. 133, K. Bem. 4).

6. Kinder, deren Familienstand nicht zu ermitteln ist.

Bei Kindern, deren Familienstand nicht zu ermitteln ist, insbesondere bei Findelkindern, kann, da die Eltern unbekannt sind, von der Anwendbarkeit des § 1 des Ges. vom 15. Juli 1921 selbstverständlich keine Rede sein.

V. Das Bestimmungsrecht.

1. Inhalt des Bestimmungsrechts.

Nach § 1 Satz 1 „bestimmt“ über die religiöse Erziehung eines Kindes die freie Einigung der Eltern. Das hat eine doppelte Bedeutung:

a) Der übereinstimmende Wille der Eltern entscheidet, vorausgesetzt, daß beiden die tatsächliche Sorge für die Person des Kindes zusteht (s. oben Bem. IV), zunächst darüber, in welchem Bekenntnis oder in welcher Weltanschauung das Kind überhaupt erzogen werden soll (nur in diesem Sinn spricht das Gesetz von „bestimmen“ im § 3 Abs. 2 Satz 1 und 6; vgl. Bem. IV, 2, a, α und b Abs. 2 zu § 3).

b) Der übereinstimmende Wille der Eltern entscheidet unter der gleichen Voraussetzung auch über die Ausübung der religiösen Erziehungsgewalt im einzelnen, also darüber, in welcher Weise dem Kinde der wesentliche Inhalt des gewählten Bekenntnisses zu eigen gemacht, in welchem Umfange das Kind an den Kultushandlungen des gewählten Bekenntnisses teilnehmen und zur Uebung der religiösen Pflichten, welche das gewählte Bekenntnis vorschreibt, angehalten werden soll (vgl. oben Bem. II, 1). Aus dem Bestimmungsrechte der Eltern ergibt sich insbesondere ihr Entscheidungsrecht über die Teilnahme des schulpflichtigen Kindes am religiösen Unterricht seines Bekenntnisses (vgl. Reichsverfassung vom 11. August 1919 Art. 149 Abs. 2 und oben Vorbem. 2, c) und über den Austritt des Kindes aus der Religionsgemeinschaft, der es bisher angehört hat (vgl. Vorbem. 2, b und c).

2. Ausübung des Bestimmungsrechts.

Ueber die Frage, in welcher Weise das Bestimmungsrecht von den Eltern auszuüben ist, enthält das Gesetz keinerlei Vorschriften. Die Ausübung des Bestimmungsrechts ist demnach an keinerlei Form gebunden, sie kann insbesondere auch stillschweigend (durch schlüssige Handlungen) erfolgen. Lassen z. B. Ehegatten, von denen der eine dem katholischen, der andere dem protestantischen Bekenntnis angehört, ihr Kind nach katholischem Ritus taufen, so wird darin regelmäßig der übereinstimmende Wille der Eltern zu erblicken sein, daß das Kind im katholischen Bekenntnis erzogen werden soll.[129]) Andererseits kann z. B. dem Umstande, daß das Kind mit Willen seiner protestantischen Eltern den katholischen Religionsunterricht besucht, die Eigenschaft einer das Bestimmungsrecht der Eltern zum Ausdruck bringenden (schlüssigen) Willenserklärung um deswillen fehlen, weil an dem betreffenden Orte nur katholischer Religionsunterricht erteilt wird und die Eltern es vorziehen, dem Kinde diesen statt überhaupt keinen Religionsunterricht erteilen zu lassen.[130])

3. Umfang des Bestimmungsrechts.

Das Bestimmungsrecht der Eltern ist, soweit es überhaupt Platz greift (s. oben Bem. IV), grundsätzlich frei und, von den unten unter Ziff. 4 erwähnten Ausnahmen abgesehen, an keinerlei Schranken gebunden.

a) Es ist nicht abhängig davon, welchem Bekenntnisse die Eltern angehören, ob sie überhaupt einem bestimmten Bekenntnis, ob sie dem gleichen oder verschiedenen Bekenntnissen angehören (vgl. Vorbem. 3, d).

b) Es ist an keinerlei Frist gebunden, kann also beliebig lange Zeit nach Abschluß der Ehe und nach der Geburt des Kindes ausgeübt werden (s. aber unten unter 4, a).

c) Es erschöpft sich nicht in einmaliger Geltendmachung, die getroffene Bestimmung kann vielmehr (auch dem gleichen Kinde gegenüber) beliebig oft geändert werden (s. aber unten unter 4, a und b).

---

[128]) Vgl. hinsichtlich des früheren Rechtes Einleitung Ziff. VI, a, 1 a. E. und Anm. 38, § 19 der II. Beilage zur bayr. Verfassung vom 26. Mai 1818, Staudinger Vorbem. 4 Abs. 2 vor § 1741 und die dort erwähnten Entsch. des bayr. Verwaltungsgerichtshofs.

[129]) Vgl. Marx S. 20. Das Gegenteil kann unter Umständen im Falle einer Nottaufe anzunehmen sein; s. Besig S. 6. Hinsichtlich des früheren preußischen Rechtes vgl. KGJ. Bd. 10 S. 82, Bd. 36 A S. 54 und die dort erwähnten weiteren Entscheidungen.

[130]) Vgl. Güttler S. 259 ff.

d) Die Wahl des Bekenntnisses oder der Weltanschauung, worin das Kind erzogen werden soll, ist den Eltern freigestellt; das für das Kind gewählte Bekenntnis oder die für das Kind gewählte Weltanschauung kann von dem Bekenntnis oder der Weltanschauung des Vaters, der Mutter oder beider Eltern verschieden sein; es kann also z. B., wenn der Vater Katholik und die Mutter Jüdin ist, durch Einigung der Eltern bestimmt werden, daß das Kind im protestantischen Bekenntnis erzogen werden soll. Ebensowenig braucht für jedes von mehreren Kindern das gleiche Bekenntnis oder die gleiche Weltanschauung gewählt werden.

4. Schranken des Bestimmungsrechts.

a) Das den Eltern nach § 1 zustehende Bestimmungsrecht erleidet dadurch eine Einschränkung, daß das Kind nach Vollendung des 14. Lebensjahrs über sein religiöses Bekenntnis selbst entscheiden kann und daß es nach Vollendung des 12. Lebensjahrs nicht gegen seinen Willen in einem anderen Bekenntnis als bisher erzogen werden kann (§ 5).

b) Stellt sich die Ausübung des Bestimmungsrechts seitens der Eltern als Mißbrauch des Rechtes der Sorge für die Person, als Vernachlässigung des Kindes oder als ehrloses oder unsittliches Verhalten dar und wird dadurch das geistige oder leibliche Wohl des Kindes gefährdet, so hat das Vormundschaftsgericht nach § 1666 (von Amts wegen) einzuschreiten (§ 7). Ein solcher Mißbrauch kann insbesondere unter Umständen darin erblickt werden, daß das Bekenntnis des Kindes wiederholt ohne rechtfertigenden Grund geändert wird (s. oben unter 3, c) oder daß dem Kinde gleichzeitig zweierlei Religionsunterricht erteilt wird (vgl. Bem. IV, A, 2, α, γ und δ zu § 7).

c) Keine wirkliche Schranke des elterlichen Bestimmungsrechts enthält Satz 1 der Uebergangsvorschrift des § 9, wonach Verträge über religiöse Erziehung, soweit sie vor Verkündung dieses Gesetzes abgeschlossen sind, in Kraft bleiben; denn nach Satz 2 dieser Vorschrift muß auf Antrag der Eltern ein solcher Vertrag vom Vormundschaftsgericht aufgehoben werden. Ist dies geschehen, so ist eine neuerliche, vom Inhalt des aufgehobenen Vertrags abweichende Einigung der Eltern im Sinne des § 1 möglich.

VI. Besteht eine Einigung im Sinne des § 1 nicht oder nicht mehr, steht also insbesondere (z. B. infolge Scheidung oder Entziehung des Fürsorgerechts gemäß § 1666) nicht mehr beiden Eltern das Recht und die Pflicht zu, für die Person des Kindes zu sorgen, so finden hinsichtlich der religiösen Erziehung an Stelle des § 1 die Vorschriften der §§ 2 und 3 Anwendung.

Ueber nachträglich eintretende Geschäftsunfähigkeit oder beschränkte Geschäftsfähigkeit eines Ehegatten s. oben Bem. III, 3, f und Bem. IV, B, 1, a, ε.

§ 2.

Besteht eine solche Einigung nicht oder nicht mehr, so gelten auch für die religiöse Erziehung die Vorschriften des Bürgerlichen Gesetzbuchs über das Recht und die Pflicht, für die Person des Kindes zu sorgen.

Es kann jedoch während bestehender Ehe von keinem Elternteil ohne die Zustimmung des anderen bestimmt werden, daß das Kind in einem anderen als dem zur Zeit der Eheschließung gemeinsamen Bekenntnis oder in einem anderen Bekenntnis als bisher erzogen, oder daß ein Kind vom Religionsunterricht abgemeldet werden soll.

Wird die Zustimmung nicht erteilt, so kann die Vermittlung oder Entscheidung des Vormundschaftsgerichts beantragt werden. Für die Entscheidung sind, auch soweit ein Mißbrauch im Sinne des § 1666 des Bürgerlichen Gesetzbuchs nicht vorliegt, die Zwecke der Erziehung maßgebend. Vor der Entscheidung sind die Ehegatten sowie erforderlichenfalls Verwandte, Verschwägerte und die Lehrer des Kindes zu hören, wenn es ohne erhebliche Verzögerung oder unverhältnismäßige Kosten geschehen kann. Der § 1847 Abs. 2 des Bürgerlichen Gesetzbuchs findet entsprechende Anwendung. Das Kind ist zu hören, wenn es das zehnte Jahr vollendet hat.

Inhaltsübersicht.

I. Entstehungsgeschichte.

Ueber die Frage, wer über die religiöse Erziehung zu entscheiden habe, wenn eine Einigung der Eltern im Sinne des § 1 nicht oder nicht mehr vorliegt, herrschten bei der ersten Beratung im Ausschusse lebhafte Meinungsverschiedenheiten. Die sozialistischen Parteien verlangten für diesen Fall ein weitgehendes Entscheidungsrecht des Vormundschaftsrichters, insbesondere sollte, wenn beiden Eltern die Sorge für die Person des Kindes zusteht und eine Einigung nicht zustande kommt oder diese Einigung aufgehoben wird, nach Anhörung beider Teile der Vormundschaftsrichter entscheiden.[131]) Von den anderen Parteien wurde dieser Antrag bekämpft. Es wurde darauf hingewiesen, daß damit, soweit nicht ein Mißbrauch gemäß § 1666 BGB. vorliegt, die Entscheidung ganz

[131]) Antrag 47 § 1 Abs. 2 Satz 3, Antrag 51 § 1 Abs. 3 Satz 2 (Ber. d. Aussch. S. 2014, 2015).

in das subjektive Ermessen des Richters gestellt sei; da es sich hiebei nur um die Würdigung von Tatsachen, nicht um die Lösung von Rechtsfragen handle, könne nicht einmal die Entscheidung eines obersten Gerichtshofs im Wege der weiteren Beschwerde herbeigeführt werden. Ein solches „Hineinregieren" in die Familie entspreche auch nicht dem Grundsatze der „Freiheit".

Die Mehrheit des Ausschusses entschied sich gegen die sozialistischen Anträge. Zur Herbeiführung der Gleichberechtigung zwischen Vater und Mutter wurde jedoch der nunmehrige Absatz 2 beigefügt. Keine Annahme fand der Antrag, die Zustimmung des anderen Ehegatten auch für den Fall als notwendig zu erklären, daß ein später geborenes Kind in einem anderen Bekenntnis als dem des ältesten lebenden Kindes der gleichen Ehe erzogen werden soll, weil eine solche Vorschrift dem Grundsatze der freien Einigung widerspreche und aus den Rahmen der übrigen Fälle herausfalle.

Beantragt wurde ferner, zwecks Herbeiführung der Uebereinstimmung mit Art. 149 der Reichsverfassung die Worte: „oder daß ein Kind vom Religionsunterricht abgemeldet werden soll" dahin abzuändern: „oder daß ein Kind zum Religionsunterricht angemeldet werden soll." Der Antrag wurde abgelehnt, nachdem darauf hingewiesen worden war, daß bei Annahme der erwähnten Vorschrift der Reichsverfassung kein Zweifel darüber bestanden habe, daß die Teilnahme am Religionsunterricht die Regel sein solle und es zur Durchbrechung dieser Regel der Abmeldung vom Religionsunterricht bedürfe.

Gegen Satz 5 des Abs. 3 wurde eingewendet, eine wertvolle Förderung des gerichtlichen Spruchs sei durch die Aussage des Kindes nicht zu erwarten. Die Mehrheit des Ausschusses vertrat jedoch den gegenteiligen Standpunkt; es wurde insbesondere darauf hingewiesen, daß die katholische Kirche die Firmung schon in einem sehr jugendlichen Alter des Kindes vornehme, weil sie dem Kinde schon von einem sehr frühen Zeitpunkt ab den Willen zur freien Selbstentscheidung über sein Bekenntnis zutraue.

Der Einwand, daß die Regelung des religiösen Erziehungsrechts für den Fall ganz unterlassen sei, daß nur ein Elternteil oder nur die uneheliche Mutter vorhanden sei, wurde beseitigt, indem Uebereinstimmung darüber erzielt wurde, daß dieser Fall von dem (nunmehrigen) § 2 Abs. 1 mit umfaßt sei; der Ausschuß war der Ansicht, daß nach dieser Bestimmung in allen Fällen, wo eine Einigung nicht oder nicht mehr in Frage kommt, die Vorschriften des BGB. über die Sorge für die Person des Kindes zur Anwendung zu kommen haben, vorbehaltlich der besonderen Bestimmungen dieses Gesetzes.[182])

Bei der zweiten Lesung im Ausschusse wurde wiederum beantragt, das Entscheidungsrecht des Vormundschaftsgerichts auch eintreten zu lassen, wenn ein Mißbrauch nach § 1666 BGB. nicht vorliege, also insbesondere schon dann, wenn der betreffende Elternteil dem Erziehungsinteresse des Kindes (vom pädagogischen Standpunkt aus), wenn auch ohne subjektives Verschulden, zuwiderhandle. Der Antrag wurde mit Stimmengleichheit durch Entscheidung des Vorsitzenden abgelehnt.

Daß unter den zu hörenden Lehrern des Kindes auch der Religionslehrer mit eingeschlossen sei, wurde von keiner Seite bestritten; mit Rücksicht darauf wurde die Anregung, auch die Anhörung des Geistlichen vorzuschreiben, nicht weiter verfolgt. Die Sollvorschrift hinsichtlich der Anhörung des Kindes wurde in eine Mußvorschrift umgewandelt.[183])

Bei der dritten Lesung wurde als Satz 2 des Abs. 3 folgende Vorschrift beschlossen:

> „Für die Entscheidung (des Vormundschaftsgerichts) sind, sofern nicht ein Mißbrauch im Sinne des § 1666 des BGB. vorliegt, die Zwecke der Erziehung maßgebend."

Damit sollte eine Vermittelung zwischen den widerstreitenden Anschauungen erzielt werden, von denen die eine das Eingreifen des Vormundschaftsgerichts nur bei subjektivem Verschulden des Erziehungsberechtigten zulassen wollte, während nach der anderen schon eine objektive Zuwiderhandlung gegen den Erziehungszweck hiezu genügen sollte. Angenommen wurde ferner der Antrag, die Anhörung der Eltern und anderen Personen nur für den Fall vorzuschreiben, daß es ohne erhebliche Verzögerung und ohne unverhältnismäßige Kosten geschehen kann, weil, wenn die Anhörung beider Eltern obligatorisch sei und ein Elternteil nicht gefunden werde, der Vormundschaftsrichter überhaupt nicht entscheiden könne. Hinsichtlich der Bestimmung des Abs. 3 Satz 4 war der Ausschuß übereinstimmend der Ansicht, daß den Eltern des Kindes keinesfalls ein Anspruch auf Ersatz ihrer Auslagen zustehe, wohl aber dem Lehrer; mit Rücksicht hierauf wurde der Ausdruck gewählt, daß § 1847 Abs. 2 BGB. „entsprechende" Anwendung finden solle.[184])

---

182) Ber. d. Aussch. S. 2003 ff.
183) Ber. d. Aussch. S. 2006 ff.
184) Ber. d. Aussch. S. 2009.

Bei der zweiten Beratung im Reichstagsplenum wurde auf Antrag des Berichterstatters Dr. Barth die (von ihm als nur redaktionell bezeichnete) Aenderung beschlossen, durch welche § 2 Abs. 3 Satz 2 den nunmehrigen Wortlaut erhalten hat.[185])

II. Grundsätzliche Regelung.

1. Nach § 1 bestimmt über die religiöse Erziehung eines Kindes die freie, jederzeit widerrufliche und durch den Tod eines Ehegatten lösbare Einigung der Eltern, vorausgesetzt, daß beiden das Recht und die Pflicht zusteht, für die Person des Kindes zu sorgen. Besteht eine solche Einigung nicht oder nicht mehr, so gilt für das religiöse Erziehungsrecht das gleiche wie für das Erziehungsrecht überhaupt (BGB. § 1631). Das Bestimmungsrecht hinsichtlich der religiösen Erziehung steht hienach grundsätzlich demjenigen zu, der nach den Vorschriften des BGB. das Recht und die Pflicht hat, für die Person des Kindes zu sorgen. Liegt die tatsächliche Sorge für die Person des Kindes und dessen Vertretung in persönlichen Angelegenheiten in verschiedenen Händen, so ist derjenige bestimmungsberechtigt, dem die tatsächliche Sorge zusteht (s. Bem. IV, A zu § 1).

2. Voraussetzung für die Anwendbarkeit des § 2 ist demgemäß, daß entweder

a) eine Einigung (vgl. über diesen Begriff Bem. III zu § 1) der Eltern niemals bestanden hat oder daß

b) eine solche Einigung zwar bestanden hat, aber zur Zeit nicht mehr besteht, sei es, daß sie von einem Ehegatten widerrufen oder durch den Tod eines Ehegatten gelöst ist, oder daß

c) eine Einigung der Eltern zwar besteht, die (tatsächliche) Sorge für die Person des Kindes aber nicht beiden Eltern, sondern nur einem oder überhaupt keinem Elternteil zusteht.

3. Von dem Grundsatze des § 2 Abs. 1, daß in diesen Fällen die Vorschriften des BGB. über die Sorge für die Person des Kindes maßgebend sein sollen, enthalten § 2 Abs. 2 nnd 3 und § 3 einzelne Ausnahmen:

a) Nach § 2 Abs. 2 und 3 ist der an sich nach den Vorschriften des BGB. bestimmungsberechtigte Elternteil während des Bestehens der Ehe in gewissen Fällen an die Zustimmung des anderen Elternteils gebunden; mangels Erteilung der Zustimmung ist das Vormundschaftsgericht zur Vermittlung oder Entscheidung berufen.

b) Wenn dem Vater oder der Mutter die Sorge für die Person des Kindes neben einem Vormund oder Pfleger zusteht, geht bei Meinungsverschiedenheiten über die Bestimmung des religiösen Bekenntnisses, in dem das Kind erzogen werden soll, im Gegensatz zum BGB. nicht die Meinung des gesetzlichen Vertreters, sondern die des Vaters oder der Mutter vor, falls ihnen nicht gemäß § 1666 BGB. das religiöse Erziehungsrecht entzogen ist (§ 3 Abs. 1).

c) Der Vormund oder Pfleger, dem die Sorge für die Person des Kindes allein zusteht, ist bei Bestimmung der religiösen Erziehung des Kindes an die Genehmigung des Vormundschaftsgerichts gebunden (§ 3 Abs. 2 Satz 2); zur Aenderung einer schon erfolgten Bestimmung ist er überhaupt nicht berechtigt (§ 3 Abs. 2 Satz 6).

III. Die nach § 2 Abs. 1 bestimmungsberechtigten Personen.

Auch bei Prüfung der Frage, wer beim Mangel einer Einigung i. S. des § 1 hinsichtlich der religiösen Erziehung bestimmungsberechtigt ist, muß unterschieden werden zwischen ehelichen Kindern, Kindern aus nichtigen oder anfechtbaren Ehen, unehelichen, legitimierten, an Kindes Statt angenommenen und solchen Kindern, deren Familienstand nicht zu ermitteln ist (vgl. Bem. IV, B zu § 1).

A. Eheliche Kinder.[186])

1. Während des Bestehens der Ehe.

a) Regelfall. In dem regelmäßigen Falle, daß dem Vater die volle elterliche Gewalt, der Mutter das Recht auf Teilnahme an der Sorge für die Person des Kindes nach § 1634 zusteht, ist hinsichtlich der religiösen Erziehung mangels Vorliegens einer Einigung i. S. des § 1 der Vater bestimmungsberechtigt, da nach § 1634 Satz 2 BGB. bei einer Meinungsverschiedenheit zwischen den Eltern die Meinung des Vaters vorgeht. Nach § 2 Abs. 2 kann aber der Vater nicht ohne Zustimmung der Mutter bestimmen, daß das Kind in einem anderen als dem zur Zeit der Eheschließung gemeinsamen oder in einem anderen Bekenntnis als bisher erzogen oder daß ein Kind vom Religionsunterricht abgemeldet werden soll (s. unten Bem. V, I, a).

b) Hat das Vormundschaftsgericht gemäß § 1666 Abs. 1 dem Vater die (tatsächliche) Sorge für die Person des Kindes entzogen, so ist § 1 unanwendbar (Bem. IV, B, 1,

---

[185]) Verhandl. des Reichstags I. Wahlperiode 1920 Bd. 350 S. 4391, 4393.

[186]) Welche Kinder ehelich sind, ergibt sich aus BGB. §§ 1591—1600, EG. z. BGB. Art. 18.

a, β zu § 1). An die Stelle des Vaters tritt nicht etwa die Mutter, es ist vielmehr ein Pfleger (oder Vormund) zu bestellen. Als solcher kann in geeigneten Fällen auch die Mutter bestellt werden. Abgesehen hiervon aber ist die Uebertragung der dem Vater gemäß § 1666 entzogenen Sorge für die Person auf die Mutter nicht zulässig (Staudinger Bem. VII Abs. 1 zu § 1666, KG. in RJA. Bd. 6 S. 23 ff., Bd. 10 S. 94 ff., Bd. 11 S. 7 ff.). Der Mutter steht in diesem Falle gemäß § 1698 die tatsächliche Sorge für die Person des Kindes neben dem Vormund oder Pfleger in gleicher Weise zu wie nach § 1634 neben dem Vater; bei Meinungsverschiedenheiten zwischen ihr und dem Vormund oder Pfleger geht also dessen Meinung vor. Hinsichtlich der religiösen Erziehung geht aber solchenfalls nach § 3 Abs. 1 die Meinung der Mutter vor; sie ist also bestimmungsberechtigt, es sei denn, daß ihr das Recht der religiösen Erziehung nach § 1666 entzogen ist (s. Bem. III, 1, a zu § 3 und Bem. IV, A, 2, b, γ zu § 7). Außerdem unterliegt sie während der Dauer der Ehe der Schranke des § 2 Abs. 2 (s. unten Bem. V, 1, b).

Wird gemäß § 1666 der Mutter das ihr nach § 1634 zustehende Recht auf Teilnahme an der Sorge für die Person des Kindes entzogen (Staudinger Bem. 4 zu § 1634), so ist für eine Einigung der Eltern i. S. des § 1 kein Raum mehr. Die elterliche Gewalt des Vaters, insbesondere das ihm zustehende Recht der Sorge für die Person des Kindes, erleidet hiedurch keine Einschränkung; bestimmungsberechtigt hinsichtlich der religiösen Erziehung ist also der Vater unter der sich aus § 2 Abs. 2 ergebenden Einschränkung (s. unten Bem. V, 1, b).

Findet die Entziehung gemäß § 1666 Abs. 1 nur hinsichtlich eines oder einzelner von mehreren Kindern statt, so gelten die vorstehenden Grundsätze nur hinsichtlich der religiösen Erziehung dieses Kindes oder dieser Kinder.

Hebt das Vormundschaftsgericht gemäß § 1671 die Entziehung wieder auf, so gilt wieder das gleiche wie vor der Entziehung (s. oben unter a).

c) Verwirkt der Vater die elterliche Gewalt (§ 1680), so ist (bei Fortbestand der Ehe) ein Vormund zu bestellen, neben dem gemäß § 1698 der Mutter die Sorge für die Person des Kindes in gleicher Weise zusteht wie nach § 1634 neben dem Vater (Staudinger Bem. 7 zu § 1680). § 1 ist unanwendbar; das Bestimmungsrecht hinsichtlich der religiösen Erziehung steht nach § 3 Abs. 1 der Mutter zu, es sei denn, daß ihr das Recht der religiösen Erziehung nach § 1666 entzogen ist (s. Bem. III, 1, b zu § 3 und Bem. IV, A, 2, b, γ zu § 7); sie unterliegt hiebei während der Dauer der Ehe der Schranke des § 2 Abs. 2 (s. unten Bem. V, 1, b).

Verwirkt die Mutter das ihr nach § 1634 zustehende Recht auf Teilnahme an der Sorge für die Person des Kindes (Staudinger Bem. 8 Abs. 1 zu § 1680), so ist eine Einigung nach § 1 ausgeschlossen. Die elterliche Gewalt des Vaters, insbesondere das ihm zustehende Recht der Sorge für die Person des Kindes erleidet hiedurch keine Einschränkung; bestimmungsberechtigt hinsichtlich der religiösen Erziehung ist also der Vater unter der sich aus § 2 Abs. 2 ergebenden Einschränkung (s. unten Bem. V, 1, b).

Tritt die Verwirkung nur hinsichtlich eines oder einzelner von mehreren Kindern ein (Staudinger Bem. 5 zu § 1680), so gelten die vorstehenden Grundsätze nur hinsichtlich dieses Kindes oder dieser Kinder.

Ueber die neuerliche Anwendbarkeit des § 1 bei Aufhebuug des Strafurteils im Wege des Wiederaufnahmeverfahrens s. Bem. IV, B, 1, a, γ Abs. 3 zu § 1; über Verwirkung der elterlichen Gewalt bei Auflösung der Ehe s. unten unter 2, a, α, ββ und β, αα.

d) Ist der Vater an der Ausübung der elterlichen Gewalt tatsächlich verhindert (z. B. durch Krankheit, Abwesenheit, Haft), so übt während der Dauer der Ehe die Mutter die elterliche Gewalt mit Ausnahme der Nutznießung aus (§ 1685 Abs. 1, Staudinger Bem. 3, a, ε zu § 1685). Bestimmungsberechtigt hinsichtlich der religiösen Erziehung ist also solchenfalls auf die Dauer der Verhinderung des Vaters die Mutter; sie unterliegt hiebei der Schranke des § 2 Abs. 2 (s. unten Bem. V, 1, c).

c) Wenn die elterliche Gewalt des Vaters ruht (§§ 1676, 1677), ist er zu ihrer Ausübung nicht berechtigt; die Ausübung (mit Ausnahme der Nutznießung) steht in diesem Falle während der Dauer der Ehe der Mutter zu (§§ 1678, 1685 Abs. 1).

α) Ruht die elterliche Gewalt des Vaters deshalb, weil er in der Geschäftsfähigkeit beschränkt ist oder nach § 1910 Abs. 1 einen Pfleger für seine Person und sein Vermögen erhalten hat, so steht ihm gemäß § 1676 Abs. 2 Satz 2 die tatsächliche Sorge für die Person des Kindes neben dem gesetzlichen Vertreter des Kindes (also der Mutter) zu. Ueber die religiöse Erziehung entscheidet in diesem Falle zunächst die Einigung der Eltern (Bem. IV, B, 1, a, ε Abs. 4 zu § 1); mangels Einigung ist bestimmungsberechtigt nach § 1676 Abs. 2 Satz 3 die Mutter vorbehaltlich der Schranke des § 2 Abs. 2 (s. unten Bem. V, 1, c; unrichtig Besig S. 9 ff.; nach ihm soll gemäß § 3 Abs. 1 die Meinung des Vaters vorgehen; diese Vorschrift greift aber nur

Platz bei Meinungsverschiedenheiten zwischen einem Elternteil einerseits, Vormund oder Pfleger anderseits).

β) Ruht dagegen die elterliche Gewalt des Vaters, weil er geschäftsunfähig ist (§ 1676 Abs. 1) oder weil das Vormundschaftsgericht festgestellt hat, daß er auf längere Zeit an der Ausübung der elterlichen Gewalt tatsächlich verhindert ist (§ 1677), so ist der Vater zur Ausübung der Sorge für die Person nicht berechtigt. § 1 ist unanwendbar; das Bestimmungsrecht hinsichtlich der religiösen Erziehung steht gemäß § 1685 Abs. 1 der Mutter zu, die aber hiebei der Schranke des § 2 Abs. 2 unterliegt (s. unten Bem. V, I, c).

γ) Ist die Mutter in der Geschäftsfähigkeit beschränkt (z. B. minderjährig) oder hat sie nach § 1910 Abs. 1 einen Pfleger für ihre Person und ihr Vermögen erhalten, so bleibt § 1 anwendbar (§§ 1686, 1676 Abs. 2, 1696). Mangels Einigung ist bestimmungsberechtigt der Vater, vorbehaltlich der Schranke des § 2 Abs. 2 (s. unten Bem. V, 1, c).

δ) Ruht das der Mutter nach § 1634 zustehende Recht auf Teilnahme an der Sorge für die Person wegen ihrer Geschäftsunfähigkeit (§ 1676 Abs. 1) oder nach § 1677, so ist § 1 unanwendbar; das Bestimmungsrecht hinsichtlich der religiösen Erziehung steht, vorbehaltlich der Schranke des § 2 Abs. 2 (s. unten Bem. V, 1, c), dem Vater zu.

ε) Ruht sowohl die elterliche Gewalt des Vaters als das der Mutter nach § 1685 Abs. 1 zustehende Ausübungsrecht, so ist zwar ein Vormund zu bestellen, § 1 bleibt aber anwendbar, wenn bei beiden Eltern das Ruhen aus einem der im § 1676 Abs. 2 Satz 1 erwähnten Gründe eingetreten ist (s. Bem. IV, B, 1, a, ε letzter Abs. zu § 1; vgl. Staudinger Bem. 4 zu § 1698). Mangels Einigung ist der Vater nach Maßgabe des § 3 Abs. 1 (s. Bem. III, 1, c Abs. 1 zu § 3) und vorbehaltlich der Schranke des § 2 Abs. 2 (s. unten Bem. V, 1, c) bestimmungsberechtigt.

Ist das Ruhen beim Vater wegen Geschäftsunfähigkeit oder nach § 1677, bei der Mutter dagegen aus einem der im § 1676 Abs. 2 Satz 1 erwähntem Gründe eingetreten, so steht das Bestimmungsrecht nach Maßgabe des § 3 Abs. 1 (bzw. bei Minderjährigkeit der Mutter gemäß § 1696 BGB.; s. Bem. III, 1, c Abs. 2 zu § 3) und vorbehaltlich der Schranke des § 2 Abs. 2 (s. unten Bem. V, 1, c) der Mutter zu.

Ruht die elterliche Gewalt des Vaters aus einem der im § 1676 Abs. 2 Satz 1 erwähnten Gründe, das Ausübungsrecht der Mutter aber wegen ihrer Geschäftsunfähigkeit oder nach § 1677, so steht das Bestimmungsrecht nach Maßgabe des § 3 Abs. 1 (s. Bem. III, 1, c Abs. 3 zu § 3) und vorbehaltlich der Schranke des § 2 Abs. 2 (s. unten Bem. V, 1, c) dem Vater zu.

Ruht endlich sowohl die elterliche Gewalt des Vaters als auch das Ausübungsrecht der Mutter wegen Geschäftsunfähigkeit oder nach § 1677, so steht neben dem für das Kind zu bestellendeu Vormunde weder dem Vater noch der Mutter die Sorge für die Person des Kindes zu. Bestimmungsberechtigt hinsichtlich der religiösen Erziehung ist ausschließlich der Vormund nach Maßgabe des § 3 Abs. 2 (s. Bem. IV, 1, c zu § 3).

2. Nach Auflösung der Ehe (s. Bem. IV, B, 1, b zu § 1).

a) Tod eines Ehegatten.

α) Ist der Vater gestorben, so geht die elterliche Gewalt auf die Mutter über (§ 1684 Abs. 1 Nr. 1); bestimmungsberechtigt hinsichtlich der religiösen Erziehung (natürlich auch für ein nach dem Tode des Vaters geborenes Kind) ist also von da ab die Mutter.[137])

αα) Wird der Mutter die ihr nach § 1684 Abs. 1 Nr. 1 zustehende Sorge für die Person des Kindes durch das Vormundschaftsgericht gemäß § 1666 entzogen und einem Pfleger übertragen, so steht diesem das Bestimmungsrecht hinsichtlich der religiösen Erziehung nach Maßgabe des § 3 Abs. 2 zu (s. Bem. IV, 1, d zu § 3).

ββ) Verwirkt die Mutter die elterliche Gewalt, so verliert sie das Recht der Sorge für die Person des Kindes und es ist ein Vormund zu bestellen (§§ 1680, 1686); hinsichtlich der religiösen Erziehung ist dieser nach Maßgabe des § 3 Abs. 2 bestimmungsberechtigt (s. Bem. IV, 1, d zu § 3).

γγ) Ruht die elterliche Gewalt der Mutter, so ist ein Vormund zu bestellen. Tritt das Ruhen aus einem der in § 1676 Abs. 2 Satz 1 erwähnten Gründe ein, so behält die Mutter die (tatsächliche) Sorge für die Person des Kindes (§§ 1676 Abs. 2 Satz 2, 1686); hinsichtlich der religiösen Erziehung ist also sie bestimmungsberechtigt. Hinsicht-

[137]) Hiedurch ist die mit Härten für die Mutter verbundene Bestimmung des preußischen Rechtes beseitigt, wonach auch nach dem Tode des Vaters die Kinder in dessen Bekenntnis erzogen werden mußten, es sei denn, daß sie mindestens das ganze letzte Jahr vor dem Tode des Vaters mit dessen Vorschriften im Glauben der Mutter unterrichtet worden waren (vgl. Besig S. 16).

lich der Anwendbarkeit des § 3 Abs. 1 s. Bem. III, 1, d zu § 3. Ruht dagegen die elterliche Gewalt der Mutter, weil sie geschäftsunfähig ist (§§ 1676 Abs. 1, 1686) oder nach §§ 1677, 1686, so ist sie auch zur Ausübung der Sorge für die Person des Kindes nicht berechtigt (§§ 1678, 1686); bestimmungsberechtigt hinsichtlich der religiösen Erziehung ist der Vormund nach Maßgabe des § 3 Abs. 2 (s. Bem. IV, 1, d zu § 3).

δδ) Schließt die Witwe eine neue Ehe, so verliert sie die elterliche Gewalt, behält aber die tatsächliche Sorge für die Person des Kindes nach Maßgabe des § 1696 (§ 1697); sie bleibt daher auch hinsichtlich der religiösen Erziehung bestimmungsberechtigt. Hinsichtlich der Anwendbarkeit des § 3 Abs. 1 s. Bem. III, 1, e zu § 3.

β) Ist die Mutter gestorben, so steht die elterliche Gewalt und damit die Sorge für die Person des Kindes sowie das Bestimmungsrecht hinsichtlich der religiösen Erziehung ausschließlich dem Vater zu.

αα) Wird ihm die Sorge für die Person des Kindes durch das Vormundschaftsgericht gemäß § 1666 entzogen, verwirkt er die elterliche Gewalt (§ 1680) oder ruht seine elterliche Gewalt (§§ 1676, 1677) so gilt hinsichtlich seines Bestimmungsrechts (abgesehen von dem Umstande, daß das Ruhen seiner elterlichen Gewalt wegen Minderjährigkeit nach § 1303 nicht in Betracht kommt) das gleiche wie für die verwitwete Mutter (s. oben unter α, αα—γγ; vgl. auch Bem. III, 1, f zu § 3).

ββ) Durch Wiederverheiratung des Vaters erleidet dessen elterliche Gewalt keinerlei Einschränkung (Staudinger Bem. I zu § 1669, Bem. 9 zu § 1697); sein Bestimmungsrecht hinsichtlich der religiösen Erziehung der aus der früheren Ehe stammenden Kinder dauert also unbeschränkt fort.

b) Scheidung.

α) Erfolgt die Scheidung aus einem der in den §§ 1565—1568 bestimmten Gründe, so bemißt sich die (tatsächliche) Sorge für die Person der gemeinschaftlichen Kinder, solange die Ehegatten leben, nach § 1635 Abs. 1 (s. Bem. IV, B, 1, b, β, αα zu § 1). Der Ehegatte, dem hienach die Sorge für die Person zusteht, ist hinsichtlich der religiösen Erziehung bestimmungsberechtigt (vgl. KG., 31. März 1922, OLG. Bd. 42 S. 99). Die Befugnis, aus besonderen Gründen im Interesse des Kindes eine von der Regel des § 1635 Abs. 1 Satz 1 abweichende Anordnung zu treffen (§ 1635 Abs. 1 Satz 2), berechtigt das Vormundschaftsgericht auch, zwar die Sorge für die Person im allgemeinen dem Ehegatten zu belassen, dem sie nach § 1635 Abs. 1 Satz 1 zusteht, die Sorge für die religiöse Erziehung aber dem anderen Ehegatten zu übertragen, eine Maßregel, die im Interesse der Stetigkeit der religiösen Erziehung veranlaßt sein kann (vgl. Perels S. 642, Spitta S. 7, v. d. Pfordten, Z. S. 202).

β) Bei Scheidung wegen Geisteskrankheit (§ 1569) finden hinsichtlich der Sorge für die Person der Kinder nicht die Bestimmungen des § 1635, sondern die allgemeinen Vorschriften Anwendung (s. Bem. IV, B, 1, b, β, ββ zu § 1).

αα) Erfolgt die Scheidung wegen Geisteskrankheit der Frau, so ist hinsichtlich der religiösen Erziehung der Mann allein bestimmungsberechtigt.

ββ) Wird die Ehe wegen Geisteskrankheit des Mannes geschieden, so hat nach § 1685 Abs. 2 das Vormundschaftsgericht der Mutter auf ihren Antrag die Ausübung der elterlichen Gewalt zu übertragen, wenn (was regelmäßig gemäß § 1676 Abs. 1 der Fall sein wird) die elterliche Gewalt des Vaters ruht und keine Aussicht besteht, daß der Grund des Ruhens wegfallen werde. Erfolgt die Uebertragung, so ist hinsichtlich der religiösen Erziehung die Mutter allein bestimmungsberechtigt. Andernfalls ist ein Vormund zu bestellen, neben dem der Mutter die Sorge für die Person des Kindes nach § 1698 zusteht; das Bestimmungsrecht hinsichtlich der religiösen Erziehung steht daher der Mutter nach Maßgabe des § 3 Abs. 1 zu (s. Bem. III, 1, g zu § 3).

γ) Die Schranke des § 2 Abs. 2 besteht in den unter α und β erwähnten Fällen nicht, weil sie nur für die Dauer des Bestehens der Ehe Geltung hat (vgl. KG., 31. März 1922, OLG. Bd. 42 S. 99).

δ) Bei Aufhebung der ehelichen Gemeinschaft (§ 1575) gilt hinsichtlich des Bestimmungsrechts das gleiche wie in den unter α und β erwähnten Fällen (s. Bem IV, B, 1, b, β, γγ zu § 1). Da aber die Aufhebung der ehelichen Gemeinschaft die Auflösung der Ehe nicht herbeiführt, die Ehe vielmehr fortbestehen läßt (s. Staudinger Bem. II zu § 1586), unterliegt der bestimmungsberechtigte Ehegatte nach wie vor der Schranke des § 2 Abs. 2.

ε) In einem Rechtsstreite, der die Scheidung, Nichtigkeit oder Anfechtbarkeit der Ehe zum Gegenstande hat, kann nach § 627 ZPO. das Prozeßgericht auf Antrag eines Ehegatten durch einstweilige Verfügung für die Dauer des Rechtsstreits wegen der Sorge für die Person der gemeinschaftlichen minderjährigen Kinder, soweit es sich nicht um die gesetzliche Vertretung handelt, Anordnungen treffen. Der Ehegatte, dem durch eine solche einstweilige Verfügung die Sorge für die Person des Kindes zugewiesen wird, ist auch hinsichtlich seiner religiösen Erziehung, vorbehaltlich der Schranke des § 2 Abs. 2, bestimmungsberechtigt.

c) Auflösung der Ehe infolge Wiederverheiratung des Ehegatten eines für tot Erklärten.

α) Ist der Vater für tot erklärt worden, so endigt seine elterliche Gewalt mit dem Zeitpunkte, der als Zeitpunkt des Todes gilt (§ 1679 Abs. 1); vom gleichen Zeitpunkt ab steht die elterliche Gewalt, also auch die Sorge für die Person des Kindes und das Bestimmungsrecht hinsichtlich der religiösen Erziehung, ausschließlich der Mutter zu (§ 1684 Abs. 1 Nr. 1 Abs. 2). § 2 Abs. 2 ist nicht anwendbar, da die Ehe als durch den Tod des Vaters aufgelöst gilt. Wird die Todeserklärung infolge einer Anfechtungsklage aufgehoben (ZPO. §§ 957 ff., 973 ff.), so kommt die durch sie begründete Vermutung, daß der Vater gestorben und dadurch die Ehe aufgelöst sei, in Wegfall. Das gleiche gilt, wenn der Vater zurückkehrt. Die Mutter behält zunächst die elterliche Gewalt, bleibt also vorbehaltlich der Schranke des § 2 Abs. 2 bestimmungsberechtigt. Der Vater erlangt aber die elterliche Gewalt dadurch wieder, daß er dem Vormundschaftsgerichte gegenüber seinen hierauf gerichteten Willen erklärt (§ 1679 Abs. 2); der Mutter steht von da ab nur mehr das Recht auf Teilnahme an der Sorge für die Person gemäß § 1634 zu; § 1 ist wieder anwendbar; mangels Einigung der Eltern ist der Vater vorbehaltlich der Schranke des § 2 Abs. 2 wieder bestimmungsberechtigt (s. oben unter a). Hat aber die zurückgebliebene Frau eine neue Ehe geschlossen, so wird hiedurch die frühere Ehe aufgelöst (§ 1348 Abs. 2); hinsichtlich der Sorge für die Person und demgemäß auch des Bestimmungsrechts gilt das gleiche, wie wenn die Ehe geschieden ist und beide Ehegatten für schuldig erklärt sind (§ 1637); s. oben unter b, α.

β) Ist die Mutter für tot erklärt worden, so verliert sie das ihr nach § 1634 zustehende Recht auf Teilnahme an der Sorge für die Person des Kindes (Staudinger Bem. 4 zu § 1634); das Bestimmungsrecht hinsichtlich der religiösen Erziehung steht ausschließlich dem Vater zu; § 2 Abs. 2 ist nicht anwendbar, da die Ehe als durch den Tod der Mutter aufgelöst gilt. Wird die Todeserklärung infolge einer Anfechtungsklage aufgehoben (ZPO. §§ 957 ff., 973 ff.) oder kehrt die Mutter zurück, so kommt die durch die Todeserklärung begründete Vermutung, daß die Ehe durch ihren Tod aufgelöst sei, in Wegfall. Hinsichtlich der religiösen Erziehung bleibt der Vater zunächst vorbehaltlich der Schranke des § 2 Abs. 2 bestimmungsberechtigt. Die Mutter erlangt aber ihr Recht auf Teilnahme an der Sorge für die Person des Kindes (§ 1634) dadurch wieder, daß sie dem Vormundschaftsgerichte gegenüber ihren hierauf gerichteten Willen erklärt (§ 1679 Abs. 2, Staudinger Bem. 1, b zu § 1637); § 1 ist von da ab wieder anwendbar; mangels Einigung der Eltern ist der Vater vorbehaltlich der Schranke des § 2 Abs. 2 wieder bestimmungsberechtigt (s. oben unter a). Hat aber der zurückgebliebene Mann eine neue Ehe geschlossen, so wird hiedurch die frühere Ehe aufgelöst (§ 1348 Abs. 2); hinsichtlich der Sorge für die Person und demgemäß auch des Bestimmungsrechts gilt das gleiche, wie wenn die Ehe geschieden ist und beide Ehegatten für schuldig erklärt sind (§ 1637); s. oben unter b, α.

B. Kinder aus nichtigen oder anfechtbaren Ehen.

1. Kinder aus einer absolut nichtigen Ehe gelten als unehelich (s. Bem. IV, B, 2, a zu § 1); für das Bestimmungsrecht hinsichtlich ihrer religiösen Erziehung gilt also das gleiche wie für uneheliche Kinder; s. unten unter C.

2. Für Kinder aus einer relativ nichtigen oder anfechtbaren und angefochtenen Ehe gelten hinsichtlich ihres Rechtsverhältnisses zu den Eltern die Sondervorschriften der §§ 1700—1702 (vgl. Bem. IV, B, 2, b zu § 1).

a) War beiden Ehegatten die Nichtigkeit oder Anfechtbarkeit der Ehe bei der Eheschließung unbekannt, so gilt für das Bestimmungsrecht hinsichtlich der religiösen Erziehung das gleiche wie für Kinder aus einer wegen beiderseitigen Verschuldens geschiedenen Ehe (§ 1700; s. oben unter A, 2, b, α).

b) War dem Vater, nicht aber der Mutter die Nichtigkeit oder Anfechtbarkeit der Ehe bei der Eheschließung bekannt, so hat der Vater nicht die sich aus der Vaterschaft ergebenden Rechte; die elterliche Gewalt steht der Mutter zu (§ 1701); diese ist also hinsichtlich der religiösen Erziehung bestimmungsberechtigt.

c) War der Mutter, nicht aber dem Vater die Nichtigkeit oder Anfechtbarkeit der Ehe bei der Eheschließung bekannt, so hat sie in Ansehung des Kindes nur diejenigen Rechte, die im Falle der Scheidung der allein für schuldig erklärten Frau zustehen (§ 1702 Abs. 1). Die elterliche Gewalt, daher auch die Sorge für die Person des Kindes und das Bestimmungsrecht hinsichtlich seiner religiösen Erziehung, steht dem Vater zu.

Stirbt der Vater oder endigt seine elterliche Gewalt aus einem anderen Grunde oder ruht sie wegen seiner Geschäftsunfähigkeit oder nach § 1677, so steht der Mutter die tatsächliche Sorge für die Person des Kindes zu (§ 1702 Abs. 2 und 3); sie ist also hinsichtlich der religiösen Erziehung *bestimmungsberechtigt*. Hinsichtlich der Anwendbarkeit des § 3 Abs. 1 s. Bem. III, 1, h Abs. 2 zu § 3. Erlangt der Vater die elterliche Gewalt wieder oder endigt das Ruhen seiner elterlichen Gewalt, so kommt das Recht und die Pflicht der Mutter, für die Person des Kindes zu sorgen, in Wegfall und ihre Befugnisse bestimmen sich von da ab wieder nach § 1702 Abs. 1 (*Staudinger* Bem. 1, b Abs. 3 zu § 1702); das **Bestimmungsrecht** steht also wieder dem *Vater* zu.

Ruht dagegen die elterliche Gewalt des Vaters deshalb, weil er in der Geschäftsfähigkeit beschränkt ist oder nach § 1910 einen Pfleger für seine Person und sein Vermögen erhalten hat, so verbleibt es bei der Vorschrift des § 1702 Abs. 1. Dem Vater steht in diesem Falle die Sorge für die Person des Kindes gemäß § 1676 Abs. 2, 3 zu (*Staudinger* Bem. 1, b Abs. 4 zu § 1702); *er ist* daher hinsichtlich der religiösen Erziehung nach Maßgabe des § 3 Abs. 1 *bestimmungsberechtigt* (s. Bem. III, 1, h Abs. 3 zu § 3). Endigt das Ruhen seiner elterlichen Gewalt, so gilt wieder das oben in Abs. 1 Bemerkte.

d) War die Nichtigkeit oder Anfechtbarkeit der Ehe *beiden Ehegatten* bei der Eheschließung bekannt, so gelten die Kinder als unehelich (§ 1699 Abs. 1); für das Bestimmungsrecht hinsichtlich ihrer religiösen Erziehung gilt also das gleiche wie für uneheliche Kinder; s. unten unter C.

3. § 2 Abs. 2 ist nicht nur in den unter 1 und 2, d, sondern auch in den unter 2, a—c erwähnten Fällen unanwendbar, weil gemäß §§ 1329, 1343 die Nichtigkeit einer relativ nichtigen oder anfechtbaren und angefochtenen Ehe, daher auch die auf dieser Nichtigkeit beruhende Rechtsfolge der §§ 1699 Abs. 1, 1700, 1702 *nicht geltend gemacht werden kann*, bevor die Ehe für nichtig erklärt oder aufgelöst ist (*Staudinger* Bem. 5 zu § 1699, Bem. 2 zu § 1700, Bem. 5 zu § 1701, Bem. 6 zu § 1702); s. unten Bem. V, 1, d.

C. Uneheliche Kinder.[188])

Das uneheliche Kind steht nicht unter elterlicher Gewalt, sondern unter Vormundschaft. Die uneheliche *Mutter* hat die (tatsächliche) Sorge für die Person des Kindes (§ 1707), ist also hinsichtlich seiner religiösen Erziehung *bestimmungsberechtigt*. Hinsichtlich der Anwendbarkeit des § 3 Abs. 1 s. Bem. III, 1, i zu § 3.

D. Legitimierte Kinder.[189])

1. *Legitimation durch nachfolgende Ehe* verleiht dem unehelichen Kinde die rechtliche Stellung eines ehelichen Kindes (§ 1719). Es gilt also auch für das Bestimmungsrecht hinsichtlich der religiösen Erziehung das gleiche wie für eheliche Kinder (s. oben unter A). Ist die Ehe der Eltern nichtig oder anfechtbar, so gilt hinsichtlich des Bestimmungsrechts das gleiche wie für Kinder aus einer nichtigen oder anfechtbaren Ehe (§ 1721; s. oben unter B). Vgl. Bem. IV, B, 4, a zu § 1. Ueber die Anwendbarkeit des § 2 Abs. 2 s. unten Bem. V, 1, e.

2. *Legitimation durch Ehelichkeitserklärung.*

a) Durch die Ehelichkeitserklärung erlangt das uneheliche Kind die rechtliche Stellung eines ehelichen Kindes (§ 1736); diese Wirkung erstreckt sich aber nicht auf die Frau des Vaters (§ 1737 Abs. 1 Satz 2). Die leibliche (uneheliche) Mutter verliert mit der Ehelichkeitserklärung die (ihr nach § 1707 zustehende) tatsächliche Sorge für die Person des Kindes (§ 1738 Satz 1). Das *Bestimmungsrecht* steht also allein und uneingeschränkt dem *Vater* zu.

b) Hat die uneheliche Mutter dem Kinde *Unterhalt* zu gewähren, so erlangt sie die Sorge für die Person wieder, wenn die elterliche Gewalt des Vaters *endigt* oder wegen Geschäftsunfähigkeit des Vaters oder nach § 1677 *ruht* (§ 1738 Satz 2). Das *Bestimmungsrecht* hinsichtlich der religiösen Erziehung steht in diesem Falle *ihr* zu. Hinsichtlich der Anwendbarkeit des § 3 Abs. 1 s. Bem. III, 1, l zu § 3. Erlangt der Vater

---

[188]) Ueber das *frühere Recht* vgl. PLR. Teil II Tit. 2 § 642, für *Hannover* § 6 der VO. vom 31. Juli 1826, für *Kurhessen* § 4 Ziff. 3 der VO. vom 13. April 1853, für *Bayern* § 21 der II. Verf.Beil. vom 26. Mai 1818, für *Sachsen* § 10 des Ges. vom 1. November 1836 und § 20 des Ges. vom 20. Juni 1870, für *Hessen* Art. 113 des AG. z. BGB. vom 17. Juli 1899, für *Sachsen-Weimar* § 8 des Ges. vom 6. Mai 1857, für *Sachsen-Meiningen* Art. 1 des Ges. vom 18. August 1899, für *Schwarzburg-Sondershausen* § 4 des AG. z. BGB. vom 19. Juli 1899, für *Waldeck* § 3 der VO. vom 28. März 1827, für *Lübeck* § 112 des AG. z. BGB. vom 30. Oktober 1899.

[189]) Ueber das *frühere Recht* s. für *Hannover* § 6 der VO. vom 31. Juli 1826, für *Bayern* § 20 der II. Verf.Beil. vom 26. Mai 1818, für *Sachsen* § 11 des Ges. vom 1. November 1836, für *Sachsen-Weimar* § 1 Abs. 2 des Ges. vom 10. April 1895, für *Waldeck* § 3 der VO. vom 28. März 1827.

die elterliche Gewalt wieder oder endigt das Ruhen seiner elterlichen Gewalt, so kommt Recht und Pflicht der Mutter, für die Person des Kindes zu sorgen, wieder in Wegfall; das gleiche gilt, wenn die Unterhaltspflicht der Mutter endigt (Staudinger Bem. 3 zu § 1738). Das Bestimmungsrecht hinsichtlich der religiösen Erziehung steht von da ab wieder uneingeschränkt dem Vater zu (s. oben unter a).

c) Ruht die elterliche Gewalt des Vaters, weil er in der Geschäftsfähigkeit beschränkt ist oder nach § 1910 einen Pfleger für seine Person und sein Vermögen erhalten hat, so verbleibt ihm die (tatsächliche) Sorge für die Person des Kindes (§ 1676 Abs. 2, Staudinger Bem. 2, b, β zu § 1738) und auch das Bestimmungsrecht hinsichtlich der religiösen Erziehung gemäß § 3 Abs. 1 (Bem. III, 1, l zu § 3). Endigt das Ruhen seiner elterlichen Gewalt, so finden wieder die oben unter a erwähnten Grundsätze Anwendung.

E. **An Kindes Statt angenommene Kinder.**[140])

1. Durch die Annahme an Kindes Statt erlangt das Kind grundsätzlich die rechtliche Stellung eines ehelichen Kindes des Annehmenden; auf den Ehegatten des Annehmenden erstrecken sich die Wirkungen der Annahme nicht; die leiblichen Eltern verlieren die elterliche Gewalt, die uneheliche Mutter die Sorge für die Person des Kindes (§§ 1757 Abs. 1, 1763 Satz 2, 1765 Abs. 1; vgl. Bem. IV, B, 5, a zu § 1). Das Bestimmungsrecht hinsichtlich der religiösen Erziehung eines angenommenen (ehelichen oder unehelichen) Kindes steht also allein und uneingeschränkt den Annehmenden zu.

2. Wird von einem Ehepaare gemeinschaftlich ein Kind angenommen oder nimmt ein Ehegatte das Kind des anderen Ehegatten an, so erlangt das Kind die rechtliche Stellung eines gemeinschaftlichen ehelichen Kindes der Ehegatten (§ 1757 Abs. 2). Ueber die religiöse Erziehung eines solchen Kindes bestimmt daher in erster Linie die freie Einigung der Wahleltern (Bem. IV, B, 5, b zu § 1). Mangels einer Einigung gilt für das Bestimmungsrecht hinsichtlich der religiösen Erziehung, gleichviel, ob es sich um ein eheliches oder ein uneheliches Kind handelt, das gleiche, als wäre das angenommene Kind das leibliche eheliche Kind der Wahleltern (s. oben unter A). Ueber die Anwendbarkeit des § 2 Abs. 2 s. unten Bem. V, 1, f.

3. Nach § 1765 Abs. 2 Satz 1 erlangen die leiblichen Eltern bzw. die uneheliche Mutter des angenommenen Kindes, falls sie diesem Unterhalt zu gewähren haben, die tatsächliche Sorge für die Person des Kindes wieder, wenn die elterliche Gewalt des Annehmenden endigt oder wegen Geschäftsunfähigkeit des Annehmenden oder nach § 1677 ruht.

a) Handelt es sich um ein eheliches Kind, dessen beide Eltern noch leben, so erlangt der leibliche Vater beim Vorliegen der Voraussetzungen des § 1765 Abs. 2 Satz 1, wenn er dem Kinde Unterhalt zu gewähren hat, zwar nicht die volle elterliche Gewalt, wohl aber die tatsächliche Sorge für die Person, während die (leibliche) Mutter an dieser Sorge nach § 1634 teilnimmt. Ueber die religiöse Erziehung bestimmt also von da ab wieder die freie Einigung der Eltern (Bem. IV, B, 5, c zu § 1). Mangels einer Einigung ist der (leibliche) Vater vorbehaltlich der Schranke des § 2 Abs. 2 (s. unten Bem. V, 1, f) bestimmungsberechtigt.

Hat die (leibliche) Mutter dem Kinde Unterhalt zu gewähren, so ist § 1 unanwendbar, das Bestimmungsrecht hinsichtlich der religiösen Erziehung steht vorbehaltlich der Schranke des § 2 Abs. 2 (s. unten Bem. V, 1, f) ihr zu.

Hinsichtlich der Anwendbarkeit des § 3 Abs. 1 s. Bem. III, 1, n, α zu § 3.

Erlangt der Annehmende die elterliche Gewalt wieder oder endigt das Ruhen seiner elterlichen Gewalt oder die Unterhaltspflicht der leiblichen Eltern, so kommt das Recht und die Pflicht der leiblichen Eltern, für die Person des Kindes zu sorgen, wieder in Wegfall (Staudinger Bem. 3 zu § 1765); hinsichtlich der religiösen Erziehung gilt von da ab wiederum das oben unter 1 und 2 Ausgeführte.

b) Handelt es sich um ein uneheliches Kind, so erlangt dessen Mutter nach § 1765 Abs. 2 die tatsächliche Sorge für die Person des Kindes und damit das Bestimmungsrecht hinsichtlich der religiösen Erziehung wieder. Hinsichtlich der Anwendbarkeit des § 3 Abs. 1 s. Bem. III, 1, n, β zu § 3.

Erlangt der Annehmende die elterliche Gewalt wieder oder endigt das Ruhen seiner elterlichen Gewalt oder die Unterhaltspflicht der unehelichen Mutter, so verliert

[140]) In Preußen war nach der Deklaration vom 21. November 1803 ein angenommenes Kind im Glaubensbekenntnisse des Annehmenden zu erziehen (KGJ. Bd. 22 A S. 233 ff.). Für Bayern s. Güttler S. 138, Geiger S. 147 ff., Kollmann S. 36 ff., für Sachsen s. § 16 des Ges. vom 1. November 1836, für Sachsen-Weimar § 1 Abs. 2 des Ges. vom 10. April 1895, für Schwarzburg-Sondershausen § 2 des AG. z. BGB. vom 19. Juli 1899.

diese das Recht und die Pflicht, für die Person des Kindes zu sorgen; hinsichtlich der religiösen Erziehung gilt von da ab wieder das oben unter 1 und 2 Ausgeführte.

c) Ruht die elterliche Gewalt des Annehmenden, weil er in der Geschäftsfähigkeit beschränkt ist oder nach § 1910 Abs. 1 einen Pfleger für seine Person oder sein Vermögen erhalten hat, so lebt die elterliche Gewalt der leiblichen Eltern bzw. das Recht und die Pflicht der unehelichen Mutter, für die Person des Kindes zu sorgen, nicht wieder auf. Auf das Bestimmungsrecht des Annehmenden (im Falle des § 1757 Abs. 2 der Wahleltern) hat diese Tatsache den gleichen Einfluß, als wenn das angenommene Kind das leibliche eheliche Kind des Annehmenden (bzw. der Wahleltern) wäre; s. oben unter A, 1, e, α, γ, ε, 2, a, α, $\gamma\gamma$ und β, $\alpha\alpha$.

d) § 1765 ist unanwendbar auf den Fall, daß die Mutter ihr uneheliches Kind oder ein Ehegatte das Kind des anderen Ehegatten an Kindes Statt annimmt; selbstverständlich aber verbleibt der Mutter, die ihr uneheliches Kind angenommen hat, das Recht der Sorge für die Person des Kindes (und demgemäß auch das Bestimmungsrecht hinsichtlich seiner religiösen Erziehung), auch wenn das durch die Annahme begründete Rechtsverhältnis wieder aufgehoben wird (Staudinger Bem. 4 zu § 1765). Hinsichtlich der Anwendbarkeit des § 3 Abs. 1 s. Bem. III, 1, n, δ zu § 3.

e) Ueber Pflegekindschaft s. Bem. IV, 5, d zu § 1.

F. **Kinder, deren Familienstand nicht zu ermitteln ist.**[141]) Kinder, deren Familienstand nicht zu ermitteln ist, insbesondere Findelkinder, stehen im Falle der Minderjährigkeit unter Vormundschaft (§ 1773 Abs. 2, Staudinger Bem. 2, e zu § 1773). Das Bestimmungsrecht hinsichtlich ihrer religiösen Erziehung steht nach Maßgabe des § 3 Abs. 2 dem Vormunde zu (s. Bem. IV, 1, p und 2, b Abs. 5 zu § 3).

IV. **Bestimmungsrecht.** Mangels einer Einigung im Sinne des § 1 steht den in Bem. III genannten Personen das Bestimmungsrecht hinsichtlich der religiösen Erziehung der Kinder zu. Ueber Inhalt, Ausübung und Schranken des Bestimmungsrechts s. Bem. V zu § 1.

V. **Zu § 2 Abs. 2.** § 2 Abs. 2 enthält eine Ausnahme von dem im Abs. 1 niedergelegten Grundsatz, daß mangels einer Einigung der Eltern im Sinne des § 1 für die religiöse Erziehung der Kinder die Vorschriften des BGB. über die Sorge für die Person des Kindes maßgebend sein sollen (weitere Ausnahmen enthalten § 3 Abs. 1 und 2; s. oben Bem. II, 3). Zu gewissen Akten der Ausübung des Erziehungsrechts bedarf hienach jeder Elternteil während der Dauer der Ehe der Zustimmung des anderen Elternteils, obwohl nach den Vorschriften des BGB. diese Zustimmung nicht erforderlich sein würde.

1. **Anwendungsgebiet** des Abs. 2.

a) Nach § 1634 Satz 2 würde bei Meinungsverschiedenheiten zwischen Vater und Mutter hinsichtlich der religiösen Erziehung eines ehelichen Kindes die Meinung des Vaters vorgehen; nach § 2 Abs. 2 ist er aber in den dort bezeichneten Fällen an die Zustimmung der Frau gebunden (s. oben Bem. III, A, 1, a).

b) Das gleiche gilt, wenn dem Vater gemäß § 1666 Abs. 1 die Sorge für die Person des Kindes entzogen ist odee wenn er die elterliche Gewalt verwirkt, für die Mutter, und, wenn die Mutter das ihr nach § 1634 zustehende Recht auf Teilnahme an der Sorge für die Person entzogen ist oder wenn sie dieses Recht verwirkt, für den Vater (s. oben Bem. III, A, 1, b und c).

c) Der Schranke des § 2 Abs. 2 unterliegt die Mutter auch dann, wenn ihr gemäß § 1685 Abs. 1, weil der Vater an der Ausübung der elterlichen Gewalt tatsächlich verhindert ist oder seine elterliche Gewalt ruht, deren Ausübung zusteht, und ebenso der Vater, wenn das Recht der Mutter auf Teilnahme an der Sorge für die Person des Kindes (§ 1634) ruht (s. oben Bem. III, A, 1, d und e, α—ε).

d) Auf Kinder aus einer nichtigen oder anfechtbaren Ehe ist § 2 Abs. 2 nicht anwendbar, weil diese Vorschrift das Bestehen einer Ehe voraussetzt, die Rechtsfolge der §§ 1699 Abs. 1, 1700—1702 aber nicht geltend gemacht werden kann, bevor die Ehe für nichtig erklärt oder aufgelöst ist (§§ 1329, 1343; s. oben Bem. III, B, 3).

e) Auf Kinder, die durch nachfolgende Ehe legitimiert sind, findet Abs. 2 im gleichem Umfang Anwendung wie auf eheliche Kinder (s. oben Bem. III, D, 1).

f) Das gleiche gilt, wenn von einem Ehepaar gemeinschaftlich ein Kind angenommen wird oder wenn ein Ehegatte das Kind des anderen Ehegatten annimmt

[141]) Vgl. hinsichtlich des früheren Rechtes für Hannover § 8 der VO. vom 31. Juli 1826, für Frankfurt a. M. Art. 15 der VO. vom 5. September 1811, für Bayern § 22 der II. VerfBeil. vom 26. Mai 1818, für Hessen Art. 114 des AG. z. BGB. vom 17. Juli 1899, für Sachsen-Weimar § 9 des Gesetzes vom 6. Mai 1857, für Waldeck § 4 der VO. vom 28. März 1827, für Lübeck § 113 des AG. z. BGB. vom 30. Oktober 1899.

(§ 1757 Abs. 2), im Verhältnisse der Wahleltern zu einander (s. oben Bem. III, E, 2). Tritt nach § 1765 Abs. 2 das Recht und die Pflicht der leiblichen Eltern, für die Person des Kindes zu sorgen, wieder ein, so wird für sie § 2 Abs. 2 wieder anwendbar (s. oben Bem. III, E, 3, a).

g) Ueber die Anwendbarkeit des § 2 Abs. 2 auf den Fall, daß der Vater oder die Mutter für tot erklärt ist, s. oben Bem. III, A, 2, c.

2. **Voraussetzung** der Anwendbarkeit des § 2 Abs. 2 ist, daß die Ehe noch fortbesteht, also nicht durch Tod eines Ehegatten, Scheidung oder Wiederverheiratung des Ehegatten eines für tot Erklärten aufgelöst ist (s. Bem. IV, B, 1, b zu § 1). Ueber Aufhebung der ehelichen Gemeinschaft (§ 1575) s. oben Bem. III, A, 2, b, δ; über den Fall des § 627 ZPO. s. oben Bem. III, A, 2, b, ε; über Todeserklärung eines Ehegatten s. oben Bem. III, A, 2, c. Ueber die Unanwendbarkeit des Abs. 2 auf Kinder aus einer nichtigen oder anfechtbaren Ehe s. oben unter 1, d.

Ist die Ehe, gleichviel aus welchem Grunde, aufgelöst, so ist der Elternteil, dem nach § 3 Abs. 1 das Bestimmungsrecht hinsichlich der religiösen Erziehung zusteht, an die Zustimmung des anderen Elternteils auch in den im Abs. 2 erwähnten Fällen nicht gebunden.

Liegen die Voraussetzungen des § 2 Abs. 2 vor, so ist die Zustimmung des anderen Elternteils auch dann erforderlich, wenn diesem die Sorge für die Person des Kindes nicht zusteht (richtig Besig S. 9); s. aber auch unten Bem. V, 4, e und VI, 2.

3. **Inhalt der Beschränkung.** Gemäß § 2 Abs. 2 ist die Zustimmung des anderen Elternteils in folgenden Fällen erforderlich:

a) Wenn das Kind in einem anderen als dem zur Zeit der Eheschließung gemeinsamen Bekenntnis erzogen werden soll.[142]) War das Bekenntnis der Eltern zur Zeit der Eheschließung ein verschiedenes und ist es erst im Laufe der Ehe durch Uebertritt eines Ehegatten ein gemeinsames geworden, so ist die Vorschrift unanwendbar; dagegen wird bei Gemeinsamkeit des Bekenntnisses zur Zeit der Eheschließung die Anwendbarkeit der Vorschrift nicht dadurch ausgeschlossen, daß im Laufe der Ehe ein Ehegatte sein Bekenntnis geändert hat.

Gemäß § 6 findet die Bestimmung entsprechende Anwendung, wenn das Kind in einer anderen als der zur Zeit der Eheschließung gemeinsamen Weltanschauung erzogen werden soll.

Als „Zeit der Eheschließung" ist der Zeitpunkt zu erachten, in welchem die Verlobten vor dem Standesbeamten erklärt haben, die Ehe miteinander eingehen zu wollen (§ 1317). Handelt es sich um ein nach § 1757 Abs. 2 angenommenes Kind (s. oben Bem. III, E, 2), so ist an Stelle der Zeit der Eheschließung die Zeit der Annahme an Kindes Statt maßgebend (so mit Recht Bonin Bem. 6, Spitta S. 8, v. d. Pfordten, Z. S. 150 Anm. 29, K. Bem. III, 4, a).

Bei Prüfung der Frage, ob das Bekenntnis der Ehegatten zur Zeit der Eheschließung ein „gemeinsames" war, können sich im Einzelfalle Zweifel ergeben, so z. B. wenn der Mann altlutherisch, die Frau reformiert war. Nach Besig S. 9 soll in diesem Falle Gemeinsamkeit des Bekenntnisses anzunehmen sein, wenn das Kind katholisch erzogen werden soll, weil beide Eltern evangelisch sind. Dem dürfte beizustimmen sein. Unzutreffend aber erscheint Besigs weitere Annahme, die Gemeinsamkeit des Bekenntnisses der Eltern sei zu verneinen, wenn das bisher reformiert erzogene Kind dieser Ehe nun altlutherisch erzogen werden soll. Fraglich kann in diesem Falle nur sein, ob die beabsichtigte Erziehung des Kindes im altlutherischen Bekenntnis unter die zweite Alternative des Abs. 2 (s. unten unter b) fällt, ob also damit eine Aenderung des bisherigen Bekenntnisses beabsichtigt wird. Verneint man die Verschiedenheit des Bekenntnisses bei Ehegatten, von denen der eine altlutherisch, der andere reformiert ist, so kann in der Ueberführung des Kindes von einem dieser Bekenntnisse zum anderen auch keine Aenderung des bisherigen Bekenntnisses erblickt werden (im wesentlichen wie Besig auch v. d. Pfordten, K. Bem. III, 4, a: nach ihm können verschiedene Unterformen eines Bekenntnisses, z. B. lutherisch und reformiert, als gemeinsames Bekenntnis gelten, sofern sie im Einzelfall im Gegensatz zu einer weiteren Glaubensform, z. B. zum katholischen Bekenntnisse, stehen, dagegen nicht, wenn unter ihnen selbst zu wählen ist). Vgl. zu dieser Frage auch Bonin Bem. 7, der mit Recht darauf hinweist, daß für diese Frage nicht die innere, unkontrollierbare Ueberzeugung, sondern die äußerlich sichtbare Anhängerschaft zu einer bestimmten Religionsrichtung maßgebend ist (ebenso Spitta S. 7 ff., v. d. Pfordten, Z. S. 150, K. Bem. III, 4, a; die Ausführungen von Bonin über diesen Punkt sind übrigens nicht frei von Widersprüchen, wie v. d. Pfordten, Z. S. 150 Anm. 31 mit Recht bemerkt).

---

[142]) Insofern kommt also der Streitfrage des früheren Rechtes über den Begriff der Mischehe (s. oben Anm. 98) noch eine gewisse Bedeutung zu.

S. auch KG. in OLG. Bd. 12 S. 334 ff., wonach seit Einführung der Union in Preußen (1817) der Uebertritt vom lutherischen zum reformierten Bekenntnisse keinen Konfessionswechsel enthält, und KGJ. Bd. 47 A S. 80 ff., wonach auch Baptisten dem evangelischen Glaubensbekenntnis angehören (and. Ans. in dieser Hinsicht Bonin Bem. 7). Ob der Austritt aus einem Glaubensbekenntnis aus inneren oder äußeren Gründen erfolgt ist, kann keinen Unterschied begründen (unrichtig Bonin Bem. 7; wie hier dagegen Spitta S. 7 ff., v. d. Pfordten, Z. S. 150).

§ 2 Abs. 2 ist auch anwendbar, wenn die Eltern zur Zeit der Eheschließung der gleichen (nicht bekenntnismäßigen) Weltanschauung waren und das Kind in einer anderen als dieser Weltanschauung oder in einem religiösen Bekenntnis erzogen werden soll (§ 6; die gegenteilige Ansicht von v. d. Pfordten, Z. S. 150, K. Bem. III, 4, a, die sich darauf stützt, daß das gemeinsame Fernbleiben von den Kirchen oder Religionsgesellschaften kein „gemeinsames Bekenntnis" sei, dürfte dem Grundgedanken des § 6 widersprechen).

b) Auch bei Verschiedenheit des Bekenntnisses der Ehegatten zur Zeit der Eheschließung ist die Zustimmung des anderen Elternteils erforderlich, wenn das Kind in einem anderen Bekenntnis oder in einer anderen Weltanschauung (s. § 6) als bisher erzogen werden soll. Zu einer derartigen Aenderung des Bekenntnisses oder der Weltanschauung ist auch die Zustimmung des Kindes erforderlich, wenn es das zwölfte Lebensjahr vollendet hat (§ 5 Satz 2). Selbstverständlich ist die Vorschrift auch anwendbar, wenn das Bekenntnis des Kindes schon einmal geändert worden ist und das Kind nunmehr wieder seinem früheren Bekenntnisse zugeführt werden soll (Perels S. 643, Spitta S. 8, v. d. Pfordten, Z. S. 194). Anderseits kommt die bisherige religiöse Erziehung nur in Betracht, wenn sie den gesetzlichen Bestimmungen entsprochen hat, nicht aber, wenn sie im Widerspruch mit diesen erfolgt ist (so mit Recht Bonin Bem. 8, v. d. Pfordten, Z. S. 194 ff., K. Bem. III, 4, b Abs. 3; and. Ans. Perels S. 643).

Ein „bisheriges Bekenntnis" i. S. des § 2 Abs. 2 setzt voraus, daß über das Bekenntnis des Kindes eine äußerlich in die Erscheinung getretene Bestimmung getroffen worden ist (z. B. durch die Taufe); auch die bloße Einigung der Eltern i. S. des § 1 dürfte hiezu ausreichen, wenn sie nach der Geburt des Kindes erfolgt und irgendwie erkennbar geworden ist (vgl. v. d. Pfordten, K. Bem. III, 4, b Abs. 1).

c) Die Zustimmung des anderen Elternteils ist endlich erforderlich, wenn ein Kind vom Religionsunterricht abgemeldet werden soll. Wie in Bem. I erwähnt, wurde im Ausschuß der Antrag, das gleiche für den Fall der Anmeldung zum Religionsunterricht vorzuschreiben, abgelehnt, weil gemäß Art. 149 der Reichsverfassung die Teilnahme am Religionsunterricht die Regel bilden soll.[143])

Mit Recht bemerkt übrigens Perels S. 644 (s. auch Spitta S. 8), daß diese Vorschrift einigermaßen aus dem Rahmen des Gesetzes herausfalle, da dieses ja die Teilnahme des Kindes am Religionsunterricht nicht regeln wollte (s. Vorbem. 2, c).

Ob die Vorschrift sich lediglich auf die Abmeldung vom Religionsunterricht in der Schule oder auch auf den außerhalb der Schule erteilten Konfirmandenunterricht bezieht, kann zweifelhaft erscheinen. Im Hinblick auf den Zusammenhang der Bestimmung mit Art. 149 der Reichsverfassung dürfte die erstere Ansicht vorzuziehen sein (Perels S. 644 ff.). Anderseits muß die Vorschrift auch auf private Ersatzschulen (s. RV. Art. 147) Anwendung finden (Perels S. 645); sie ist auch anwendbar, wenn ein Kind ohne eigentliche „Bestimmung" vom Religionsunterricht abgemeldet oder ohne „Abmelduug" diesem Unterricht entzogen werden soll (Perels S. 645), nicht anwendbar dagegen auf die Abmeldung von der Schule überhaupt (Perels S. 646, Spitta S. 8). Aus welchen Gründen die Abmeldung erfolgt, ist für die Anwendbarkeit der Vorschrift ohne Bedeutung (and. Ans. Spitta S. 8).

Nach v. d. Pfordten, Z. S. 196, K. Bem. III, 4, c soll in entsprechender Anwendung der Vorschrift die Zustimmung des anderen Elternteils zu allen Handlungen erforderlich sein, die eine von dem zur Zeit der Eheschließung gemeinsamen Bekenntnis oder von dem bisherigen Bekenntnis abweichende religiöse Erziehung einleiten oder durchführen oder die Erziehung in dem maßgebenden Bekenntnis tatsächlich vereiteln

---

143) Vgl. hiezu die in der Reichstagssitzung vom 15. März 1921 von verschiedenen Abgeordneten zur Auslegung des Art. 149 abgegebenen Erklärungen, Verhandl. des Reichstags I. Wahlper. 1920 Bd. 348, Stenogr. Ber. S. 2953 ff., 2970, 3007, 3011 ff., 3013 ff. Der von D. Everling und Gen. gestellte Antrag, die Reichsregierung möge auf Grund des Art. 149 der Reichsverfassung einen Gesetzentwurf vorlegen, wonach nicht Anmeldung zum Religionsunterricht, sondern Abmeldung vom Religionsunterricht in den Fällen, in welchen Nichtteilnahme von den Erziehungsberechtigten gewünscht wird, zu erfolgen habe (Aktenstück Nr. 1677 S. 1282), wurde in der Reichstagssitzung vom 16. März 1921 mit großer Mehrheit angenommen (Stenogr. Ber. a. a. O. S. 3028, 3085 ff.); vgl. Marx S. 19.

sollen (z. B. Erteilung freireligiösen Unterrichts vor Beginn der Schulpflicht). Eine derartige Ausdehnung der Sondervorschrift des § 2 Abs. 2 läßt sich wohl kaum rechtfertigen; die erforderliche Abhilfe gegen solche gesetzwidrige Bestrebungen eines Elternteils kann auf dem Wege des § 1666 geschaffen werden (vgl. Bem. IV, A, 2 zu § 7).

d) Der im Ausschuß gestellte Antrag, die Zustimmung des anderen Elternteils auch für den Fall vorzuschreiben, daß ein später geborenes Kind in einem anderen Bekenntnis als dem des ältesten lebenden Kindes der gleichen Ehe erzogen werden soll, fand keine Annahme (s. oben Bem. I). Der nach § 2 Abs. 1 bestimmungsberechtigte Ehegatte kann daher, ohne hiezu der Zustimmung des anderen Ehegatten zu bedürfen, jedes Kind in einem anderen Bekenntnis oder einer anderen Weltanschauung erziehen (vgl. Bem. V, 3, d zu § 1).

4. Rechtliche Natur der Zustimmung.

a) Die nach § 2 Abs. 2 erforderliche Zustimmung des anderen Elternteils ist eine einseitige, empfangsbedürftige Willenserklärung im Sinne des § 130 BGB. (nach v. d. Pfordten, K. Bem. III, 3 sind die Vorschriften des BGB. über empfangsbedürftige Willenserklärungen auf die Zustimmung nach § 2 Abs. 2 sinngemäß anzuwenden).

b) Hinsichtlich der Nichtigkeit und Anfechtbarkeit der Zustimmung gelten die allgemeinen Bestimmungen der §§ 104 ff., 116 ff. BGB.

c) Die Zustimmung ist entweder Einwilligung (vorherige Zustimmung) oder Genehmigung (nachträgliche Zustimmung); die erstere ist bis zur Ausübung des Bestimmungsrechts durch den anderen Ehegatten widerruflich, die letztere ist unwiderruflich (BGB. §§ 183, 184, Staudinger Bem. 2 zu § 184).

d) Die nach § 2 Abs. 2 erforderliche Zustimmung ist an keinerlei Form gebunden; sie kann sowohl ausdrücklich als auch stillschweigend (durch schlüssige Handlungen) erklärt werden (v. d. Pfordten, Z. S. 149 ff., K. Bem. III, 3).

e) Da die Zustimmung höchstpersönlicher Natur ist, kann sie nicht durch einen Vertreter (im Willen), insbesondere nicht durch den gesetzlichen Vertreter eines Elternteils, erklärt werden. Ist der Elternteil, dessen Zustimmung erforderlich ist, geschäftsunfähig, so kann seine Zustimmung nicht erfolgen (§ 105 Abs. 1; s. unten Bem. VI, 2); der in der Geschäftsfähigkeit beschränkte Elternteil bedarf zur Erteilung der Zustimmung nicht der Einwilligung seines gesetzlichen Vertreters (vgl. Bem. III, 3, c zu § 1; s. auch v. d. Pfordten, Z. S. 149, K. Bem. III, 2, Spitta S. 8).

VI. Zu § 2 Abs. 3.

Wird die nach § 2 Abs. 2 erforderliche Zustimmung des anderen Elternteils nicht erteilt, so kann sowohl der nach Abs. 1 bestimmungsberechtigte als der andere Elternteil die Vermittlung oder Entscheidung des Vormundschaftsgerichts beantragen.

1. Daß § 2 Abs. 3 sich lediglich auf die Fälle des Abs. 2, nicht dagegen auf diejenigen des Abs. 1 bezieht, kann nach dem Wortlaute des Gesetzes nicht bezweifelt werden und wurde bei den Beratungen des Ausschusses in dritter Lesung ausdrücklich anerkannt.[144]) Ein Einschreiten des Vormundschaftsgerichts in den Fällen des Abs. 1 findet daher nur beim Vorliegen der Voraussetzungen des § 1666 statt (§ 7 Satz 2).

2. Das Fehlen der nach Abs. 2 erforderlichen Zustimmung des anderen Elternteils kann seinen Grund darin haben, daß dieser seine Zustimmung nicht erteilen will oder daß er sie nicht erteilen kann. Das letztere ist z. B. dann der Fall, wenn der zustimmungsberechtigte Elternteil geschäftsunfähig, insbesondere geisteskrank, oder abwesend oder unbekannten Aufenthalts (verschollen) ist (vgl. Besig S. 9). Gerade für Fälle dieser Art ist die Bestimmung des Abs. 3 von besonderer Bedeutung. Ist der andere Elternteil für tot erklärt, so gilt die Ehe als durch seinen Tod aufgelöst, seine Zustimmung ist daher nach Abs. 2 überhaupt nicht erforderlich (s. aber oben Bem. III, A, 2, c, α und β).

3. Das Vormundschaftsgericht kann von jedem Elternteil um Vermittlung oder um Entscheidung angegangen werden. Mangelt die Zustimmung des anderen Elternteils, weil dieser sie nicht erteilen kann (s. oben unter 2), so kommt natürlich eine „Vermittlung" nicht in Betracht. Will der andere Elternteil seine Zustimmung nicht erteilen, so hat das Vormundschaftsgericht zunächst zu vermitteln, d. h. eine gütliche Einigung der Eltern zu versuchen. Gelingt diese, so ist nach Maßgabe des § 1 ihr Inhalt maßgebend; gelingt sie nicht, so hat das Vormundschaftsgericht zu entscheiden. Daß das Vormundschaftsgericht den Versuch der Vermittlung auch machen kann, wenn lediglich seine „Entscheidung" beantragt worden ist, dürfte nicht zu bezweifeln sein (vgl. ZPO. § 296; ebenso Perels S. 670, v. d. Pfordten, K. Bem. IV, 2); dagegen wird das um Vermittlung

[144]) Ber. d. Aussch. S. 2009; vgl. S. 2007.

angegangene Vormundschaftsgericht nicht unter Umgangnahme von jedem Vermittlungsversuch sofort entscheiden dürfen (so mit Recht Perels S. 670 ff., Bonin Bem. 12).

4. Das Eingreifen des Vormundschaftsgerichts erfolgt nur auf Antrag. Antragsberechtigt ist sowohl der nach Abs. 1 bestimmungsberechtigte als der andere Elternteil, nicht aber dritte Personen, wie Verwandte, Geistliche, Lehrer, Religions- und Schulbehörden (ebenso Marx S. 17, Perels S. 646 und in JurWschr. 1922 S. 893, v. d. Pfordten, Z. S. 196, K. Bem. IV, 1). Der Antrag kann nach FGG. § 11 zum Protokolle des Gerichtsschreibers des zuständigen Gerichts (s. Bem. III, 3 zu § 7) oder des Gerichtsschreibers eines Amtsgerichts erfolgen. Liegen die Voraussetzungen des § 1666 vor (s. unten unter 7, b und Bem. IV, A, 2, a zu § 7), so ist das Vormundschaftsgericht zum Einschreiten von Amts wegen berechtigt und verpflichtet (§ 7 Satz 2).

5. Ueber die sachliche und örtliche Zuständigkeit des Vormundschaftsgerichts s. Bem. III, 3 zu § 7.

6. Für das Verfahren des Vormundschaftsgerichts sind zunächst die Vorschriften des Ges. über die Angelegenheiten der freiwilligen Gerichtsbarkeit vom 17. Mai 1898 und die etwa gemäß § 200 dieses Gesetzes erlassenen landesrechtlichen Bestimmungen maßgebend (s. Bem. III, 4 zu § 7 und Bem. 3 zu § 8).

Daneben enthält § 2 Abs. 3 in Satz 3—5 einige Sondervorschriften, wonach vor der Entscheidnng des Vormundschaftsgerichts gewisse Personen zu hören sind (vgl. BGB. §§ 1673, 1847).

a) Der Kreis der zu hörenden Personen.

α) Die beiden Ehegatten selbst sind immer zu hören, wenn es ohne erhebliche Verzögerung oder unverhältnismäßige Kosten geschehen kann.[145]) Ihre Anhörung darf also unterbleiben, wenn sie entweder eine erhebliche Verzögerung der Entscheidung oder unverhältnismäßig hohe Kosten verursachen würde und aus diesen Gründen sich als unzweckmäßig darstellt, nicht nur, wenn sie „untunlich" ist (vgl. Staudinger Bem. 2 zu § 1847). Ob diese Voraussetzung gegeben ist, entscheidet das Vormundschaftsgericht nach freiem Ermessen. In erster Linie gehört hieher der Fall, daß der andere Ehegatte geschäftsunfähig oder unbekannten Aufenthalts ist (s. oben unter 2). Handelt es sich um ein nach § 1757 Abs. 2 angenommenes Kind, so sind unter den „Ehegatten" i. S. des § 2 Abs. 3 Satz 3 selbstverständlich die Wahleltern zu verstehen (vgl. oben Bem. III, E, 2 und Bem. V, 1, f).

β) Unter der gleichen Voraussetzung sind „erforderlichenfalls" auch Verwandte, Verschwägerte und die Lehrer des Kindes zu hören. Die Anhörung dieser Personen ist also nur geboten, wenn sie ohne erhebliche Verzögerung oder unverhältnismäßige Kosten geschehen kann (s. oben nnter α) und wenn sie außerdem „erforderlich", d. h. zur Aufklärung des Sachverhalts im Jnteresse einer sachgemäßen Entscheidung nötig ist. Auch über das Vorliegen dieser Voraussetzung entscheidet das freie Ermessen des Vormundschaftsgerichts.

Ueber den Begriff der Verwandten und Verschwägerten s. §§ 1589, 1590 und die Bem. hiezu bei Staudinger. Nicht zu den Verwandten i. S. des § 2 Abs. 3 Satz 3 gehört der uneheliche Vater (der bei der Annahme eines unehelichen Kindes als gemeinschaftliches Kind nach § 1757 Abs. 2 in Betracht kommen könnte); s. Bem. IV, 2, a, γ zu § 3. Hinsichtlich der Gradesnähe und der Zahl der zu hörenden Verwandten und Verschwägerten entscheidet das freie Ermessen des Vormundschaftsgerichts; bei der Auswahl ist in erster Linie auf ihre Sachkunde, ihr Interesse für das Wohlergehen des Kindes und ihre leichte Erreichbarkeit Rücksicht zu nehmen (Staudinger Bem. 3 zu § 1847, BayObLGZ. Bd. 13 S. 42 ff., S. 255 ff., KG. im „Recht" 1916 Nr. 697).

Nach dem Wortlaute des Gesetzes wären alle Lehrer des Kindes zu hören; es kann aber wohl keinem Zweifel unterliegen, daß nur diejenigen Lehrer in Betracht kommen, deren Ansicht für die in Frage stehende Angelegenheit von Bedeutung sein kann, also z. B. nicht Musik-, Tanz-, Reit-, Fechtlehrer u. dergl. Daß der Religionslehrer zu hören ist, ist selbstverständlich und bei der zweiten Lesung im Ausschuß ausdrücklich anerkannt worden; mit Rücksicht hierauf wurde von einer Vorschrift des Inhalts, daß auch der Geistliche zu hören sei, Umgang genommen (s. oben Bem. I).

γ) Endlich ist nach § 2 Abs. 3 Satz 5 auch das Kind selbst zu hören, wenn es das zehnte Jahr vollendet hat.[146]) Ueber die Berechnung des Lebensalters s. BGB. §§ 187,

---

[145]) Die Abweichung des Wortlauts gegenüber BGB. §§ 1673 Abs. 2 Satz 1, 1847 Abs. 1 Satz 1 („ohne erhebliche Verzögerung und ohne unverhältnismäßige Kosten"), die sich erst bei der dritten Lesung im Ausschuß, offenbar aus Versehen, eingeschlichen hat, ist ohne Bedeutung (so mit Recht Perels S. 671, v. d. Pfordten, K. Bem. III, 1, b zu § 3).

[146]) Daß das Gesetz hier vom vollendeten zehnten „Jahr", im § 3 Abs. 2 Satz 5 und im § 5 Satz 1 und 2 dagegen von der Vollendung des zehnten, zwölften, vierzehnten „Lebens-

188 Abs. 2. Auf den Grad der geistigen Entwicklung des Kindes ist keine Rücksicht zu nehmen; seine Anhörung ist auch für den Fall vorgeschrieben, daß von ihrem Ergebnis keinerlei Einfluß auf die zu treffende Entscheidung erwartet werden kann. Das mehr als 10 Jahre alte Kind ist auch dann zu hören, wenn hiedurch eine erhebliche Verzögerung oder unverhältnismäßige Kosten erwachsen, z. B. wenn das Kind an einer seiner Vernehmung zurzeit ausschließenden, langwierigen Krankheit leidet.

δ) Ob und in welchem Umfang das Vormundschaftsgericht die Anhörung noch weiterer Personen oder Behörden (z. B. des Geistlichen, des Gemeindewaisenrats, des Jugendfürsorgeamts) für angezeigt erachtet, ist seinem pflichtgemäßen Ermessen überlassen (FGG. § 12; s. Bem. III, 4, b zu § 7).

b) Liegen die gesetzlichen Voraussetzungen der Anhörung der unter a genannten Personen vor, so muß ihre Anhörung erfolgen (vgl. dagegen BGB. §§ 1673 Abs. 2 Satz 1, 1847 Abs. 1 Satz 1, wonach die dort genannten Personen gehört werden „sollen", also nur Ordnungsvorschriften in Frage stehen). Ein unter Außerachtlassung dieser Vorschriften getroffene Entscheidung des Vormundschaftsgerichts ist daher nicht rechtswirksam und bildet eine Gesetzesverletzung, die nach § 27 FGG. die weitere Beschwerde begründet und unter allen Umständen zur Aufhebung der Entscheidung führt (also nicht nur dann, wenn anzunehmen ist, daß die Anhörung auf die Entscheidung möglicherweise von Einfluß gewesen wäre, vgl. Staudinger Bem. 5 zu § 1673, Bem. 5 zu § 1847, BayObLGZ. Bd. 13 S. 21 ff., S. 42 ff., Bd. 20 A S. 313 ff., KGJ. Bd. 46 A S. 40 ff.).

c) Eine besondere Form der Anhörung ist nicht vorgeschrieben, die Anhörung kann sowohl mündlich als schriftlich, auch im Wege des Ersuchens einer Behörde (z. B. des Gemeindewaisenrats) erfolgen (vgl. Staudinger Bem. 4 zu § 1673, Bem. 4 zu § 1847).

d) Die Ehegatten sind in ihrer Eigenschaft als Partei, die Verwandten, Verschwägerten und Lehrer des Kindes sind als Auskunftspersonen zu hören. Zur Erteilung der vom Vormundschaftsgerichte gewünschten Auskünfte sind die Verwandten, Verschwägerten und Lehrer des Kindes nicht verpflichtet (vgl. aber auch FGG. § 15); inwieweit sie zum Erscheinen vor Gericht durch Ordnungsstrafen oder unmittelbaren Zwang angehalten werden können, bemißt sich nach Landesrecht; anderseits ist das Vormundschaftsgericht an die Anschauung dieser Auskunftspersonen in keiner Weise gebunden (vgl. Staudinger Bem. 7 zu § 1673, Bem. 6 zu § 1847). Wegen des Unterbleibens ihrer Anhörung steht Verwandten, Verschwägerten und Lehrern des Kindes kein Beschwerderecht gegen die Entscheidung des Vormundschaftsgerichts zu, es sei denn, daß ein solches nach FGG. § 57 Abs. 1 Nr. 9 (s. Bem. III, 7, a, γ zu § 7) begründet wäre (vgl. Staudinger Bem. 7 zu § 1847).

e) Nach § 2 Abs. 3 Satz 4 findet auf die Anhörung der im Satz 3 genannten Personen § 1847 Abs. 2 BGB. entsprechende Anwendung. Demgemäß können die Verwandten, Verschwägerten und Lehrer des Kindes von diesem Ersatz der ihnen durch ihre Anhörung erwachsenen Auslagen verlangen; der Betrag der Auslagen wird von dem Vormundschaftsgerichte festgesetzt (vgl. Staudinger Bem. 8 zu § 1847).

α) Ob auch den Ehegatten Anspruch auf Ersatz ihrer Auslagen zusteht, kann zweifelhaft erscheinen. Nach dem Berichte des Ausschusses soll sich die Verneinung der Frage daraus ergeben, daß § 1847 Abs. 2 BGB. nur „entsprechende" Anwendung finde (s. oben Bem. I); nach Bonin Bem. 22, dem Besig S. 13 zustimmt, habe diese Anschauung des Ausschusses im Wortlaut des Gesetzes keinen Ausdruck gefunden. Trotzdem dürfte die im Ausschuß vertretene Ansicht richtig sein, da die Ehegatten hier als Parteien, nicht als Auskunftspersonen zu hören sind (s. oben unter d) und auch dem gemäß § 1673 Abs. 1 einvernommenen Gewalthaber kein Anspruch auf Ersatz seiner Auslagen zusteht (Staudinger Bem. 8 Abs. 1 Satz 3 zu § 1673; im Ergebnis übereinstimmend Perels S. 671, Spitta S. 11, v. d. Pfordten, Z. S. 200); vgl. dagegen Bem. IV, 2, a, γ Abs. 4 zu § 3.

β) Als „Auslagen" im Sinne des § 1847 erscheinen z. B. Portoauslagen, Reisekosten, Aufwendungen für eine während der Abwesenheit erforderliche Vertretung, nicht aber Verlust durch Zeitversäumnis.

γ) Ersetzt werden nicht alle wirklich erwachsenen, sondern nur die nach den Umständen erforderlichen Auslagen; ob eine Auslage erforderlich war, entscheidet das Vormundschaftsgericht.

---

jahrs" spricht, bildet eine wohl auf Flüchtigkeit beruhende Ungleichmäßigkeit, die sachlich natürlich vollkommen bedeutungslos, sprachlich aber, wie Perels S. 639 mit Recht bemerkt, „zum mindesten unschön" ist.

d) Der Betrag der zu ersetzenden Auslagen wird durch das Vormundschaftsgericht festgesetzt; gegen die Festsetzung steht den Verwandten, Verschwägerten und Lehrern sowie dem gesetzlichen Vertreter des Kindes die Beschwerde zu (FGG. § 20). Die Beschreitung des Rechtswegs zum Zwecke der Festsetzung der Auslagen ist ausgeschlossen; ist aber die Festsetzung erfolgt und verweigert der gesetzliche Vertreter des Kindes die Auszahlung, so kann gegen diesen Klage erhoben werden. Der den Betrag der Auslagen festsetzende Beschluß des Vormundschaftsgerichts ist reichsrechtlich nicht als Vollstreckungstitel erklärt; s. aber für Bayern AG. z. BGB. Art. 133 Abs. 2, für Sachsen § 9 des Gesetzes zur Ausführung einiger mit dem BGB. zusammenhängender Reichsgesetze vom 15. Juli 1900, für Hessen Art. 28 des AG. z. FGG. vom 18. Juli 1899.

7. Die Entscheidung des Vormundschaftsgerichts.

a) Führt der dem Vormundschaftsgericht in erster Linie zur Pflicht gemachte Vermittlungsversuch nicht zum Ziele, so hat das Vormundschaftsgericht zu „entscheiden". Die Entscheidung kann nur dahin gehen, daß die von dem bestimmungsberechtigten Elternteil beabsichtigte Maßregel (Erziehung des Kindes in einem anderen als dem zur Zeit der Eheschließung gemeinsamen Bekenntnis oder in anderem Bekenntnis als bisher oder Abmeldung vom Religionsunterricht) entweder genehmigt oder nicht genehmigt wird. Es kann also, wenn das Kind bisher im Bekenntnis a erzogen worden ist, der Vater die Ueberführung des Kindes zum Bekenntnis b, die Mutter dagegen seine Ueberführung zum Bekenntnis c wünscht, das Vormundschaftsgericht nicht zugunsten des Bekenntnisses c, sondern nur dahin entscheiden, daß die vom Vater gewünschte Ueberführung des Kindes zum Bekenntnis b stattfinden dürfe oder zu unterbleiben habe. Die gegenteilige Ansicht von Perels (S. 647; ebenso Spitta S. 8 ff., v. d. Pfordten, Z. S. 198, K. Bem. IV, 3, b) wird dem inneren Zusammenhang, in welchem Abs. 3 mit Abs. 1 und 2 steht, nicht gerecht und führt zu dem unannehmbaren (von v. d. Pfordten, K. Bem. III, 3, a zu § 3 selbst als „sonderbar" bezeichneten) Ergebnis, daß der Vormundschaftsrichter gegenüber den Eltern freier gestellt wäre als gegenüber dem Vormund oder Pfleger. Die Entscheidung des Vormundschaftsgerichts ist daher ihrem Wesen nach nichts anderes als entweder eine Ersetzung der nach Abs. 2 erforderlichen Zustimmung der anderen Elternteils oder die Ablehnung dieser Ersetzung (ebenso Bonin Bem. 13). Da es sich aber hiebei nicht um die Ersetzung der Zustimmung zu einem Rechtsgeschäfte handelt, ist auf die Entscheidung des Vormundschaftsgerichts § 53 Abs. 1 Satz 1 FGG. nicht anwendbar; die Entscheidung unterliegt daher nicht der sofortigen Beschwerde (FGG. § 60 Abs. 1 Nr. 6) und ihre Bekanntmachung richtet sich nach FGG. § 16 Abs. 2 Satz 2, nicht nach Satz 1 (so mit Recht v. d. Pfordten, Z. S. 225 Anm. 66 und 67, K. Bem. 5 zu § 7; s. auch Perels S. 646 ff.). Einem Anwesenden kann die Entscheidung zu Protokoll bekannt gemacht werden; auf Verlangen ist ihm eine Abschrift der Verfügung zu erteilen (FGG. § 16 Abs. 3).

b) Für die Entscheidung des Vormundschaftsgerichts sind nach Abs. 3 Satz 2 die Zwecke der Erziehung maßgebend, auch soweit ein Mißbrauch im Sinne des § 1666 BGB. nicht vorliegt. Diese Fassung beruht auf Beschluß des Reichstags bei der zweiten Lesung und enthält, wie der Antragsteller selbst bemerkte, nur eine redaktionelle Aenderung gegenüber dem vom Ausschuß bei der dritten Lesung beschlossenen Wortlaut: „Für die Entscheidung sind, sofern nicht ein Mißbrauch im Sinne des § 1666 BGB. vorliegt, die Zwecke der Erziehung maßgebend." Nach den Beschlüssen des Ausschusses in erster und zweiter Lesung sollte die Anrufung des Vormundschaftsgerichts auf den Fall beschränkt sein, daß ein Mißbrauch im Sinne des § 1666 BGB. vorliegt. Die bei der dritten Lesung im Ausschuß vorgenommene Aenderung soll nach der Bemerkung der Antragsteller eine Vermittlung darstellen zwischen der Auffassung, wonach lediglich das objektive Moment des Erziehungszweckes die Norm für die Entscheidung des Vormundschaftsrichters bilden sollte, und derjenigen, wonach das Einschreiten des Vormundschaftsgerichts nur bei subjektivem Verschulden des Erziehungsberechtigten zulässig sein sollte; dabei wolle man nicht soweit gehen, wie es die Antragsteller bei der zweiten Lesung getan haben, das Erziehungsinteresse lediglich als solches vom pädagogischen Standpunkt aus aufzufassen, wonach die religiöse Seite nur von Bedeutung sei, soweit die Religion als Kulturgut in Frage komme; vielmehr solle der Begriff des Erziehungszweckes der Wissenschaft und Praxis überlassen werden.[147])

Nach dem nunmehrigen Wortlaut des Gesetzes hat sich der zur Entscheidung berufene Vormundschaftsrichter in erster Linie die Frage vorzulegen, ob die von dem bestimmungsberechtigten Elternteil beabsichtigte Maßregel (Erziehung in einem anderen als dem zur Zeit der Eheschließung gemeinsamen oder dem bisherigen Bekenntnis, Abmeldung vom Religionsunterricht) sich als ein das geistige oder leibliche Wohl des Kindes gefähr-

[147]) Vgl. Ber. d. Aussch. S. 2007, 2009.

dender Mißbrauch des Rechtes der Sorge für die Person darstellt, was nur dann der Fall ist, wenn das Vorhaben dieses Elternteils als Verschulden (vorsätzlich oder fahrlässig schuldhaftes Verhalten) erscheint (s. Bem. IV, A, 2, a zu § 7).

Aber auch wenn von einem Mißbrauch im Sinne des § 1666 Abs. 1 BGB. keine Rede sein kann, insbesondere das Verhalten des bestimmungsberechtigten Elternteils durchaus einwandfrei ist, hat das Vormundschaftsgericht der beabsichtigten Maßregel die Genehmigung zu versagen, wenn sie den Zwecken der Erziehung zuwiderläuft. Die Zwecke der Erziehung können wohl im allgemeinen dahin bestimmt werden, daß ihr Ziel ist, das Kind zu einem körperlich und geistig gesunden, zur Erfüllung seiner privaten und öffentlichen Aufgaben geeigneten Mitgliede der menschlichen Gesellschaft heranzubilden.[148]) Ob aber im Einzelfalle die geplante Maßregel, insbesondere der beabsichtigte Konfessionswechsel, mit diesem Erziehungszweck im Einklang steht, wird häufig eine ungemein schwer zu entscheidende Frage sein, deren zutreffende Beantwortung ein hohes Maß von Objektivität, Takt und Fähigkeit zur Einfühlung in das Seelenleben des Kindes voraussetzt. Von Bedeutung kann hiebei sein die Familienüberlieferung, das Bekenntnis der übrigen Geschwister, das persönliche Verhältnis des Kindes zu seinen Eltern, unter Umständen auch eine früher vorhanden gewesene Einigung der Eltern; Verschiedenheit des Bekenntnisses mehrerer Geschwister wird tunlichst zu vermeiden, vermögensrechtlichen Erwägungen nur in seltenen Ausnahmefällen Bedeutung beizulegen sein (v. d. Pfordten, K. Bem. IV, 3, c). Daß sich der Vormundschaftsrichter nicht auf den engherzigen Standpunkt stellen darf, sein eigenes Bekenntnis für das unbedingt beste zu halten, ist selbstverständlich.[149]) Gleichwohl mag diese Forderung noch besonders betont werden, weil ihre Erfüllung auch gewissenhaften Richtern, die ihrem Bekenntnis aus innerer Ueberzeugung treu sind, nicht selten außerordentliche Schwierigkeiten bereiten wird (vgl. Goldmann-Lilienthal S. 478 Anm. 6, Spitta S. 9, v. d. Pfordten, Z. S. 198 ff., K. Bem. IV, 3, d). Besonderes Gewicht wird der Vormundschaftsrichter darauf zu legen haben, daß, sofern es die in erster Linie maßgebenden Erziehungszwecke gestatten, durch seine Entscheidung der Familienfriede nicht gestört oder, soweit möglich, wiederhergestellt wird.

c) Die Entscheidung des Vormundschaftsgerichts wird wirksam mit der Bekanntmachung an den Elternteil, der sie beantragt hat (FGG. § 16 Abs. 1). Ueber die Form der Bekanntmachung (FGG. § 16 Abs. 2 Satz 2 und Abs. 3) s. oben unter a.

d) Erachtet das Vormundschaftsgericht die von ihm erlassene Entscheidung nachträglich für ungerechtfertigt, so ist es berechtigt, sie zu ändern; ist aber der Antrag zurückgewiesen worden (s. oben unter 4), so darf die Aenderung nur auf Antrag erfolgen (FGG. § 18 Abs. 1).

e) Rechtsmittel.

α) Beschwerderecht. Gegen die Entscheidung des Vormundschaftsgerichts ist Beschwerde an das Landgericht zulässig (FGG. § 19). Ist der Antrag des Elternteils zurückgewiesen worden, so steht nur ihm die Beschwerde zu (FGG. § 20 Abs. 2). Ist dem Antrag stattgegeben worden, so steht das Beschwerderecht jedem zu, dessen Recht durch die Entscheidung des Vormundschaftsgerichts beeinträchtigt ist (FGG. § 20 Abs. 1); dazu gehört in erster Linie der andere Elternteil, aber wohl auch der gesetzliche Vertreter des Kindes in persönlichen Angelegenheiten. Nach § 57 Abs. 1 Nr. 9 FGG. ist ferner, da es sich hier unzweifelhaft um eine Verfügung handelt, die eine Entscheidung über eine die Sorge für die Person des Kindes betreffende Angelegenheit enthält, jeder zur Beschwerde berechtigt, der ein berechtigtes Interesse hat, diese Angelegenheit wahrzunehmen; hiezu werden auch Geistliche, Religionslehrer, Fürsorgevereine u. dgl. zu zählen sein (ebenso v. d. Pfordten, Z. S. 225, K. Bem. 6, b zu § 7, Perels in JurWschr. 1922 S. 893; and. Ans. Bonin Bem. 15; nicht völlig klar Besig S. 14); vgl. Bem. III, 7, a, γ zu § 7.

β) Ueber Form, Inhalt und Wirkung der Beschwerde und die Form der Entscheidung des Beschwerdegerichts s. Bem. III, 7, b zu § 7.

γ) Ueber die weitere Beschwerde s. Bem. III, 7, c zu § 7.

f) Ueber Zwangsvollstreckung und Kosten des Verfahrens s. Bem. III, 8 und 9 zu § 7 (nach Spitta S. 9 soll der Widerstand gegen die Entscheidung des Vor-

[148]) Vgl. Reichsverfassung Art. 120: „Die Erziehung des Nachwuchses zur leiblichen, seelischen und gesellschaftlichen Tüchtigkeit ist oberste Pflicht und natürliches Recht der Eltern, über deren Betätigung die staatliche Gemeinschaft wacht."

[149]) Vgl. KG. in OLG. Bd. 7 S. 420: Der Vormundschaftsrichter kann nicht „seine subjektiven Ansichten über Religion und Politik den Anschauungen des Inhabers der elterlichen Gewalt entgegenstellen; denn das Recht wollte nicht einem Glauben den Vorzug vor den anderen einräumen, nicht eine politische Meinung vor der anderen privilegieren." Auch im Ausschuß wurde es als selbstverständlich bezeichnet, daß der Vormundschaftsrichter nicht von seinem persönlichen Glaubensstandpunkt aus entscheiden dürfe (Verhandl. d. Reichstags I. Wahlperiode 1920 Bd. 350 S. 4391).

mundschaftsgerichts nur auf dem Wege des § 1666 BGB. zu brechen sein; richtig dagegen v. d. Pfordten, Z. S. 199 ff.).

VII. Durch den Umstand, daß das Kind auf Grund der §§ 1666, 1838 BGB. oder eines gemäß EG. z. BGB. Art. 135 erlassenen landesrechtlichen Fürsorgeerziehungsgesetzes unter **Zwangserziehung** steht, oder daß gemäß §§ 56 ff. des Reichsges. für Jugendwohlfahrt vom 9. Juli 1922 (RGBl. S. 633 ff.) **Schutzaufsicht** oder **Fürsorgeerziehung** für das Kind angeordnet ist, wird die Anwendbarkeit des § 2 nicht berührt (s. Bem. IV, A, 2, b, δ, B, 2, d zu § 7; s. auch Bem. 3 zu § 5).

§ 3.

Steht dem Vater oder der Mutter das Recht und die Pflicht, für die Person des Kindes zu sorgen, neben einem dem Kinde bestellten Vormund oder Pfleger zu, so geht bei einer Meinungsverschiedenheit über die Bestimmung des religiösen Bekenntnisses, in dem das Kind erzogen werden soll, die Meinung des Vaters oder der Mutter vor, es sei denn, daß dem Vater oder der Mutter das Recht der religiösen Erziehung auf Grund des § 1666 des Bürgerlichen Gesetzbuchs entzogen ist.

Steht die Sorge für die Person eines Kindes einem Vormund oder Pfleger allein zu, so hat dieser auch über die religiöse Erziehung des Kindes zu bestimmen. Er bedarf dazu der Genehmigung des Vormundschaftsgerichts. Vor der Genehmigung sind die Eltern sowie erforderlichenfalls Verwandte, Verschwägerte und die Lehrer des Kindes zu hören, wenn es ohne erhebliche Verzögerung oder unverhältnismäßige Kosten geschehen kann. Der § 1847 Abs. 2 des Bürgerlichen Gesetzbuchs findet entsprechende Anwendung. Auch ist das Kind zu hören, wenn es das zehnte Lebensjahr vollendet hat. Weder der Vormund noch der Pfleger können eine schon erfolgte Bestimmung über die religiöse Erziehung ändern.

Inhaltsübersicht.

I. Entstehungsgeschichte.

Für den Fall, daß ein Vormund oder ein Pfleger für das Kind bestellt ist, würden an sich nach § 2 Abs. 1 hinsichtlich der religiösen Erziehung die Vorschriften des BGB. maßgebend sein. Diese Vorschriften erschienen dem Ausschuß nicht allenthalben geeignet für die Regelung des speziellen Rechtsgebiets der religiösen Kindererziehung, weil dem Vormund oder Pfleger hienach ein ziemlich uneingeschränktes Bestimmungsrecht eingeräumt wäre. Dieser Erwägung verdankt § 3 Abs. 2 seine Entstehung.

Für die Annahme des Abs. 1 war der Gesichtspunkt maßgebend, daß bei einem Streite zwischen Vormund oder Pfleger einerseits, Vater oder Mutter anderseits, welcher eintreten kann, wenn die Sorge für die Person des Kindes dem Vater oder der Mutter neben dem Vormund oder Pfleger zusteht, das natürliche Recht der Eltern vorgehen müsse, entgegen der Bestimmung des BGB., wonach in solchen Fällen die Entscheidung bei dem Vormund oder Pfleger liegen würde.

Die im Abs. 1 für den Fall, daß einem Elternteil das Recht der religiösen Erziehung auf Grund des § 1666 BGB. entzogen ist, festgesetzte Unterausnahme wurde vom Ausschuß bei der zweiten Lesung beschlossen, weil in diesen Fällen der Wille des gesetzlichen Vertreters dem Willen des Vaters oder der Mutter voranzugehen habe.[180])

II. Grundsätzliche Regelung.

Nach § 2 Abs. 1 entscheidet über die religiöse Erziehung eines Kindes, falls eine Einigung der Eltern i. S. des § 1 nicht oder nicht mehr besteht, derjenige, dem nach den Vorschriften des BGB. die (tatsächliche) Sorge für die Person des Kindes zusteht. Eine Ausnahme von diesem Grundsatz enthält § 2 Abs. 2. Zwei weitere Ausnahmen ergeben sich aus § 3 Abs. 1 und 2.

a) Nach Absatz 1 geht in gewissen Fällen, in welchen nach dem BGB. bei einer Meinungsverschiedenheit zwischen einem Elternteil und dem gesetzlichen Vertreter des Kindes (Vormund oder Pfleger) die Meinung des letzteren maßgebend sein würde, die Meinung des Elternteils vor, falls diesem nicht das Recht der religiösen Erziehung auf Grund des § 1666 BGB. entzogen ist (s. unten Bem. III).

b) Nach Absatz 2 ist die Entscheidung des Vormundes oder Pflegers, dem die Sorge für die Person des Kindes allein zusteht, hinsichtlich der religiösen Erziehung des Kindes, abweichend von den Bestimmungen des BGB., an gewisse Schranken gebunden (s. unten Bem. IV).

III. Zu § 3 Abs. 1.

1. Anwendungsgebiet des Abs. 1.

a) Ist dem Vater eines ehelichen Kindes durch das Vormundschaftsgericht die Sorge für die Person des Kindes auf Grund des § 1666 Abs. 1 entzogen worden, so ist ein Pfleger zu bestellen; neben diesem steht der Mutter gemäß § 1698 die Sorge für die Person des Kindes in gleicher Weise zu wie nach § 1634 neben dem Vater. Hienach geht im allgemeinen bei Meinungsverschiedenheiten die Meinung des Pflegers vor; hinsichtlich der religiösen Erziehung ist aber, von der im Gesetz bestimmten Ausnahme (Entziehung des Rechtes der religiösen Erziehung) abgesehen und vorbehaltlich der Schranke des § 2 Abs. 2, die Mutter bestimmungsberechtigt (vgl. Bem. III, A, 1, b zu § 2).

b) Verwirkt während des Bestehens der Ehe der Vater die elterliche Gewalt (§ 1680), so ist für das Kind ein Vormund zu bestellen; neben diesem steht der Mutter gemäß § 1698 die Sorge für die Person des Kindes in gleicher Weise zu wie nach § 1634 neben dem Vater. Hienach geht im allgemeinen bei Meinungsverschiedenheiten die Meinung des Vormundes vor; hinsichtlich der religiösen Erziehung ist aber, von der im

---

180) Bericht d. Aussch. S. 2005, S. 2007. Aehnliche Bestimmungen enthielten mehrere frühere Gesetze; vgl. für Hessen Art. 110 Abs. 2 des AG. z. BGB. vom 17. Juli 1899, für Sachsen-Coburg-Gotha Art. 48 § 2 des AG. z. BGB. vom 20. November 1899, für Schwarzburg-Rudolstadt Art. 157 des AG. z. BGB. vom 11. Juli 1899, für Reuß ä. L. § 136 Ziff. 2 des AG. z. BGB. vom 26. Oktober 1899, für Reuß j. L. § 99 Ziff. 2 des AG. z. BGB. vom 10. August 1899, für Elsaß-Lothringen § 120 des AG. z. BGB. vom 17. April 1899.

Gesetz bestimmten Ausnahme abgesehen und vorbehaltlich der Schranke des § 2 Abs. 2, die Mutter bestimmungsberechtigt (vgl. Bem. III, A, 1, c zu § 2).

c) Ruht während des Bestehens der Ehe die elterliche Gewalt des Vaters, weil er in der Geschäftsfähigkeit beschränkt ist oder nach § 1910 Abs. 1 einen Pfleger für seine Person und sein Vermögen erhalten hat (§ 1676 Abs. 2) und ist eine dieser Tatsachen auch bei der Mutter gegeben (sind also z. B. Vater und Mutter wegen Verschwendung entmündigt), so ist für das Kind ein Vormund zu bestellen; die tatsächliche Sorge für die Person des Kindes steht sowohl dem Vater als der Mutter zu; bei einer Meinungsverschiedenheit zwischen einem Elternteil und dem Vormund geht im allgemeinen nach § 1698 die Meinung des Vormundes vor (Staudinger Bem. 4 zu § 1698). Bei buchstäblicher Auslegung wäre § 3 Abs. 1 auf diesen Fall nicht anwendbar, da nicht „dem Vater oder der Mutter", sondern beiden Eltern die Sorge für die Person des Kindes neben dem Vormund zusteht. Es kann aber keinem Zweifel unterliegen, daß auch in diesem Fall § 3 Abs. 1 zur Anwendung kommen muß. Demgemäß geht, wenn die Eltern hinsichtlich der religiösen Erziehung einig, aber anderer Meinung als der Vormund sind, die Meinung der Eltern vor. Bei einer Meinungsverschiedenheit zwischen Vater und Mutter wird, dem Grundsatze des § 1634 entsprechend, anzunehmen sein, daß die Meinung des Vaters vorgeht; hinsichtlich der religiösen Erziehung ist also, von der im Gesetz bestimmten Ausnahme abgesehen und vorbehaltlich der Schranke des § 2 Abs. 2, der Vater bestimmungsberechtigt (vgl. Bem. III, A, 1, e, ε Abs. 1 zu § 2; ebenso Kisch S. 936 Anm. 22, Perels S. 666 ff., Spitta S. 9; nach v. d. Pfordten, Z. S. 201 Anm. 49, K. Bem. II, 2 soll in derartigen Fällen § 2 Abs. 2, 3 „sinngemäß" anwendbar sein; demnach soll bei Meinungsverschiedenheiten zwischen Vater und Mutter das Vormundschaftsgericht wohl ganz allgemein [also nicht nur in den im § 2 Abs. 2 erwähnten Fällen] zur Vermittlung oder Entscheidung berufen sein; es ist aber nicht einzusehen, warum die Bestimmungen des § 2 Abs. 2 und 3 nicht unmittelbar anwendbar sein sollen).

Ruht die elterliche Gewalt des Vaters wegen Geschäftsunfähigkeit oder nach § 1677, während bei der Mutter einer der Tatbestände des § 1676 Abs. 2 Satz 2 gegeben ist, so steht nach § 1698, 1676 Abs. 2 die Sorge für die Person des Kindes der Mutter neben dem Vormund in gleicher Weise zu wie nach § 1634 neben dem Vater. Bei Meinungsverschiedenheiten zwischen Mutter und Vormund geht also im allgemeinen die Meinung des Vormundes vor; hinsichtlich der religiösen Erziehung ist aber, von der im Gesetz bestimmten Ausnahme abgesehen und vorbehaltlich der Schranke des § 2 Abs. 2, die Mutter bestimmungsberechtigt. Ruht aber die elterliche Gewalt der Mutter wegen Minderjährigkeit, so ist sie zwar von der gesetzlichen Vertretung des Kindes ausgeschlossen, bei einer Meinungsverschiedenheit zwischen ihr und dem Vormunde geht aber ihre Meinung vor, der Vormund hat nur die rechtliche Stellung eines Beistandes; die Sorge für die Person des Kindes steht ihr also nicht neben dem gesetzlichen Vertreter, sondern an dessen Stelle zu (§ 1696, Staudinger Bem. 2, b Abs. 1 zu § 1696). § 3 Abs. 1 ist also in diesem Falle nicht anwendbar, vielmehr finden gemäß § 2 Abs. 1 die Vorschriften des BGB. Anwendung, die jedoch zum gleichen Ergebnisse führen, als wenn § 3 Abs. 1 anwendbar wäre: die Mutter ist hinsichtlich der religiösen Erziehung vorbehaltlich der Schranke des § 2 Abs. 2 bestimmungsberechtigt, es sei denn, daß ihr dieses Recht auf Grund des § 1666 entzogen ist (vgl. Bem. III, A, 1, e, ε Abs. 2 zu § 2).

Ruht die elterliche Gewalt des Vaters aus einem der im § 1676 Abs. 2 Satz 1 erwähnten Grunde, das Ausübungsrecht der Mutter dagegen wegen Geschäftsunfähigkeit oder nach § 1677, so steht nach § 1676 Abs. 2 Satz 2 die Sorge für die Person des Kindes dem Vater neben dem Vormunde zu. Bei einer Meinungsverschiedenheit zwischen Vater und Vormund geht im allgemeinen nach § 1676 Abs. 2 Satz 3 die Meinung des Vormundes vor; hinsichtlich der religiösen Erziehung ist aber, von der im Gesetz bestimmten Ausnahme abgesehen und vorbehaltlich der Schranke des § 2 Abs 2, der Vater bestimmungsberechtigt (vgl. Bem. III, A, 1, e, ε Abs. 3 zu § 2).

d) Ist die Ehe durch den Tod des Mannes aufgelöst und ruht die der Mutter nach § 1684 Abs. 1 Nr. 1 zustehende elterliche Gewalt, so ist ein Vormund zu bestellen. Ist das Ruhen aus einem der im § 1676 Abs. 2 Satz 1 erwähnten Grunde eingetreten, so verbleibt der Mutter die Sorge für die Person des Kindes nach Maßgabe des § 1676 Abs. 2 Satz 2 und 3 (§ 1686). Bei einer Meinungsverschiedenheit zwischen ihr und dem Vormund geht also im allgemeinen die Meinung des Vormundes vor; hinsichtlich der religiösen Erziehung ist aber, von der im Gesetz bestimmten Ausnahme abgesehen, die Mutter bestimmungsberechtigt. Ruht aber die elterliche Gewalt der Mutter wegen Minderjährigkeit, so steht ihr die Sorge für die Person des Kindes nicht neben dem gesetzlichen Vertreter des Kindes, sondern an dessen Stelle zu (§ 1696); § 3 Abs. 1 ist also nicht anwendbar; die Bestimmungen des BGB. führen aber zum gleichen Ergebnis; die Mutter ist hinsichtlich der religiösen Erziehung bestimmungsberechtigt, es sei denn, daß ihr dieses Recht auf Grund des § 1666 entzogen ist (s. oben unter c; vgl Bem. III, A, 2, a, α, $\gamma\gamma$ zu § 2).

e) Schließt die Mutter nach Auflösung der Ehe durch den Tod des Mannes eine neue Ehe, so verliert sie die ihr nach § 1684 Abs. 1 Nr. 1 zustehende elterliche Gewalt; es ist also ein Vormund zu bestellen; die Sorge für die Person des Kindes verbleibt ihr im gleichen Umfange wie der Mutter, deren elterliche Gewalt wegen Minderjährigkeit ruht (§ 1697, Staudinger Bem. 2 und 3 zu § 1697); sie steht ihr also nicht neben dem Vormunde, sondern an dessen Stelle zu. § 3 Abs. 1 ist daher nicht anwendbar; die Bestimmungen des BGB. führen aber zum gleichen Ergebnis: hinsichtlich der religiösen Erziehung ist die Mutter bestimmungsberechtigt, es sei denn, daß ihr dieses Recht nach § 1666 entzogen ist (s. oben unter c; vgl. Bem. III, A, 2, a, α, $\delta\delta$ zu § 2).[151]

f) Ist die Ehe durch den Tod der Frau aufgelöst und ruht die elterliche Gewalt des Vaters aus einem der im § 1676 Abs. 2 Satz 1 erwähnten Gründe, so ist ein Vormund zu bestellen; neben diesem steht dem Vater die Sorge für die Person des Kindes gemäß § 1676 Abs. 2 Satz 2 zu. Bei einer Meinungsverschiedenheit zwischen Vater und Vormund geht im allgemeinen die Meinung des Vormundes vor (§ 1676 Abs. 2 Satz 3); hinsichtlich der religiösen Erziehung ist aber, von der im Gesetz bestimmten Ausnahme abgesehen, der Vater bestimmungsberechtigt (vgl. Bem. III, A, 2, a, β, $\alpha\alpha$ und α, $\gamma\gamma$).

g) Wird die Ehe wegen Geisteskrankheit des Mannes geschieden, die Ausübung der elterlichen Gewalt aber der Mutter nicht übertragen (§ 1685 Abs. 2), so ist ein Vormund zu bestellen, neben dem der Mutter die Sorge für die Person des Kindes nach Maßgabe des § 1698 zusteht (Staudinger Bem. 5 zu § 1698). Bei einer Meinungsverschiedenheit zwischen Mutter und Vormund geht also im allgemeinen die Meinung des Vormundes vor; hinsichtlich der religiösen Erziehung ist aber, von der im Gesetz bestimmten Ausnahme abgesehen, die Mutter bestimmungsberechtigt (vgl. Bem. III, A, 2, b, β, $\beta\beta$ zu § 2). Das gleiche gilt, wenn statt auf Scheidung auf Aufhebung der ehelichen Gemeinschaft erkannt wird, doch bleibt in diesem Falle § 2 Abs. 2 anwendbar (vgl. Bem. III, A, 2, b, δ zu § 2).

h) Kinder aus einer absolut nichtigen Ehe gelten als unehelich (Bem. IV, B, 2, a zu § 1). Hinsichtlich der Anwendbarkeit des § 3 Abs. 1 gilt also das gleiche wie für uneheliche Kinder; s. unten unter i.

Für Kinder aus einer relativ nichtigen oder anfechtbaren und angefochtenen Ehe gelten hinsichtlich des Rechtsverhältnisses zu den Eltern die Sondervorschriften der §§ 1700—1702 (Bem. IV, B, 2, b zu § 1). War die Nichtigkeit oder Anfechtbarkeit der Ehe bei der Eheschließung der Mutter, nicht aber dem Vater bekannt und stirbt sodann der Vater oder endigt seine elterliche Gewalt aus einem anderen Grunde oder ruht seine elterliche Gewalt wegen Geschäftsunfähigkeit oder nach § 1677, so ist die Mutter zwar von der gesetzlichen Vertretung des Kindes ausgeschlossen, bei einer Meinungsverschiedenheit zwischen ihr und dem Vormunde geht aber ihre Meinung vor; der Vormund hat nur die rechtliche Stellung eines Beistandes; die Sorge für die Person des Kindes steht ihr also nicht neben dem gesetzlichen Vertreter, sondern an dessen Stelle zu (§ 1702 Abs. 2, 3). § 3 Abs. 1 ist also in diesem Falle unanwendbar; die Vorschriften des BGB. führen aber zum gleichen Ergebnis: hinsichtlich der religiösen Erziehung ist die Mutter bestimmungsberechtigt, es sei denn, daß ihr dieses Recht nach § 1666 entzogen ist (s. oben unter c; vgl. Bem. III, B, 2, c Abs. 2 zu § 2).

Ruht dagegen die elterliche Gewalt des Vaters, weil er in der Geschäftsfähigkeit beschränkt ist oder nach § 1910 Abs. 1 einen Pfleger für seine Person und sein Vermögen erhalten hat, so steht dem Vater die Sorge für die Person des Kindes nach Maßgabe des § 1676 Abs. 2 Satz 2 und 3 zu. Bei einer Meinungsverschiedenheit zwischen Vater und Vormund geht daher im allgemeinen die Meinung des Vormundes vor; hinsichtlich der religiösen Erziehung ist aber, von der im Gesetz bestimmten Ausnahme abgesehen, der Vater bestimmungsberechtigt (vgl. Bem. III, B, 2, c Abs. 3 zu § 2).

War die Nichtigkeit oder Anfechtbarkeit der Ehe bei der Eheschließung beiden Ehegatten bekannt, so gelten die Kinder als unehelich (§ 1699 Abs. 1); hinsichtlich der Anwendbarkeit des § 3 Abs. 1 gilt also das gleiche wie für uneheliche Kinder (s. unten unter i).

i) Uneheliche Kinder stehen nicht unter elterlicher Gewalt, sondern unter Vormundschaft. Die uneheliche Mutter hat die Sorge für die Person des Kindes, der Vormund nur die rechtliche Stellung eines Beistandes; bei einer Meinungsverschiedenheit zwischen Mutter und Vormund hinsichtlich der Sorge für die Person des Kindes geht die Meinung der Mutter vor (§ 1707, Staudinger Bem. 2, b zu § 1707). Demgemäß steht ihr die Sorge für die Person nicht neben, sondern an Stelle des Vormundes zu

---

[151]) Vgl. hinsichtlich des früheren Rechtes OLG. Frankfurt a. M. im „Recht" 1904 S. 604 Nr. 2618, OLG. Hamburg in RJA. Bd. 13 S. 66 ff.

und § 3 Abs. 1 ist unanwendbar. Die Vorschriften des BGB. führen aber zum gleichen Ergebnis: hinsichtlich der religiösen Erziehung ist die Mutter bestimmungsberechtigt, falls ihr nicht dieses Recht gemäß § 1666 entzogen ist (s. oben unter c; vgl. Bem. III, C zu § 2).

k) Kinder, die durch nachfolgende Ehe legitimiert sind, stehen ehelichen Kindern gleich, es gilt also auch hinsichtlich der Anwendbarkeit des § 3 Abs. 1 das gleiche wie für eheliche Kinder (s. oben unter a—g). Ist die Ehe der Eltern nichtig oder anfechtbar, so gilt hinsichtlich der Anwendbarkeit des § 3 Abs. 1 das gleiche wie für Kinder aus einer nichtigen oder anfechtbaren Ehe (s. oben unter h). Vgl. Bem. III, D, 1 zu § 2.

l) Hat die uneheliche Mutter eines durch Ehelichkeitserklärung legitimierten Kindes diesem Unterhalt zu gewähren, so erlangt sie die tatsächliche Sorge für die Person des Kindes wieder, wenn die elterliche Gewalt des Vaters endigt oder wegen Geschäftsunfähigkeit des Vaters oder nach § 1677 ruht (§ 1738 Satz 2). Hinsichtlich der Anwendbarkeit des § 3 Abs. 1 gilt in diesem Falle das gleiche wie für uneheliche Kinder (s. oben unter i; vgl. Bem. III, D, 2, b zu § 2). Ruht dagegen die elterliche Gewalt des Vaters, weil er in der Geschäftsfähigkeit beschränkt ist oder nach § 1910 Abs. 1 einen Pfleger für seine Person und sein Vermögen erhalten hat, so verbleibt ihm die tatsächliche Sorge für die Person des Kindes nach Maßgabe des § 1676 Abs. 2. Bei einer Meinungsverschiedenheit zwischen Vater und Vormund geht daher im allgemeinen die Meinung des Vormundes vor; hinsichtlich der religiösen Erziehung ist aber, von der im Gesetz bestimmten Ausnahme abgesehen, der Vater bestimmungsberechtigt (vgl. Bem. III, D, 2, c zu § 2).

m) Wird ein Kind von einem Ehepaar oder wird das Kind eines Ehegatten von dem anderen Ehegatten an Kindes Statt angenommen, so erlangt es die rechtliche Stellung eines gemeinschaftlichen ehelichen Kindes der Ehegatten (§ 1757 Abs. 2). Es gilt also hinsichtlich der Anwendbarkeit des § 3 Abs. 1 das gleiche wie für eheliche Kinder (s. oben unter a—g; vgl. Bem. III, E, 2 zu § 2).

n) Hat der leibliche Vater oder die leibliche Mutter dem an Kindes Statt angenommenen Kinde Unterhalt zu gewähren, so erlangen sie die (tatsächliche) Sorge für die Person des Kindes wieder, wenn die elterliche Gewalt des Annehmenden endigt oder wegen Geschäftsunfähigkeit des Annehmenden oder nach § 1677 ruht; das Recht zur Vertretung des Kindes tritt nicht wieder ein; für das Kind ist also ein Vormund zu bestellen (§ 1765 Abs. 2).

α) Handelt es sich um ein eheliches Kind, dessen beide Eltern noch leben, und hat der Vater dem Kinde Unterhalt zu gewähren, so steht die tatsächliche Sorge für die Person des Kindes ihm zu, während die Mutter an dieser Sorge nach § 1634 teilnimmt. Bei einer Meinungsverschiedenheit zwischen Vater und Mutter entscheidet gemäß § 1634 die Meinung des Vaters vorbehaltlich der Schranke des § 2 Abs. 2. Bei einer Meinungsverschiedenheit zwischen Vater und Vormund geht, da der letztere in persönlichen Angelegenheiten des Kindes auf die Vertretung beschränkt ist (Staudinger Bem. 2 Abs. 2 zu § 1765), die Meinung des Vaters vor. Die Sorge für die Person des Kindes steht dem Vater also nicht neben dem gesetzlichen Vertreter, sondern an dessen Stelle zu; § 3 Abs. 2 ist unanwendbar; die Vorschriften des BGB. führen aber zum gleichen Ergebnis: hinsichtlich der religiösen Erziehung ist der (leibliche) Vater bestimmungsberechtigt, falls ihm nicht dieses Recht nach § 1666 enzogen ist.

Hat die (leibliche) Mutter dem Kinde Unterhalt zu gewähren, so steht die Sorge für die Person des Kindes ihr zu; der Mann hat insoweit die rechtliche Stellung eines Beistandes (Staudinger Bem. 2 Abs. 2 und 3 zu § 1765). Die Sorge für die Person des Kindes steht ihr daher nicht neben dem gesetzlichen Vertreter, sondern an dessen Stelle zu; § 3 ist unanwendbar, die Vorschriften des BGB. führen aber zum gleichen Ergebnis: bestimmungsberechtigt hinsichtlich der religiösen Erziehung ist die (leibliche) Mutter falls ihr dieses Recht nicht nach § 1666 entzogen ist.

Vgl. Bem. III, E, 3, a zu § 2.

β) Handelt es sich um ein uneheliches Kind, so erlangt beim Vorliegrn der Voraussetzungen des § 1765 Abs. 2 dessen leibliche Mutter die tatsächliche Sorge für die Person des Kindes und damit das Bestimmungsrecht hinsichtlich seiner religiösen Erziehung wieder; § 3 Abs. 1 ist also (wie bei unehelichen Kindern überhaupt) unanwendbar, (s. oben unter i; vgl. Bem. III, E, 3, b zu § 2).

γ) Ruht die elterliche Gewalt des Annehmenden, weil er in der Geschäftsfähigkeit beschränkt ist, oder nach § 1910 Abs. 1 einen Pfleger für seine Person und sein Vermögen erhalten hat, so findet § 1765 Abs. 2 keine Anwendung. Hinsichtlich der Anwendbarkeit des § 3 Abs. 1 gilt in diesem Falle das gleiche, als wenn das Kind das leibliche eheliche Kind des Annehmenden und dessen Ehe durch den Tod des anderen Ehegatten aufgelöst wäre; im Falle des § 1757 Abs. 2 gilt das gleiche, als wenn das Kind das leibliche eheliche Kind der Wahleltern wäre (s. oben unter c, d, f; vgl. Bem. III, E, 3, c zu § 2).

δ) Hat die Mutter ihr uneheliches Kind an Kindes Statt angenommen, so ist § 1765 Abs. 2 unanwendbar; die tatsächliche Sorge für die Person des Kindes verbleibt ihr aber auch dann, wenn das durch die Annahme begründete Rechtsverhältnis wieder aufgehoben wird (Staudinger Bem. 4 zu § 1765); § 3 Abs. 1 ist also (wie bei unehelichen Kindern überhaupt) unanwendbar (s. oben unter i; vgl. Bem. III, E, 3, d zu § 2).

2. Von dem Grundsatze, daß, wenn einem Elternteil die Sorge für die Person des Kindes neben einem Vormund oder Pfleger zusteht, bei einer Meinungsverschiedenheit zwischen Vater oder Mutter einerseits, Vormund oder Pfleger anderseits über die Bestimmung des religiösen Bekenntnisses die Meinung des Vaters oder der Mutter vorgeht, macht das Gesetz eine Ausnahme für den Fall, daß dem Vater oder der Mutter das Recht der religiösen Erziehung auf Grund des § 1666 BGB. entzogen ist. Nach dieser Vorschrift hat das Vormundschaftsgericht, wenn das geistige oder leibliche Wohl des Kindes dadurch gefährdet wird, daß der fürsorgeberechtigte Elternteil das Recht der Sorge für die Person des Kindes mißbraucht, das Kind vernachlässigt oder sich eines ehrlosen oder unsittlichen Verhaltens schuldig macht, die zur Abwendung der Gefahr erforderlichen Maßregeln zu treffen. Darüber, welche Maßregeln zur Abwendung der Gefahr erforderlich sind, entscheidet das Ermessen des Vormundschaftsgerichts; zulässig ist hienach insbesondere, daß das Vormundschaftsgericht die tatsächliche Sorge für die Person des Kindes in einzelnen Beziehungeu beschränkt, z. B. dem fürsorgeberechtigten Elternteil das Recht der religiösen Erziehung entzieht (Staudinger Bem. III, A, 2, b Abs. 1 zu § 1666, KGJ. Bd. 20 A S. 251; s. auch Bem. IV, A, 2, b, γ zu § 7). Ist dies geschehen, so verbleibt es auch hinsichtlich der religiösen Erziehung bei den Vorschriften des BGB., wonach bei einer Meinungsverschiedenheit zwischen Vater und Mutter einerseits, Vormund oder Pfleger anderseits die Meinung des Vormundes oder Pflegers vorgeht (§§ 1676 Abs. 2 Satz 3, 1686, 1698, 1634 Satz 2). Eine vor dem Inkrafttreten des Ges. vom 15. Juli 1921 erfolgte Entziehung des Rechtes der religiösen Erziehung kommt hiebei nur insoweit in Betracht, als sie sich auch nach den Vorschriften dieses Gesetzes als begründet darstellt (so mit Recht Bonin Bem. 4, Spitta S. 9; vgl. Bem. IV, A, 2, a, δ zu § 7 und die dort erwähnten Entscheidungen).

3. Ueber Inhalt, Ausübung und Schranken des Bestimmungsrechts s. Bem. V zu § 1. Daß gemäß § 3 Abs. 1 die Meinung des Vaters oder der Mutter der des gesetzlichen Vertreters des Kindes auch dann vorgeht, wenn es sich nicht um die Bestimmung handelt, in welchem Bekenntnis oder in welcher Weltanschauung das Kind überhaupt erzogen werden soll, sondern nur eine einzelne Maßregel der Ausübung der religiösen Erziehungsgewalt in Frage steht (s. Bem. V, 1, a und b zu § 1), kann nicht zweifelhaft sein (ebenso v. d. Pfordten, K. Bem. II, 3). Die Ausdrucksweise des Gesetzes ist also hier zu eng, während sie in Abs. 2 Satz 2 und 6 zu weit ist (s. unten Bem. IV, 2, a, α und b).

IV. Zu § 3 Abs. 2.

1. Anwendungsgebiet. Die Voraussetzung des § 3 Abs. 2, daß die Sorge für die Person eines Kindes einem Vormunnd oder Pfleger allein zusteht, ist insbesondere in folgenden Fällen gegeben:

a) wenn dem Vater eines ehelichen Kindes die Sorge für die Person des Kindes und zugleich der Mutter das Recht auf Teilnahme an dieser Sorge (§ 1634) durch das Vormundschaftsgericht gemäß § 1666 entzogen ist;

b) wenn der Vater eines ehelichen Kindes die elterliche Gewalt und die Mutter ihr Recht auf Teilnahme an der Sorge für die Person des Kindes (§ 1634) verwirkt hat (§ 1680) oder wenn bei einem Elternteil Verwirkung, bei dem anderen Entziehung nach § 1666 stattgefunden hat;

c) wenn der Vater eines ehelichen Kindes an der Ausübung der elterlichen Gewalt tatsächlich verhindert ist oder seine elterliche Gewalt wegen Geschäftsunfähigkeit oder nach § 1677 ruht und die Mutter an der Ausübung der elterlichen Gewalt (§ 1685 Abs. 1) tatsächlich oder rechtlich verhindert ist, z. B. auch ihr Ausübungsrecht wegen Geschäftsunfähigkeit oder nach § 1677 ruht (vgl. Staudinger Bem. 7 zu § 1685; s. auch Bem. III, A, 1, e, ε Abs. 4 zu § 2);

d) wenn der Vater oder die Mutter eines ehelichen Kindes gestorben ist und der überlebende Ehegatte die elterliche Gewalt verwirkt hat (§ 1680) oder ihm das Recht der Sorge für die Person des Kindes (oder wenigstens das Recht der religiösen Erziehung; vgl. Perels S. 668) nach § 1666 entzogen oder er an der Ausübung der elterlichen Gewalt tatsächlich oder rechtlich (z. B. wegen Ruhens nach § 1676 Abs. 1 oder § 1677) verhindert ist;

e) wenn beide Eltern eines ehelichen Kindes gestorben sind;

f) wenn ein Elternteil das ihm nach §§ 1635, 1637, 1700, 1701, 1702 oder die wiederverheiratete Mutter das ihr nach § 1697 zustehende Recht der Sorge für die Person durch Entziehung (§ 1666) oder Verwirkung (§ 1680) verloren hat oder an der Ausübung dieses Rechtes tatsächlich oder rechtlich (z. B. wegen Ruhens nach § 1676 Abs. 1 oder § 1677) verhindert ist;

g) wenn die uneheliche Mutter das ihr nach § 1707 zustehende Recht der Sorge für die Person durch Entziehung (§ 1666) oder Verwirkung (§ 1680) verloren hat oder an der Ausübung dieses Rechtes tatsächlich oder rechtlich (z. B. wegen Ruhens nach § 1676 Abs. 1 oder § 1677) verhindert ist;[152])

h) wenn die uneheliche Mutter gestorben ist;

i) wenn bei den Eltern eines durch nachfolgende Ehe legitimierten Kindes einer der oben unter a—f erwähnten Tatbestände eingetreten ist;

k) wenn der Vater eines durch Ehelichkeitserklärung legitimierten Kindes das Recht der Sorge für die Person des Kindes durch Entziehung (§ 1666) oder Verwirkung der elterlichen Gewalt (§ 1680) verloren hat oder an seiner Ausübung tatsächlich oder rechtlich (z. B. wegen Ruhens seiner elterlichen Gewalt gemäß § 1676 Abs. 1 oder § 1677) verhindert ist, es sei denn, daß die Voraussetzungen des § 1738 Satz 2 vorliegen;

l) wenn der Vater eines durch Ehelichkeitserklärung legitimierten Kindes gestorben ist, es sei denn, daß die Voraussetzungen des § 1738 Satz 2 vorliegen;

m) wenn der Annehmende das Recht der Sorge für die Person des Kindes durch Entziehung (§ 1666) oder Verwirkung der elterlichen Gewalt (§ 1680) verloren hat oder an seiner Ausübung tatsächlich verhindert ist oder seine elterliche Gewalt wegen Geschäftsunfähigkeit nach § 1677 ruht, es sei denn, daß die Voraussetzungen des § 1765 Abs. 2 vorliegen;

n) wenn der Annehmende gestorben ist, es sei denn, daß die Voraussetzungen des § 1765 Abs. 2 vorliegen;

o) wenn ein Kind von einem Ehepaare gemeinschaftlich oder wenn das Kind eines Ehegatten von dem anderen Ehegatten angenommen worden ist (§ 1757 Abs. 2) und hinsichtlich der Wahleltern einer der oben unter a—f erwähnten Tatbestände eingetreten ist;

p) wenn der Familienstand eines Kindes nicht zu ermitteln ist (§ 1773 Abs. 2).

2. Beschränkungen des allein fürsorgeberechtigten Vormundes oder Pflegers. Sind die Voraussetzungen des § 3 Abs. 2 gegeben, so hat der Vormund oder Pfleger nach der an sich selbstverständlichen Bestimmung des Abs. 2 Satz 1 auch über die religiöse Erziehung des Kindes zu bestimmen. Dieser Grundsatz erleidet aber zwei wichtige Einschränkungen durch Satz 2 und Satz 6 dieses Absatzes.

a) Nach Abs. 2 Satz 2 bedarf der Vormund oder Pfleger zur Bestimmung über die religiöse Erziehung des Kindes der Genehmigung des Vormundschaftsgerichts.

α) Zweifelhaft erscheint, was hier unter der „Bestimmung über die religiöse Erziehung des Kindes“ zu verstehen ist. Nach dem Wortlaute des Gesetzes („dazu“) und der Bedeutung, die dem „Bestimmungsrecht“ im allgemeinen zukommt (s. Bem. V, 1, a und b zu § 1), würde jede Maßregel darunter fallen, die sich als Ausübung der religiösen Erziehungsgewalt darstellt. Da es aber unmöglich die Absicht des Gesetzgebers gewesen sein kann, den Vormund oder Pfleger hinsichtlich jeder, wenn auch noch so geringfügigen Anordnung, die als Ausübung der religiösen Erziehungsgewalt erscheint, an die Genehmigung des Vormundschaftsgerichts zu binden, dürfte die Vorschrift dahin auszulegen sein, daß diese Genehmigung nur zu der Bestimmung des Vormundes oder Pflegers darüber erforderlich ist, in welchem Bekenntnis (oder in welcher Weltanschauung, s. § 6) das Kind erzogen werden soll (ebenso v. d. Pfordten, K. Bem. III, 1). Die Ausdrucksweise des Gesetzes ist also hier und im Satz 6 des zweiten Absatzes, s. unten unter b Abs. 2 zu weit, während sie in Abs. 1 zu eng ist (s. oben Bem. III, 3).

Vorausgesetzt wird hiebei, daß eine solche Bestimmung noch nicht getroffen ist, da zur Aenderung einer schon erfolgten Bestimmung Vormund und Pfleger nach Abs. 2 Satz 6 überhaupt nicht berechtigt sind. Ist also z. B. eine uneheliche Mutter gleich nach der Geburt des Kindes gestorben, so bedarf der Vormund zu der Anordnung, daß das Kind nach katholischem Ritus getauft und damit dem katholischen Bekenntnis zugeführt werden soll, der Genehmigung des Vormundschaftsgerichts, ohne Rücksicht darauf, ob die Mutter dem katholischen Bekenntnis angehört hat oder nicht.

β) Ueber die sachliche und örtliche Zuständigkeit des Vormundschaftsgerichts s. Bem. II, 3 zu § 7.

[152]) Daß § 3 Abs. 2 nicht anwendbar ist, wenn die uneheliche Mutter selbst als Vormund des Kindes bestellt ist, bemerkt mit Recht Perels S. 669; ebenso v. d. Pfordten, Z. S. 148 Anm. 26.

γ) Für das **Verfahren** des Vormundschaftsgerichts sind zunächst die Vorschriften des FGG. vom 17. Mai 1898 und der etwa gemäß § 200 dieses Gesetzes erlassenen landesrechtlichen Bestimmungen maßgebend (s. Bem. III, 4 zu § 7 und Bem. 3 zu § 8). **Daneben** enthält Abs. 2 in den Sätzen 3–5 **Sondervorschriften**, die im wesentlichen den Bestimmungen des § 2 Abs. 3 Satz 3–5 entsprechen; **vgl. daher Bem. VI, 6, a–e zu § 2.** Eine Abweichung besteht nur insofern, als in den Fällen des § 3 Abs. 2 statt der „Ehegatten", da es sich hier auch um uneheliche Kinder handeln kann, die „Eltern" des Kindes zu hören sind.

Daß zu den nach § 3 Abs. 2 Satz 3 zu hörenden „Verwandten" des Kindes der **uneheliche Vater** nicht zu zählen ist, kann keinem Zweifel unterliegen, da das uneheliche Kind nach § 1589 Abs. 2 als mit seinem Vater nicht verwandt gilt. Ebensowenig gehört der uneheliche Vater nach dem Sprachgebrauch des Gesetzes zu den „Eltern" des Kindes (vgl. Bem. IV, B, 3 zu § 1; ebenso **Besig** S. 13, **Spitta** S. 11; unrichtig **Bonin** Bem. 6). Daß die Anhörung des unehelichen Vaters zulässig und unter Umständen (z. B. wenn das Kind bei ihm erzogen und verpflegt wird) auch zweckmäßig ist, betont mit Recht **v. d. Pfordten**, Z. S. 221, K. Bem. III, 3, b.

Dagegen gehören zweifellos zu den „Eltern" im Sinne des § 3 Abs. 2 Satz 3 die uneheliche Mutter, der Vater des durch Ehelichkeitserklärung legitimierten Kindes, der Annehmende (im Falle des § 1757 Abs. 2 beide Wahleltern), die leiblichen (ehelichen) Eltern und die uneheliche Mutter (nicht aber der uneheliche Vater) eines angenommenen Kindes.

Da die Eltern des Kindes hier nicht (wie die Ehegatten im Falle des § 2 Abs. 3) als Parteien, sondern als **Auskunftspersonen** zu hören sind, steht auch ihnen gemäß § 3 Abs. 2 Satz 4 und BGB. § 1847 Abs. 2 **Anspruch auf Ersatz ihrer Auslagen** zu (vgl. Bem. VI, 6, e, α zu § 2; and. Ans. **Spitta** S. 11 und, wie es scheint, **v. d. Pfordten**, K. Bem. 8 zu § 7).

Ueber das Erfordernis der **Anhörung des Gegenvormundes** s. unten unter δ Abs. 2.

δ) Für die **Entscheidung des Vormundschaftsgerichts** darüber, ob die vom Vormund oder Pfleger beabsichtigte Bestimmung über die religiöse Erziehung des Kindes zu genehmigen ist oder nicht, sind auch hier „**die Zwecke der Erziehung**" (s. § 2 Abs. 3 Satz 2) maßgebend (vgl. Bem. VI, 7, b zu § 2). Wie im Falle des § 2 Abs. 3 kann das Vormundschaftsgericht auch hier nur entweder den Antrag des Vormundes oder Pflegers genehmigen oder die Genehmigung versagen, nicht aber eine selbständige anderweitige Anordnung treffen (ebenso **v. d. Pfordten**, Z. S. 220 ff., K. Bem. III, 3, a); vgl. Bem. V, 7, a zu § 2. Gegen passiven Widerstand des Vormundes oder Pflegers kann das Vormundschaftsgericht nach §§ 1837, 1886, 1915 einschreiten (**v. d. Pfordten**, Z. S. 221).

Auf die Genehmigung des Vormundschaftsgerichts finden die Vorschriften der §§ 1828–1831 BGB. **keine Anwendung**, da die Bestimmung des Vormundes oder Pflegers über die religiöse Erziehung des Kindes kein Rechtsgeschäft ist. Dagegen ist gemäß § 1826 BGB. vor der Entscheidung des Vormundschaftsgerichts der **Gegenvormund zu hören**, falls ein solcher vorhanden und die Anhörung tunlich ist; denn diese Vorschrift findet auch auf die Fälle eines bloß tatsächlichen Handelns des Vormundes oder Pflegers Anwendung (s. **Staudinger** Bem. 1 Abs. 1 zu § 1826).

ε) Die Entscheidung des Vormundschaftsgerichts **wird wirksam** mit der Bekanntmachung an den Vormund oder Pfleger; in den Akten soll vermerkt werden, in welcher Weise, an welchem Orte und an welchem Tage die Bekanntmachung zur Ausführung gebracht ist; dem anwesenden Vormund oder Pfleger kann die Entscheidung zu Protokoll bekannt gemacht werden; auf Verlangen ist ihm eine Abschrift der Entscheidung zu erteilen (FGG. § 16).

ζ) Erachtet das Vormundschaftsgericht die von ihm erlassene Entscheidung nachträglich für ungerechtfertigt, so ist es berechtigt, sie zu ändern (FGG. § 18 Abs. 1).

η) **Rechtsmittel.** Gegen die Versagung der vom Vormund oder Pfleger beantragten Genehmigung steht diesem die Beschwerde an das Landgericht zu. Gegen die Erteilung der Genehmigung steht jedem die Beschwerde zu, der ein berechtigtes Interesse hat, diese Angelegenheit wahrzunehmen (FGG. § 57 Abs. 1 Nr. 9), also insbesondere dem Geistlichen, den Eltern, Verwandten, Verschwägerten und Lehrern des Kindes, den Gemeindewaisenrat usw.; vgl. Bem. VI, 7, e, α zu § 2.

Ueber **Form, Inhalt und Wirkung der Beschwerde** und die **Form der Entscheidung des Beschwerdegerichts** s. Bem. III, 7, b zu § 7; über die **weitere Beschwerde** s. Bem. III, 7, c zu § 7.

b) Nach Abs. 2 Satz 6 kann **weder der Vormund noch der Pfleger**, auch wenn ihm die Sorge für die Person des Kindes allein zusteht, **eine schon erfolgte Bestimmung über die religiöse Erziehung ändern.** Eine derartige Aenderung kann auch nicht mit Genehmigung des Vormundschaftsgerichts erfolgen; der im Ausschuß gestellte Antrag, das Gegenteil zu bestimmen, fand keine Annahme.[153])

Auch hier (s. oben unter a, α) wird unter „Bestimmung über die religiöse Erziehung" nur die Bestimmung darüber zu verstehen sein, in welchem Bekenntnis (oder in welcher Weltanschauung, s. § 6) das Kind erzogen werden soll (and. Ans. Bonin Bem. 11, der auch eine Abmeldung vom Religionsunterricht als unzulässige Aenderung im Sinne dieser Vorschrift betrachtet, und v. d. Pfordten, K. Bem. III, 2, nach welchem unter diese Bestimmung jede Erziehungshandlung fallen soll, die tatsächlich einen Glaubenswechsel herbeiführen oder die Erziehung in dem gewählten Bekenntnisse vereiteln oder durchkreuzen würde; allein zur Hintanhaltung solcher Maßnahmen des Vormundes oder Pflegers ist das Aufsichtsrecht des Vormundschaftsgerichts (§§ 1837, 1886, 1915 Abs. 1) vollkommen ausreichend.

Ueber die Frage, wann eine Aenderung des Bekenntnisses anzunehmen ist, s. Bem. V, 3, a Abs. 2 zu § 2.

Eine Bestimmung über die religiöse Erziehung kann (ausdrücklich oder stillschweigend; vgl. Bonin Bem. 10, v. d. Pfordten, K. Bem. III, 4, a) bereits erfolgt sein:

α) durch Einigung der Eltern nach § 1 (vgl. Besig S. 11, v. d. Pfordten, K. Bem. III, 4, a; eine Untersuchung darüber, ob eine äußerlich vorliegende, an sich rechtmäßige Einigung der Eltern auch innerlich unbeeinflußt [„frei" im Sinne des § 1] war, steht dem Vormunde nicht zu; so mit Recht v. d. Pfordten, Z. S. 222, K. Bem. III, 4, b Abs. 2);

β) durch den nach § 2 bestimmungsberechtigten Elternteil;

γ) durch den Vormund oder Pfleger selbst auf Grund des § 3 Abs. 2. Der Vormund oder Pfleger kann also auch eine von ihm selbst mit Genehmigung des Vormundschaftsgerichts rechtswirksam getroffene Bestimmung darüber, in welchem Bekenntnis oder in welcher Weltanschauung das Kind erzogen werden soll, nicht nachträglich abändern (Marx S. 21). Nicht ausgeschlossen ist aber, daß das Vormundschaftsgericht auf Anregung des zu einer anderen Ueberzeugung gelangten Vormundes oder Pflegers gemäß § 18 FGG. (s. oben unter a, ζ) seine Genehmigung nachträglich wieder aufhebt und dadurch dem Vormund oder Pfleger die Möglichkeit einer anderweitigen Bestimmung gibt (so mit Recht Perels S. 667).

Eine Aenderung im Sinne des § 3 Abs. 2 Satz 6 liegt natürlich nicht vor, wenn hinsichtlich eines Kindes, dessen religiöses Bekenntnis unbekannt ist, also insbesondere hinsichtlich eines Findelkindes, bestimmt werden soll, daß es in einem bestimmten Bekenntnis erzogen werden soll. Der Vormund ist daher (mit Genehmigung des Vormundschaftsgerichts) hinsichtlich des religiösen Bekenntnisses eines Findelkindes bestimmungsberechtigt (Bonin Bem. 5); der im Ausschuß gestellte Antrag (Nr. 54 § 2 Satz 2), dies ausdrücklich auszusprechen, wurde als überflüssig abgelehnt.[154]) Vgl. Bem. III, f zu § 2 und oben Bem. IV, 1, p.

Ist eine bereits getroffene Bestimmung über die religiöse Erziehung des Kindes im Widerspruch mit dem Gesetz oder erst in einem Zeitpunkt erfolgt, in welchem dem Elternteil das Recht hiezu nach § 1666 entzogen war, so würde ihre Befolgung durch den Vormund oder Pfleger das Einschreiten des Vormundschaftsgerichts nach §§ 1837, 1886, 1915 Abs. 1 rechtfertigen; der Vormund oder Pfleger ist daher solchenfalls trotz des entgegenstehenden Wortlauts des § 3 Abs. 2 Satz 6 zu einer Aenderung der Bestimmung des Vormundschaftsgerichts berechtigt (vgl. Perels S. 667 ff., Spitta S. 9, v. d. Pfordten, Z. S. 221 ff., K. Bem. III, 4, b).

Eine Ausnahme von der Bestimmung des § 3 Abs. 2 Satz 6 enthält die Uebergangsvorschrift des § 10. Hienach kann der Vormund, wenn beide Eltern vor dem Inkrafttreten des Gesetzes gestorben sind und über die religiöse Erziehung in einem bestimmten Bekenntnis einig waren, mit Genehmigung des Vormundschaftsgerichts bestimmen, daß das Kind in diesem Bekenntnis zu erziehen ist, auch wenn es zurzeit in einem anderen Bekenntnis erzogen wird; er hat also insoweit das Recht, die schon erfolgte Bestimmung über die religiöse Erziehung zu ändern.

c) Die Vorschriften des § 3 Abs. 2 finden auch Anwendung, wenn gemäß EG. z. BGB. Art. 136 ein sogen. „Anstalts-, Berufs- oder Generalvormund bestellt ist (vgl. Staudinger Bem. 1 zu § 1776 und Bem. zu EG. Art. 136) oder wenn gemäß §§ 32 ff., 47 des Reichsgesetzes für Jugendwohlfahrt vom 9. Juli 1922 (RGBl. S 633 ff.) Amts-, Anstalts- oder Vereinsvormundschaft eintritt.

d) Sind für ein Kind mehrere Vormünder bestellt (vgl. BGB. § 1775, Staudinger Bem. 1, a zu § 1775), so ist, wenn die Vormundschaft nach bestimmten Wir-

---

[153]) Ber. d. Aussch. S. 2005.

[154]) Ber. d. Aussch. S. 2005.

kungskreisen verteilt ist, derjenige Vormund hinsichtlich der religiösen Erziehung bestimmungsberechtigt, dem die Sorge für die Person des Kindes obliegt; führen die mehreren Vormünder die Vormundschaft gemeinschaftlich, so entscheidet bei einer Meinungsverschiedenheit das Vormundschaftsgericht (§ 1797, Kisch S. 936 und Anm. 23, Spitta S. 10; das gleiche gilt gemäß § 1798, wenn die Sorge für Person und Vermögen verschiedenen Vormündern zusteht und die beabsichtigte Maßregel auch vermögensrechtliche Folgen nach sich zieht; Spitta S. 10). Die Vorschriften des § 3 Abs. 2 finden in beiden Fällen Anwendung.

Dieselben Grundsätze gelten, wenn für ein Kind mehrere Pfleger bestellt sind (§ 1915 Abs. 1, Staudinger Bem. 7 zu § 1797, Bem. 5 Abs. 1 zu § 1798, Bem. 3, b zu § 1915).

Hinsichtlich des Beschwerderechts s. Bem. III, 7, a, δ zu § 7.

e) Handelt der Vormund oder Pfleger den Vorschriften des § 3 Abs. 2 Satz 2 oder 6 zuwider, so wird darin regelmäßig eine Pflichtverletzung zu erblicken sein, die das Eingreifen des Vormundschaftsgerichts auf Grund seines Aufsichtsrechts, unter Umständen sogar seine Entlassung rechtfertigt (§§ 1837, 1886, 1915 Abs. 1; vgl. Bem. IV, B, 2, a und b zu § 7).

f) Von besonderer Bedeutung für die religiöse Erziehung eines unter Vormundschaft oder Pflegschaft stehenden Kindes sind die Vorschriften der §§ 1779 Abs. 2 Satz 2 und 1801 BGB.

α) Nach §§ 1779 Abs. 2 Satz 2, 1915 Abs. 1 ist bei der Auswahl des Vormundes oder Pflegers auf das religiöse Bekenntnis des Mündels Rücksicht zu nehmen (vgl. Staudinger Bem. 2, b und 5 zu § 1779, Bem. 3, c zu § 1915). Steht in dem Zeitpunkt, in welchem der Vormund oder Pfleger auszuwählen ist, das Bekenntnis des Mündels noch nicht fest (so z. B. wenn beide Eltern eines ehelichen oder die Mutter eines unehelichen Kindes gestorben ist, ohne über das religiöse Bekenntnis des Kindes Bestimmung getroffen zu haben), so wird in entsprechender Anwendung der Vorschrift ein Vormund oder Pfleger auszuwählen sein, der dem Bekenntnis angehört, das der bestimmungsberechtigte Elternteil voraussichtlich für das Kind gewählt hätte; fehlt es an jedem Anhaltspunkt hiefür, so wird ein Vormund oder Pfleger auszuwählen sein, der dem gleichen Bekenntnis angehört wie der bestimmungsberechtigte Elternteil.

Daß die Vorschrift des § 1779 Abs. 2 Satz 2 durch Art. 136 der Reichsverfassung vom 11. August 1919 (s. Einleitung Ziff. V) nicht berührt worden ist, wird überzeugend ausgeführt in einem Beschluß des Kammergerichts vom 21. November 1919 (RJA. Bd. 16 S. 192 ff.).

β) Nach § 1801 kann dem Vormunde die Sorge für die religiöse Erziehung des Mündels von dem Vormundschaftsgericht entzogen werden, wenn er nicht dem Bekenntnis angehört, in welchem der Mündel zu erziehen ist. Wenn nötig, ist sodann zur Wahrnehmung der religiösen Interessen des Mündels ein Pfleger zu bestellen (Staudinger Bem. 1 zu § 1801).

g) S. auch §§ 33 Abs. 3, 36 Satz 2, 60 Abs. 1 Satz 2, 69 Abs. 1 und 2 des Reichsgesetzes für Jugendwohlfahrt vom 9. Juli 1922 (RGBl. S. 633 ff.).

V. Durch den Umstand, daß das Kind auf Grund der §§ 1666, 1838 BGB. oder eines gemäß EG. z. BGB. Art. 135 erlassenen landesrechtlichen Fürsorgeerziehungsgesetzes unter **Zwangserziehung** steht, oder daß gemäß §§ 56 ff. des Reichsgesetzes für Jugendwohlfahrt vom 9. Juli 1922 (RGBl. S. 633 ff.) **Schutzaufsicht-** oder **Fürsorgeerziehung** für das Kind angeordnet ist, wird die Anwendbarkeit des § 3 nicht berührt (Bem. IV, A, 2, b, δ und B, 2, d zu § 7; s. auch Bem. IV, 3 zu § 5).

§ 4.

Verträge über die religiöse Erziehung eines Kindes sind ohne bürgerliche Wirkung.

I. Früheres Recht. Die Rechtszersplitterung, die in Deutschland hinsichtlich der religiösen Kindererziehung vor dem Inkrafttreten des Gesetzes vom 15. Juli 1921 herrschte, zeigte sich in besonders hohem Maße bei der Frage, welche Bedeutung die einzelnen Gesetze einer vertragsmäßigen Regelung der religiösen Kindererziehung beilegten. Während einzelne Rechte derartigen Verträgen jede bindende Wirkung versagten (so PLR. II, 2 § 77 und die Deklaration vom 21. November 1803, § 6 des Holsteinschen Gesetzes vom 14. Juli 1863, § 2 der Hannoverschen VO. vom 31. Juli 1826, § 3 Abs. 2 des Kurhessischen Gesetzes vom 29. Oktober 1848, das Nassauische Edikt vom 22. und 26. März 1808, das Badische Gesetz vom 9. Oktober 1860, Art. 115 des hessischen AG. z. BGB. vom 17. Juli 1899, § 6 Satz 2 des Sachsen-Weimar-Eisenachschen Gesetzes vom 16. April 1895, Art. 48

§ 1 Satz 2 des Sachsen-Coburg-Gothaschen AG. z. BGB. vom 20. November 1899, Art. 156 Satz 2 des Schwarzburg-Rudolstadtschen AG. z BGB. vom 11. Juli 1899, Art. 51 § 5 des Schwarzburg-Sondershausenschen AG. z. BGB. vom 19. Juli 1899, § 117 des Lübeck'schen AG. z. BGB. vom 30. Oktober 1899), erklärten andere solche Vereinbarungen für zulässig und rechtswirksam, wobei mehrfach die Einhaltung einer bestimmten Form (z. B. gerichtliche oder notarielle Beurkundung) vorgeschrieben war (so insbesondere §§ 12, 13 der II. bayrischen Verfassungsbeilage vom 26. Mai 1818 und § 17 Abs. 2 Satz 2 und 3 der neuen bayrischen Verfassung vom 14. August 1919 sowie § 2 des sächsischen Gesetzes vom 16. Juni 1920). Auch nach dem „Toleranzantrag" vom 23. November 1900 sollte in erster Linie die Vereinbarung der Eltern für die religiöse Erziehung eines Kindes maßgebend sein (s. oben Einleitung Ziff. IV). Soweit in einzelnen Bundesstaaten überhaupt keine einschlägigen Vorschriften bestanden, daher die Bestimmungen des BGB. subsidiäre Geltung hatten, waren Verträge über die religiöse Erziehung der Kinder wegen der Unverzichtbarkeit des Erziehungsrechts ohne rechtliche Wirkung (s. Einleitung Ziff. VI, z; den gleichen Standpunkt nahm der Planck'sche Vorentwurf zum Familienrecht ein; s. Einleitung Ziff. II).

II. Entstehungsgeschichte. Im Ausschuß waren die Meinungen darüber geteilt, ob bindende Verträge über religiöse Kindererziehung zuzulassen oder der Grundsatz der unverbindlichen freien Einigung mit jederzeitiger Widerruflichkeit vorzuziehen sei.

Von den Anhängern des Vertragsstandpunkts wurde darauf hingewiesen, daß ein starkes Bedürfnis für solche Verträge bestehe; viele gemischte Ehen kämen nur dadurch zustande, daß die Eheschließenden vorher rechtliche Gewißheit darüber erlangten, in welchem Bekenntnisse die Kinder erzogen würden; es sei auch auf das bisher in Süddeutschland geltende Recht Rücksicht zu nehmen, wo der Grundsatz der Vertragsfreiheit anerkannt sei; endlich sei das durch Art. 109 der Reichsverfassung vom 11. August 1919 gewährleisteten Recht der Mutter [155]) auf Gleichberechtigung mit dem Vater nur bei Zulassung bindender Verträge zu verwirklichen. Auch der Vertreter des bayrischen Justizministeriums sprach sich für diese Ansicht aus.

Die Mehrheit des Ausschusses entschied sich aber für den Grundsatz der unverbindlichen freien Einigung, weil nur dadurch die Gewissensfreiheit gesichert und in diesem Grundsatze die Gleichberechtigung von Vater und Mutter mitenthalten sei.

Durch die Wahl der Worte: „sind ohne bürgerliche Wirkung" (statt: „sind nichtig") sollte zum Ausdruck gebracht werden, daß in das Recht der Religionsgesellschaften nicht eingegriffen werden solle.[156])

III. Grundsätzliche Regelung. Die Erziehung eines Minderjährigen ist Bestandteil der Sorge für die Person des Kindes, daher nicht nur Recht, sondern auch Pflicht des fürsorgeberechtigten Elternteils. Auf die Erziehungsgewalt kann daher *nicht verzichtet* werden. Die Erziehungsgewalt ist demgemäß auch grundsätzlich *unveräußerlich*; ihre vertragsmäßige Uebertragung auf eine andere Person daher nichtig. Nicht ausgeschlossen ist aber, daß (insbesondere im Interesse der Ausbildung des Kindes) die *Ausübung* der Erziehungsgewalt auf längere oder kürzere Dauer von dem Erziehungsberechtigten auf einen anderen übertragen wird (BayObLGZ. Bd. 6 S. 35, WarnE. 1912 Nr. 115; vgl. *Staudinger* Bem. I, 5, c und d zu § 1631).

In teilweiser Abweichung von diesem Grundsatze bestimmt § 4 des Ges. vom 15. Juli 1921, daß Verträge über die *religiöse* Erziehung eines Kindes *ohne bürgerliche Wirkung* sind. Gemäß § 6 gilt das gleiche von Verträgen über die Erziehung des Kindes in einer nicht bekenntnismäßigen *Weltanschauung* (s. Bem. 2, b zu § 6).

IV. Aus dem Grundsatze des § 4 ergeben sich nachstehende **Folgerungen**:

A. Ein Vertrag, der die religiöse Erziehung eines Kindes zum Gegenstand hat, entbehrt der Wirksamkeit nicht nur dann, wenn er *mündlich*, sondern auch, wenn er *schriftlich* geschlossen wird; auch der Abschluß in der Form *gerichtlicher* oder *notarieller Beurkundung* verleiht ihm keinerlei bürgerliche Wirkung. Gerichte und Notare sind daher nicht mehr berechtigt, derartige Verträge zu beurkunden (so mit Recht *Perels* S. 641, *Spitta* S. 6, v. d. *Pfordten*, Z. S. 134, K. Bem. 2) und setzen sich durch Mitwirkung bei einer solchen Vereinbarung disziplinärer Bestrafung aus.[157]) Selbstverständlich dürfen solche Vereinbarungen auch nicht mehr zum Bestandteil eines Annahmevertrags oder Ehevertrags gemacht werden (*Bonin* Bem. 2, v. d. *Pfordten*, Z. S. 134).

---

[155]) Reichsverf. Art. 109 Abs. 2 lautet: „Männer und Frauen haben grundsätzlich dieselben staatsbürgerlichen Rechte und Pflichten".

[156]) Ber. d. Aussch. S. 2003, S. 2005.

[157]) Vgl. Art. 16 des bayrischen Notariatsges. vom 9. Juni 1899: „Der Notar hat seine Amtstätigkeit bei Geschäften zu verweigern, die . . . offenbar nichtig sind."

B. Die Vorschrift, daß Verträge über religiöse Erziehung eines Kindes „ohne bürgerliche Wirkung“ sind, besagt nichts anderes, als daß sie nichtig (unwirksam) sind (richtig Spitta S. 6; nach Bonin Bem. 2 handelt es sich um eine „Höflichkeitswendung gegenüber den Ansprüchen der römisch-katholischen Kirche“). Daß sich ihre Nichtigkeit auf das Gebiet des bürgerlichen Rechtes beschränkt, folgt schon daraus, daß das ganze Gesetz vom 15. Juli 1921 nur diese Seite der religiösen Erziehung regelt und daher ein rein privatrechtliches Gesetz ist (s. Vorbem. 2, a).

1. Verhältnis des § 4 zu § 1. Nach § 1 Satz 1 bestimmt zwar über die religiöse Erziehung eines Kindes die freie Einigung der Eltern, nach Satz 2 ist aber eine derartige Einigung jederzeit widerruflich: besteht eine solche Einigung nicht oder nicht mehr, so entscheiden über die religiöse Erziehung die Grundsätze des BGB. über Recht und Pflicht der Sorge für die Person mit den in Abs. 2 und 3 und in § 3 Abs. 1 und 2 festgesetzten Ausnahmen. Liegt also ein Vertrag über die religiöse Erziehung eines Kindes vor, so besteht zwar zunächst die nach § 1 maßgebende Einigung der Eltern; da aber diese Einigung von jedem Ehegatten jederzeit ohne Angabe von Gründen und ohne jede Förmlichkeit widerrufen werden kann und durch den Tod eines Ehegatten von selbst in Wegfall kommt (s. Bem. III, 3, d und e zu § 1), wird in Wirklichkeit durch einen solchen Vertrag eine Bindung der vertragschließenden Teile nicht herbeigeführt und das Bestimmungsrecht desjenigen, dem nach §§ 2, 3 dieses Recht zusteht, weder beseitigt noch beschränkt (s. aber auch unten unter 3, a).

2. Unberührt bleiben durch § 4 die Rechtsfolgen, die sich nach den Vorschriften des Kirchenrechts aus dem Abschluß eines Vertrags über religiöse Kindererziehung und der Zuwiderhandlung gegen einen solchen Vertrag ergeben (vgl. Marx S. 14). Die Bedeutung des Ausdrucks „sind ohne bürgerliche Wirkung“ ist also eine ähnliche wie die der Ueberschrift zum 1. Abschnitte des vierten Buches des BGB. („Bürgerliche Ehe“) und des § 1588 BGB., wonach die kirchlichen Verpflichtungen in Ansehung der Ehe durch die Vorschriften dieses Abschnitts „nicht berührt werden“ (vgl. Staudinger Bd. IV S. 4 ff. und Bem. zu § 1588; s. auch GVG. § 15 Abs. 3 Satz 1: „Die Ausübung einer geistlichen Gerichtsbarkeit in weltlichen Angelegenheiten ist ohne bürgerliche Wirkung“).

Nach Beschluß der bayrischen Bischofskonferenz vom 7. September 1921 soll an die Stelle des bisher von der katholischen Kirche geforderten notariellen Vertrags über katholische Kindertaufe und Kindererziehung bei gemischten Ehen künftighin die eidliche Verpflichtung der Brautleute treten; die evangelisch-lutherische Kirche verlangt den Abschluß eines schriftlichen Vertrags vor dem zuständigen Pfarramt (Spitta S. 6).[158])

Inwieweit die Erfüllung derartiger kirchlicher Verpflichtungen durch kirchliche Zwangsmittel gesichert werden darf, bestimmt sich nach dem Staatskirchenrecht der einzelnen Länder (vgl. Staudinger Bem. 1 zu § 1588); s. für Preußen Gesetz über die Grenzen des Rechts zum Gebrauche kirchlicher Straf- und Zuchtmittel vom 13. Mai 1873 (GesSamml. 1873 S. 205 ff.), für Bayern §§ 41, 42, 71 der II. Verfassungsbeilage vom 26. Mai 1818, E. Eichmann, Das Strafrecht der öffentlichen Religionsgesellschaften in Bayern, Paderborn 1910, insbes. S. 14 ff., 65 ff., 76 ff., 86 ff., für Sachsen, Württemberg, Baden und Hessen die bei Eichmann a. a. O. S. 22 Anm. 1 erwähnten gesetzlichen Bestimmungen.

3. Wenn einem Vertrag über religiöse Kindererziehung auch keine bürgerliche Wirkung in dem Sinne zukommt, daß die Vertragschließenden an den Inhalt der Vereinbarung gebunden wären, so kann ein solcher Vertrag doch auch in bürgerlich-rechtlicher Hinsicht nach mehrfacher Richtung von Bedeutung sein.

a) Zunächst kann das Vorhandensein eines solchen Vertrags als Beweismittel dafür von Bedeutung sein, daß eine Einigung der Eltern im Sinne des § 1 vorliegt oder früher vorlag, so z. B. wenn ein Ehegatte schwer erkrankt oder auf längere Zeit ab-

---

[158]) Vgl. Codex juris canonici von 1917: „Can. 1061. § 1. Ecclesia super impedimento mixtae religionis non dispensat, nisi . . .

2. Cautionem praestiterit conjux acatholicus de amovendo a conjuge catholico perversionis periculo et uterque conjux de universa prole catholice tantum baptizanda et educanda.

§ 2. Cahtiones regulariter in scriptis exigantur.

Can. 2319. § 1. Subsunt excommunicationi latae sententiae Ordinario reservatae catholici:

2. Qui matrimonio uniuntur cum pacto explicito vel implicito ut omnis vel aliqua proles educetur extra catholiam Ecclesiam; . . . .

4. Parentes vel parentum locum tenentes qui liberos in religione acatholica educandos vel instituendos scienter tradunt.

§ 2. Ji de quibus in § 1, nn 2—4, sunt praeterea suspecti de haeresi.“

wesend oder verschollen ist.[159]) Aus einem solchen Vertrag kann ferner geschlossen werden, daß das Kind bisher in einem bestimmten (nämlich dem vertragsmäßigen) Bekenntnis erzogen worden ist, daher von dem erziehungsberechtigten Elternteil nicht ohne Zustimmung des anderen Elternteils bestimmt werden kann, daß es in einem davon abweichenden Bekenntnis erzogen werden soll (§ 2 Abs. 2), oder daß eine Bestimmung über die religiöse Erziehung des Kindes erfolgt ist, die der Vormund oder Pfleger nach § 3 Abs. 2 Satz 6 nicht mehr ändern kann (v. d. Pfordten, K. Bem. 3 Abs. 1). Das Vorliegen eines solchen Vertrags und der sich daraus ergebenden Einigung der Eltern kann unter Umständen auch für die vom Vormundschaftsgerichte nach § 2 Abs. 3 zu treffende Entscheidung von Bedeutung sein (v. d. Pfordten K. Bem. 3 Abs. 2).

b) Darin, daß ein Ehegatte der mit dem anderen Ehegatten getroffenen Vereinbarung, wonach das Kind in einem bestimmten Bekenntnis erzogen werden soll, zuwiderhandelt, kann ein Mißbrauch des Rechtes der Sorge für die Person des Kindes oder ein ehrloses oder unsittliches Verhalten zu erblicken sein, wodurch das geistige oder leibliche Wohl des Kindes gefährdet und das Einschreiten des Vormundschaftsgerichts nach § 1666 BGB. gerechtfertigt wird (vgl. Bem. IV, A, 2, a, γ zu § 7). Freilich wird dies nur unter ganz besonderen Umständen angenommen werden dürfen, da an sich der Widerruf einer früheren Einigung jedem Ehegatten freisteht (ebenso v. d. Pfordten, Z. S. 134 ff., K. Bem. 3 Abs. 2, Spitta S. 10).

c) Der Bruch des vor der Ehe gegebenen Versprechens, die Kinder in einem bestimmten Bekenntnis erziehen zu lassen, kann als Mißbrauch erscheinen, der den anderen Ehegatten gemäß BGB. § 1353 Abs. 2 Satz 1 zur Verweigerung der Herstellung der ehelichen Gemeinschaft berechtigt (Staudinger Bem. 2, a, α Abs. 2 zu § 1353, RG. in JW. 1906 S. 21 ff.).

d) Das einseitige Abgehen von einer über die religiöse Erziehung der Kinder getroffenen Vereinbarung kann sich als schwere Verletzung der durch die Ehe begründeten Pflichten oder als ehrloses oder unsittliches Verhalten darstellen, wodurch beim Vorliegen der übrigen Voraussetzungen des § 1568 BGB. das Scheidungsrecht des anderen Ehegatten begründet wird (Staudinger Bem. 3, e Abs. 2 zu § 1568, Davidson, Das Recht der Ehescheidung S. 74 Note*, Hachenburg, Vorträge S. 374, Opet, Familienrecht Bem 4 a. E. zu § 1568; ebenso v. d. Pfordten, K. Bem. 3 Abs. 2; vgl. hinsichtlich der Bedeutung des Religionswechsels oder der Verweigerung des zugesagten Religionswechsels Staudinger Bem. 3, f zu § 1568 und die dort erwähnten Schriftsteller, RG. in JW. 1917 S. 765 ff. und die Anm. hiezu von Fuchs und Kahl).

e) Gleich dem Wechsel des Bekenntnisses (s. Staudinger Bem. 3, b, α, $\gamma\gamma$ Abs. 2 zu § 1333) kann auch der Bruch einer über die religiöse Erziehung der Kinder getroffenen Vereinbarung unter Umständen einen Rückschluß auf Charaktereigenschaften gestatten, deren Vorhandensein den anderen Ehegatten zur Anfechtung der Ehe wegen Irrtums (§ 1333) oder arglistiger Täuschung (§ 1334) berechtigt (Staudinger Bem. 3, b Abs. 2 zu § 1334; ebenso RG. in BayZfR. 1920 S. 107 ff. = WarnE. 1920 Nr. 165).

V. Eine **Ausnahme** von dem Grundsatze des § 4 enthält die Uebergangsvorschrift des § 9, nach welcher Verträge über die religiöse Erziehung in Kraft bleiben, soweit sie vor der (am 29. Juli 1921 erfolgten) Verkündung des Gesetzes abgeschlossen sind, vorbehaltlich des Rechtes jedes Ehegatten, die Aufhebung des Vertrags durch das Vormundschaftsgericht herbeizuführen. Damit ist zugleich zum Ausdruck gebracht, daß § 4 im Gegensatz zu dem übrigen Inhalte des Gesetzes schon vor dem 1. Januar 1922 (bzw. in Preußen vor dem 1. Oktober 1921) in Kraft getreten ist (s. § 11 und Bem. 3 hiezu).

VI. Internationales Privatrecht. Ob der Grundsatz des § 4 auch Geltung beanspruchen kann, wenn nach den Normen des internationalen Privatrechts ausländisches Recht anzuwenden ist (s. Vorbem. 4, b) und ein nach diesem Rechte wirksamer Vertrag über religiöse Kindererziehung vorliegt, kann zweifelhaft erscheinen. Nach v. d. Pfordten, Z. S. 135 ff., K. Bem. 2 Abs. 2 (ebenso Bonin Bem. 3 zu § 8) soll ein solcher Vertrag in Deutschland nicht anzuerkennen sein, weil die Anwendung des ausländischen Rechtes gegen den Zweck des Gesetzes vom 15. Juli 1921 verstoßen würde (EG. z. BGB. Art. 30). Für diese Ansicht kann angeführt werden, daß gerade das Bestreben, jeden Gewissenszwang zu vermeiden, den Ausschuß zur Annahme des § 4 veranlaßt hat (s. oben Bem. II). Bei dem Umstand aber, daß in großen Teilen Deutschlands bis zum 1. Januar 1922 Verträge über religiöse Kindererziehung zulässig und allgemein üblich waren und das Gesetz selbst im § 9 den vor seiner Verkündung geschlossenen Verträgen fortdauernde Geltung beilegt, daher nicht angenommen werden kann, daß solche Verein-

[159]) Darauf wurde bei der zweiten Lesung im Ausschuß ausdrücklich hingewiesen (Ber. d. Aussch. S. 2007). Von einer Konversion im Sinne des § 140 BGB. kann dabei wohl nicht gesprochen werden (v. d. Pfordten, Z. S. 134; and. Ans. Perels S. 642).

barungen mit der durch Art. 135 Satz 1 der Reichsverfassung vom 11. August 1921 gewährleisteten Gewissensfreiheit im Widerspruch stehen (vgl. Vorbem. 4, b), dürfte die gegenteilige Ansicht vorzuziehen sein. Vgl. K. Neumeyer, Internationales Verwaltungsrecht Bd. I S. 446 ff., K. Schmidt S. 446 ff., Graf in der Zeitschr. f. die freiw. Gerichtsbarkeit und die Gemeindeverwaltung in Württemberg Bd. 53 (1911) S. 328 ff., RGZ. Bd. 10 S. 116, OLG. Bd. 16 S. 5 ff. (KG.).

§ 5.

Nach der Vollendung des vierzehnten Lebensjahrs steht dem Kinde die Entscheidung darüber zu, zu welchem religiösen Bekenntnis es sich halten will. Hat das Kind das zwölfte Lebensjahr vollendet, so kann es nicht gegen seinen Willen in einem anderen Bekenntnis als bisher erzogen werden.

I. Früheres Recht.[160]) Auch bei Festsetzung des Zeitpunkts, von welchem an dem Kinde die Wahl seines religiösen Bekenntnisses freisteht, das Kind also „religionsmündig" sein soll (sogen. „Diskretionsjahr", Diskretionsalter", „Unterscheidungsjahr", „annus discretionis") zeigt das früher in Deutschland geltende Recht die bunteste Mannigfaltigkeit.

Gemeinrechtlich stand ein bestimmtes Lebensalter als Unterscheidungsjahr nicht fest. In einem conclusum des corpus Evangelicorum vom 14. April 1752 wurde den katholischen Ständen gegenüber das vierzehnte Lebensjahr vorgeschlagen; diese hielten aber daran fest, daß in jedem einzelnen Falle die individuelle Reife des Kindes entscheiden müsse (Planck, Vorentwurf zum Familienrecht, Begründung S. 1480). Nach Kreittmayr (Annot. zum bayrischen Landrecht Tl. I Kap. 4 § 3 Ziff. 1) wurde auf dem Nürnbergischen Exekutions-Kongreß von den Katholiken das zehnte, von den Protestanten das achtzehnte Lebensjahr vorgeschlagen; da eine Einigung nicht erzielt wurde, komme es „lediglich auf richterliche Ermäßigung in jedem casu particulari an".

Die Vollendung des vierzehnten Lebensjahrs war für maßgebend erklärt im PLR. (II, 2 § 84), in Hannover (§ 7 der VO. vom 31. Juli 1826), Kurhessen (§ 4 der VO. vom 13. April 1853), Nassau (Edikt vom 22. und 26. März 1808), Sachsen (§ 1 des Gesetzes vom 16. Juni 1920), Württemberg (für Mädchen nach VO. vom 15. August 1817), Hessen (Art. 112 des AG. z. BGB. vom 17. Juli 1899), Mecklenburg-Schwerin (Zirkular-VO. vom 9. Februar 1877), Oldenburg (Art. 34 § 1 des revidierten Staatsgrundgesetzes vom 22. November 1852), Braunschweig (§ 8 des Gesetzes vom 29. Dezember 1902), Anhalt (Gesetz vom 13. Februar 1851), Schwarzburg-Rudolstadt (Art. 160 des AG. z. BGB. vom 11. Juli 1899), Reuß j. Linie (§ 99 Ziff. 6 des AG. z. BGB. vom 10. August 1899), Lippe (Art. 7 Abs. 2 des Edikts vom 9. März 1854);

die Vollendung des sechzehnten Lebensjahrs in Frankfurt a. M. (Art. 11 der VO. vom 5. September 1811), Bayern (§ 17 Abs. 2 der Verfassung vom 14. August 1919), Württemberg (für Knaben nach VO. vom 15. August 1817), Baden (§ 5 des Gesetzes vom 9. Oktober 1860), Schwarzburg-Sondershausen (Art. 51 § 8 des AG. z. BGB. vom 19. Juli 1899), Lübeck (§ 118 des AG. z. BGB. vom 30. Oktober 1899);

die Vollendung des achtzehnten Lebensjahrs in Sachsen-Weimar-Eisenach (§ 7 des Gesetzes vom 10. April 1895), Sachsen-Coburg-Gotha (Regulative vom 23. August 1811 und 24. Juni 1813), Waldeck (§ 2 der VO. vom 28. März 1827);

die Volljährigkeit, also das vollendete einundzwanzigste Lebensjahr, nach dem früheren bayrischen Recht (Kap. II § 6 der II. Verfassungsbeilage vom 26. Mai 1818).

Der Planck'sche Vorentwurf zum Familienrecht entschied sich für das vierzehnte Lebensjahr, weil dieser Zeitpunkt mit dem Ende die Schulpflicht und regelmäßig mit dem der Konfirmation oder Kommunion zusammenfalle (s. Einleitung Ziff. II); bei den Beratungen der II. Kommission wurde fast übereinstimmend die Vollendung des sechzehnten Lebensjahrs als Unterscheidungsalter vorgeschlagen (s. Einleitung Ziff. III).

Der „Toleranzantrag" vom 23. November 1900 in seiner ursprünglichen Fassung (§ 2 Abs. 2) wollte die Vollendung des zwölften Lebensjahrs als maßgebend erklären; vom Ausschuß wurde aber das vierzehnte Lebensjahr als Unterscheidungsalter vorgeschlagen (s. Einleitung Ziff. IV).[161])

---

[160]) Vgl. Marsson, Das Alter der Religionsmündigkeit, DJZ. 1921 S. 56.

[161]) Bei der Abstimmung wurde der Antrag auf Festsetzung des 12. Lebensjahrs mit 12 gegen 8 Stimmen abgelehnt, der Antrag auf Festsetzung des 16. Lebensjahrs mit 18 gegen 2 Stimmen, der Antrag auf Festsetzung des 18. oder 21. Lebensjahrs mit 19 gegen 1 Stimme; die Festsetzung des 14. Lebensjahrs wurde mit 16 gegen 4, bei der zweiten Lesung mit allen gegen 1 Stimme angenommen (Stenogr. Ber. über die Verhandl. des Reichstags, 10. Legisl.-Periode II. Session 1900—1902 3. Anlagenband S. 2415).

Aehnliche Bestimmungen wie § 5 Satz 2 enthielten Art. 10 der Frankfurter VO. vom 5. September 1811, Art. 6 des Sachsen-Meiningen'schen Ges. vom 18. August 1899, § 136 Ziff. 7 des AG. z. BGB. vom 26. Oktober 1899 für Reuß ä. L.

II. Entstehungsgeschichte. Auch bei der Beratung des Gesetzes vom 15. Juli 1921 zeigten sich hinsichtlich der Festsetzung des Unterscheidungsalters erhebliche Meinungsverschiedenheiten. Gegenüber dem ursprünglichen Antrag (§ 2), der das vierzehnte Lebensjahr vorschlug, wurde das sechzehnte Lebensjahr befürwortet, weil mit diesem Alter die Ehemündigkeit der Frau eintrete; auch ein Vertreter des bayrischen Justizministeriums bat, daß entsprechend der bayrischen Gesetzgebung kein früherer Zeitpunkt als die Vollendung des sechzehnten Lebensjahres gewählt werden möge. Die Mehrheit entschied sich jedoch für das vollendete vierzehnte Lebensjahr mit der Maßgabe, daß schon nach vollendetem zwölften Lebensjahr das Bekenntnis des Kindes gegen seinen Willen nicht mehr geändert werden kann.[162])

Der Antrag, das Selbstbestimmungsrecht des Kindes ruhen zu lassen, solange das Kind unter Fürsorgeerziehung steht oder eine Freiheitsstrafe verbüßt, wurde abgelehnt, weil eine solche Bestimmung dem Grundsatze der Gewissensfreiheit widerspreche und einer Verschärfung der Freiheitsstrafe gleichkomme.[163])

Bei der dritten Lesung wurde an Stelle der Worte: „in welchem religiösen Bekenntnis es erzogen werden will" die nunmehrige Fassung beschlossen, weil das Kind von der Vollendung des vierzehnten Lebensjahrs ab das Recht der religiösen Selbstbestimmung habe, also nicht mehr „erzogen" werde. Die Ausdrucksweise: „zu welchem religiösen Bekenntnis es sich halten will" (nicht: „zu welchem Bekenntnis es gehört") wurde gewählt, um jeden Anschein zu vermeiden, als wolle das Gesetz in das öffentliche Recht übergreifen, wo die Frage der bürgerlichen Zugehörigkeit zu einer Konfession durch die landesgesetzlichen Austrittsgesetze geregelt ist.[164])

III. Zu § 5 Satz 1.

1. Das Gesetz bezeichnet als *Zeitpunkt der religiösen Selbständigkeit (Religionsmündigkeit)* die *Vollendung des vierzehnten Lebensjahrs.* Es handelt sich dabei, ähnlich wie bei den vermögensrechtlichen Bestimmungen der §§ 112 und 113 BGB., um eine *Erweiterung der Geschäftsfähigkeit,* einer Art von *„kleiner Emanzipation"* auf dem Gebiete der Sorge für die Person: das minderjährige und demgemäß in der Geschäftsfähigkeit beschränkte Kind kann hienach selbständig Willenserklärungen mit Rechtswirksamkeit abgeben, zu denen es an sich gemäß § 107 BGB. der Einwilligung seines gesetzlichen Vertreters bedürfte.

Ueber die *Berechnung* der Vollendung des vierzehnten Lebensjahrs s. BGB. §§ 187 Abs. 2, 188.

2. Ist das Kind *geschäfsunfähig,* weil es sich in einem die freie Willensbestimmung ausschließenden, seiner Natur nach nicht bloß vorübergehendem Zustande krankhafter Störung der Geistestätigkeit befindet oder weil es wegen Geisteskrankheit entmündigt ist (BGB. § 104 Nr. 2, 3), so steht ihm, da seine Willenserklärungen nichtig sind (§ 105 Abs. 1), das Selbstbestimmungsrecht nach § 5 Satz 1 nicht zu (vgl. KG. in OLG. Bd. 7 S. 420). Dagegen wird dieses Recht durch den Umstand, daß das Kind *wegen Geistesschwäche, Verschwendung oder Trunksucht entmündigt ist,* nicht ausgeschlossen, weil hiedurch lediglich *Beschränkung der Geschäftsfähigkeit* herbeigeführt wird (§ 114), das minderjährige Kind aber ohnedies in der Geschäftsfähigkeit beschränkt ist (§ 106) und dieser Umstand der Betätigung des religiösen Selbstbestimmungsrechts nicht entgegensteht. Ebensowenig kann es für die Anwendbarkeit des § 5 Satz 1 darauf ankommen, ob das Kind nach seiner individuellen geistigen und sittlichen *Reife* die Tragweite der in Frage stehenden Entschließung voll zu erkennen vermag oder nicht (and. Ans. v. d. *Pfordten,* K. Bem. 2: das Kind müsse geistig soweit entwickelt sein,

---

[162]) Bericht des Aussch. S. 2005, S. 2010. Bei der abfälligen Kritik, die § 5 Satz 1 des Ges. vom 15. Juli 1921 mehrfach erfahren hat (vgl. z. B. v. d. *Pfordten,* Z. S. 222: „eine nicht nur unsinnige, sondern geradezu verwerfliche Bestimmung") scheint übersehen zu sein, daß das gleiche schon bisher im größten Teile Deutschlands galt, ohne daß sich daraus, soviel bekannt, erhebliche Mißstände ergeben hätten. Auch dem Planck'schen Vorentwurf, der die gleiche Bestimmung enthielt, wird man nicht das Bestreben vorwerfen können, „einerseits die Proselytenmacherei, anderseits die Kirchenaustritte unreifer junger Leute zu begünstigen" (vgl. LZ. 1921 Nr. 7/8 Umschlagseite 1).

[163]) Bericht des Aussch. S. 2005, S. 2008.

[164]) Bericht des Aussch. S. 2010.

daß es „eine rechtlich zu beachtende Willensentschließung fassen könne"; abweichend Z. S. 223: das Kind müsse „die äußerliche [nicht die religiöse] Bedeutung seiner Erklärung verstehen können). Daß es für die Beachtlichkeit der Entscheidung des Kindes nicht auf dessen innere Beweggründe ankommen kann, steht außer Zweifel (ebenso v. d. Pfordten, Z. S. 223, K. Bem. 2; and. Ans. Bonin Bem. 2, nach welchem der Entscheidung des Kindes keine Folge zu geben sei, wenn „der Wunsch des Kindes ihm nachweisbar nicht Gewissenssache ist, sondern um äußerer Vorteile oder dergl. willen gehegt wird [Zuckerdüten-Konversionen]"). Inwieweit die Entscheidung des Kindes (wegen Irrtums, arglistiger Täuschung oder Drohung) anfechtbar ist, ergibt sich aus den entsprechend anzuwendenden §§ 119, 123 des BGB.

3. Dadurch, daß das Kind sich in Strafhaft befindet oder unter Zwangserziehung, Schutzaufsicht oder Fürsorgeerziehung steht, wird die Anwendbarkeit des § 5 Satz 1 nicht berührt (s. oben Bem. II).

4. Durch die Bestimmung, daß dem Kinde nach Vollendung des vierzehnten Lebensjahrs die Entscheidung darüber zusteht, „zu welchem religiösen Bekenntnis es sich halten will", ist ihm zunächst und in erster Linie die Befugnis eingeräumt, darüber zu entscheiden, ob es in dem Bekenntnis, in welchem es bisher erzogen worden ist, verbleiben oder ob es dieses Bekenntnis aufgeben und letzterenfalls, ob es zu einem anderen, eventuell zu welchem Bekenntnis es übertreten will. Damit ist aber auch zum Ausdruck gebracht, daß das Kind von der Vollendung des vierzehnten Lebensjahrs ab in der Lage ist, das religiöse Erziehungsrecht des bestimmungsberechtigten Elternteils, Vormundes oder Pflegers überhaupt zu beendigen. Das mehr als vierzehn Jahre alte Kind kann also, auch wenn es in seinem bisherigen Bekenntnisse verbleiben will, nicht gegen seinen Willen zum Besuch des Religionsunterrichts, zur Teilnahme am Gottesdienst oder anderen Kultushandlungen u. dergl. angehalten werden; weder dem Erziehungsberechtigten noch dem Vormundschaftsgericht stehen in dieser Richtung Zuchtmittel oder Zwangsmaßregeln (vgl. § 1631 Abs. 2) gegenüber dem Kinde zu. Die gegenteilige, bei den Verhandlungen über § 17 der bayrischen Verfassungsurkunde vom 14. August 1919 mehrfach vertretene Ansicht, wonach der Erziehungsberechtigte das religionsmündige Kind zwar nicht zur Beibehaltung des bisherigen oder Wahl eines anderen Bekenntnisses zwingen, wohl aber die tatsächliche Erziehung in dem von dem Kinde beibehaltenen oder gewählten Bekenntnisse zwangsweise durchführen könne,[165]) steht in unlösbarem Widerspruch mit dem zwingenden Satze, daß das weitergehende Recht das weniger weitgehende in sich schließt, und wird als willkürlich, juristisch gekünstelt und ihren Ergebnissen nach wenig befriedigend mit Recht bekämpft von v. d. Pfordten, BayGVB. 1920 S. 459 ff., 1922 S. 223 ff., K. Bem. 3 (ebenso Mezger in BayZfR. 1920 S. 39; zweifelnd Spitta S. 12).[166])

5. Gemäß § 6 findet § 5 Satz 1 auf die Erziehung in einer nicht bekenntnismäßigen Weltanschauung entsprechende Anwendung. Das Kind ist also nach Vollendung des vierzehnten Lebensjahres auch berechtigt, an Stelle des Bekenntnisses, in welchem es bisher erzogen wurde, eine nicht bekenntnismäßige Weltanschauung oder an Stelle einer solchen ein bestimmtes Bekenntnis oder an Stelle der Weltanschauung, in welcher es bisher erzogen wurde, eine andere Weltanschauung zu wählen; es ist auch berechtigt, sein bisheriges Bekenntnis oder seine bisherige Weltanschauung aufzugeben, ohne sich einem anderen Bekenntnis oder einer anderen Weltanschauung anzuschließen (vgl. Bem. 3 zu § 6).

6. Beschränkt oder verkümmert der erziehungsberechtigte Elternteil das dem Kinde nach § 5 Satz 1 zustehende Selbstbestimmungsrecht, so wird darin regelmäßig ein Mißbrauch der Sorge für die Person des Kindes, unter Umständen auch ein ehrloses oder unsittliches Verhalten zu erblicken sein, wodurch das geistige oder leibliche Wohl des Kindes gefährdet und das Einschreiten des Vormundschaftsgerichts nach § 1666 gerechtfertigt wird (vgl. Staudinger Bem. II, B, 3, a, γ Abs. 2 zu § 1666 und die dort erwähnten Entsch. d. KG.). Gegenüber dem Vormund oder Pfleger kann das Vormundschaftsgericht in derartigen Fällen auf Grund seines Aufsichtsrechts (§ 1837) einschreiten oder ihn entlassen (§ 1886). Vgl. Bem. IV, A, 2, a, γ und B, 2, a und b zu § 7. Eine letztwillige Verfügung, die darauf abzielt, die Religionsmündigkeit des

[165]) S. Verhandlungen des bayrischen Landtags, ordentl. u. außerordentl. Tagung 1919, Beil.-Bd. II Beilage 324 S. 346 ff.

[166]) Auch KG. in OLG. Bd. 12 S. 332 bezeichnet es als unzweifelhaft, „daß das weitgehende Recht, seine Religion zu wählen, auch das geringere der freien Wahl des religiösen Unterrichts und der Religionsübung in einem bestimmten Bekenntnis umfaßt."

bedachten Kindes zu beeinträchtigen, ist gemäß § 138 BGB. nichtig (so mit Recht RG. in JW. 1913 S. 1100).

Mit Recht weist aber Bonin Bem. 4 darauf hin, daß der Erziehungsberechtigte ein die allgemeinen Erziehungszwecke gefährdendes Uebermaß religiöser Betätigung des religionsmündigen Kindes nicht zu gestatten braucht; auch werden die weiteren dem Fürsorgeberechtigten zustehenden Rechte (z. B. sein Recht, gemäß § 1631 Abs. 1 den Aufenthalt des Kindes zu bestimmen) durch das religiöse Selbstbestimmungsrecht des Kindes selbstverständlich nicht berührt (Bonin Bem. 5; vgl. auch KGJ. Bd. 37 A S. 75 ff.).

7. Macht das mehr als vierzehn Jahre alte Kind von seinem Selbstbestimmungsrechte keinen Gebrauch, so dauert die religiöse Erziehungsgewalt des nach §§ 1—3 Bestimmungsberechtigten, von den aus dem Gesetz (s. §§ 2 Abs. 3 Satz 5, 3 Abs. 2 Satz 5, 5 Satz 2) und aus dem Begriffe der religiösen Erziehung (s. Bem. II, 3 zu § 1) sich ergebenden Schranken abgesehen, bis zur Volljährigkeit oder Volljährigkeitserklärung des Kindes fort. Auf die religiöse Erziehung des Kindes finden auch in diesem Falle die Bestimmungen des Ges. vom 15. Juli 1921 Anwendung (and. Ans., wie es scheint, Perels S. 640).

IV. Zu § 5 Satz 2.

1. Schon nach Vollendung des zwölften Lebensjahrs steht dem Kinde das Recht zu, sich einer Aenderung seines bisherigen Bekenntnisses zu widersetzen. Ueber die Berechnung dieses Zeitpunktes s. BGB. §§ 187 Abs. 2, 188. Ueber die Frage, in welchen Fällen eine Aenderung des Bekenntnisses anzunehmen ist, s. Bem. V, 3, a zu § 2.

2. Hinsichtlich der Bedeutung der Geschäftsunfähigkeit oder beschränkten Geschäftsfähigkeit des Kindes gilt das gleiche wie für Satz 1 (s. oben Bem. III, 2; nach v. d. Pfordten, K. Bem. 4 Abs. 1 [ähnlich Z. S. 224] soll die Zustimmung des Kindes nur zu beachten sein, wenn das Kind die äußerliche [nicht die religiöse] Bedeutung seiner Erklärung verstehen kann; das nimmt aber das Gesetz offenbar ohne weiteres bei einem mehr als zwölf Jahre alten Kinde an).

3. Gemäß § 6 findet § 5 Satz 2 auf die Erziehung in einer nicht bekenntnismäßigen Weltanschauung entsprechende Anwendung. Das Kind kann also, wenn es das zwölfte Lebensjahr vollendet hat, durch seinen Widerspruch hindern, daß seine bisherige Erziehung in einem religiösen Bekenntnis durch die Erziehung in einer nicht bekenntnismäßigen Weltanschauung (oder umgekehrt) oder daß seine bisherige Erziehung in einer nicht bekenntnismäßigen Weltanschauung durch die Erziehung in einer anderen nicht bekenntnismäßigen Weltanschauung ersetzt werde. Die Zustimmung des mehr als zwölf Jahre alten Kindes ist auch erforderlich, wenn das Bekenntnis oder die Weltanschauung, in der es bisher erzogen worden ist, ohne Ersatz aufgegeben werden soll (vgl. Bem. 3 zu § 6).

4. Eine Ersetzung der nach § 5 Satz 2 erforderlichen, vom Kinde verweigerten Zustimmung durch das Vormundschaftsgericht ist ausgeschlossen.

5. Der Versuch des erziehungsberechtigten Elternteils, das Bekenntnis eines mehr als zwölf Jahre alten Kindes gegen dessen Willen zu ändern oder das Kind zwecks Herbeiführung seiner Zustimmung in unzulässiger Weise zu beeinflussen, wird regelmäßig als Mißbrauch der Sorge für die Person des Kindes, unter Umständen auch als ehrloses oder unsittliches Verhalten zu erachten sein, wodurch das geistige oder leibliche Wohl des Kindes gefährdet und das Einschreiten des Vormundschaftsgerichts nach § 1666 gerechtfertigt wird (ebenso v. d. Pfordten, K. Bem. 4 Abs. 1). Gegenüber dem Vormund oder Pfleger kann das Vormundschaftsgericht in derartigen Fällen nach § 1837 vorgehen oder ihn entlassen (§ 1886). Vgl. Bem. IV, A, 2, a, γ und B, 2, a und b zu § 7.

6. Soweit es sich nicht um eine Aenderung des bisherigen Bekenntnisses oder der bisherigen nicht bekenntnismäßigen Weltanschauung handelt, dauert die religiöse Erziehungsgewalt des nach §§ 1—3 Bestimmungsberechtigten, von den aus dem Gesetz (§§ 2 Abs. 3 Satz 5, 3 Abs. 2 Satz 5) oder aus dem Begriffe der religiösen Erziehung (s. Bem. II, 3 zu § 1) sich ergebenden Schranken abgesehen, auch nach Vollendung des zwölften Lebensjahrs des Kindes bis zur Vollendung seines vierzehnten Lebensjahrs unbeschränkt fort. Von da ab gilt § 5 Satz 1; s. oben Bem. III.

V. Die dem Kinde durch § 5 Satz 1 und 2 eingeräumten Befugnisse stehen ihm zu ohne Rücksicht darauf, ob es ehelich oder unehelich ist, ob beide Eltern oder ein oder kein Elternteil am Leben ist, ob das Kind unter elterlicher Gewalt, Vormundschaft oder Pflegschaft steht.

VI. Die Erklärung des Kindes, durch die es zum Ausdruck bringt, zu welchem Bekenntnis es sich halten will, oder daß es der von dem Bestimmungsberechtigten beabsichtigten Aenderung seines Bekenntnisses zustimmt oder widerspricht, ist an keinerlei Form gebunden; sie kann mündlich oder schriftlich, ausdrücklich oder stillschweigend (durch schlüssige Handlungen), gegenüber den Eltern, dem Vormund, dem Pfleger, dem Vormundschaftsgericht oder einer anderen Person oder Behörde erfolgen.

Zu beachten ist aber, daß hinsichtlich der Förmlichkeiten des Austritts aus einer religiösen Gemeinschaft, auch wenn es sich um ein mehr als vierzehn Jahre altes Kind handelt, die öffentlichrechtlichen Vorschriften der einzelnen Länder maßgebend sind (vgl. oben Anm. 95).

§ 6.

Die vorstehenden Bestimmungen finden auf die Erziehung der Kinder in einer nicht bekenntnismäßigen Weltanschauung entsprechende Anwendung.

1. Entstehungsgeschichte.

Nach Art. 135 Satz 1 der Reichsverfassung vom 11. August 1919 genießen alle Bewohner des Reichs volle Glaubens- und Gewissensfreiheit; Art. 137 verneint im Abs. 1 das Bestehen einer Staatskirche, gewährleistet durch Abs. 2 die Freiheit der Vereinigungen zu Religionsgesellschaften und gibt im Abs. 3—6 weitere Bestimmungen über Religionsgesellschaften; durch Abs. 7 werden den Religionsgesellschaften die Vereinigungen gleichgestellt, die sich die gemeinschaftliche Pflege einer Weltanschauung zur Aufgabe machen. Mit Rücksicht auf diese Bestimmung[167]) wurde bei der ersten Lesung des Gesetzes vom 15. Juli 1921 im Ausschuß die Aufnahme einer Vorschrift beantragt, wonach die Bestimmungen über die religiöse Kindererziehung auf die Erziehung der Kinder in einer Weltanschauung nach Maßgabe des Art. 137 Abs. 6 (richtig 7) der Reichsverfassung entsprechende Anwendung finden sollten. Der Antrag wurde angenommen, jedoch unter Streichung der Worte „nach Maßgabe des Art. 137 Abs. 6 der Reichsverfassung", nachdem darauf hingewiesen worden war, daß es außer den anerkannten Religionsgesellschaften und den sonstigen Vereinigungen, die sich die Pflege einer gemeinschaftlichen Weltanschauung zur Aufgabe machen, auch Weltanschauungen gebe, zu deren Pflege sich keine besonderen Vereinigungen gebildet hätten; auch solche Weltanschauungen müßten im Gesetz berücksichtigt werden; zu denken sei z. B. an den Fall, daß die Eltern ihre Kinder etwa in der Weltanschauung Schopenhauers erzogen haben wollten; eine Gesellschaft, die sich die gemeinsame Pflege der Weltanschauung Schopenhauers in diesem Sinne zur Aufgabe mache, gebe es nicht.[168])

Bei der zweiten Lesung im Ausschuß wurden vor „Weltanschauung" die Worte „nicht religiösen" eingefügt, um die Meinung auszuschließen, als zähle der Ausschuß die religiöse Weltanschauung nicht zu den Weltanschauungen; bei der dritten Lesung wurde das Wort „religiös" durch „bekenntnismäßig" ersetzt, weil es auch religiöse Weltanschauungen gebe, die nicht bekenntnismäßig seien.[169])

2. Inhalt der Vorschrift.

Die entsprechende Anwendung der in den §§ 1—5 enthaltenen Bestimmungen auf die Erziehung in einer nicht bekenntnismäßigen Weltanschauung ergibt:

a) Die nach Art. 1—3 hinsichtlich der religiösen Erziehung eines Kindes bestimmungsberechtigten Personen können bestimmen, daß das Kind in einer nicht bekenntnismäßigen Weltanschauung erzogen wird.

b) Verträge über die Erziehung eines Kindes in einer nicht bekenntnismäßigen Weltanschauungs sind ohne bürgerliche Wirkung (Art. 4; ebenso Perels S. 641).

c) Ueber die entsprechende Anwendung des § 5 Satz 1 und 2 auf die Erziehung in einer nicht bekenntnismäßigen Weltanschauung s. Bem. III, 5 und IV, 3 zu § 5.

Darüber, daß auch die Bestimmungen der §§ 9 und 10 auf die Erziehung in einer nicht bekenntnismäßigen Weltanschauung Anwendung finden, s. Bem. 4 zu § 9, Bem. 10 zu § 10.

3. Der Begriff „Weltanschauung" im Sinne des § 6 muß, dem Grundsatze der vollen Glaubens- und Gewissensfreiheit (Reichsverf. Art. 135) entsprechend, im

---

[167]) Vgl. auch Reichsverf. Art. 146 Abs. 2 Satz 1: „Innerhalb der Gemeinden sind auf Antrag von Erziehungsberechtigten Volksschulen ihres Bekenntnisses oder ihrer Weltanschauung einzurichten, soweit hierdurch ein geordneter Schulbetrieb . . . nicht beeinträchtigt wird."

[168]) Ber. d. Aussch. S. 2005. Diese Annahme ist übrigens unzutreffend: seit 30. Oktober 1911 besteht eine Schopenhauer-Gesellschaft mit dem Sitze am Wohnort des Vorsitzenden (z. Zt. Paul Deußen in Kiel); ihr Zweck ist nach § 2 Abs. 1 der Satzungen, das Studium und das Verständnis der Schopenhauerschen Philosophie anzuregen und zu fördern.

[169]) Ber. d. Aussch. S. 2008, S. 2010.

weitesten Sinne gefaßt werden. Hienach ist Weltanschauung der Inbegriff der Meinungen, die man über das Wesen und die Bedeutung des Weltganzen hat. Aus dem Gegensatz zu bekenntnismäßigen Weltanschauungen ergibt sich, daß § 6 hauptsächlich Weltanschauungen im Auge hat, die auf anderer als religiöser Grundlage ruhen, wie Atheismus, Materialismus[170]) (über die Zulässigkeit religionsloser Erziehung der Kinder nach früherem, bayrischem Rechte s. Entsch. des bayr. Verwaltungsgerichtshofs vom 20. Juli 1917, Entsch. Bd. 38 S. 210 ff.). Es gehören ferner nicht nur Weltanschauungen hieher, zu deren gemeinschaftlicher Pflege sich besondere Vereinigungen gebildet haben (s. Art. 137 Abs. 7 der Reichsverf. und oben Bem. 1), wie z. B. der Monismus;[171]) es kann sich vielmehr jeder selbst eine Weltanschauung bilden und, soweit ihm nach §§ 1—3 das Bestimmungsrecht hinsichtlich der religiösen Erziehung zusteht, das Kind in dieser Weltanschauung erziehen. Ja, es wird grundsätzlich sogar für zulässig erklärt werden müssen, daß der Bestimmungsberechtigte, wenn er selbst überhaupt keine „Weltanschauung" hat, also in dieser Hinsicht einem völligen Nihilismus huldigt, das Kind nach den gleichen Grundsätzen erzieht (so mit Recht v. d. Pfordten, K. Bem. 1 Abs. 1; nach Bonin Bem. 1 soll § 6 voraussetzen, „daß es wirklich eine Weltanschauung ist und nicht bloß ein scherzhaftes oder spekulatives Unternehmen oder dergl., wie etwa der Dadaismus").

Die einzige Schranke dieses freien Ermessens wird gebildet gegenüber Eltern durch § 1666 BGB., welche Vorschrift gemäß § 7 auch zum Einschreiten des Vormundschaftsgerichts von Amts wegen Anlaß geben kann (vgl. Bem. IV, A, 2, a, γ zu § 7), gegenüber Vormund und Pfleger durch die §§ 1837, 1886 BGB. (vgl. Bem. IV, B, 2, a und b zu § 7).

4. Bestehen im Rahmen eines und desselben Bekenntnisses mehrere Weltanschauungen („Richtungen", z. B. Positivismus, Orthodoxie, Liberalismus, Modernismus), so sind die Vorschriften des Gesetzes auf diese Unterscheidungen insoweit entsprechend anzuwenden, als der Bestimmungsberechtigte will und es tatsächlich möglich ist (Bonin Bem. 1; vgl. auch Bem. V, 3, a zu § 2).

§ 7.

Für Streitigkeiten aus diesem Gesetz ist das Vormundschaftsgericht zuständig. Ein Einschreiten von Amts wegen findet dabei nicht statt, es sei denn, daß die Voraussetzungen des § 1666 des Bürgerlichen Gesetzbuchs vorliegen.

Inhaltsübersicht.

---

[170]) So mit Recht G. Anschütz, Komm. zur Reichsverf., Berlin 1921 Bem. 11 zu Art. 137; nach ihm ist Weltanschauung „jede Lehre, welche das Weltganze universell zu begreifen und die Stellung des Menschen in der Welt zu erkennen und zu bewerten sucht." Vgl. auch O. Spengler, Der Untergang des Abendlandes 2. Bd. München 1922 S. 376 ff.: „Weltanschauung ist der eigentliche Ausdruck für ein aufgeklärtes Wachsein, das unter Leitung des kritischen Verstehens sich in einer götterlosen Lichtwelt umsieht und die Sinne Lügen straft, sobald sie etwas empfinden, was der gesunde Menschenverstand nicht anerkennt."

[171]) Vgl. die Aeußerungen der Abgeordneten David und Dr. Müller gelegentlich der Beratung des Antrags Hompesch in der Reichstagssitzung vom 2. Mai 1906 (Stenogr. Ber. über die Verhandlungen des Reichstags, XI. LegislPer. II. Session 1905/6, 1. Sessionsabschnitt Bd. 4 S. 2841, S. 2845).

I. Früheres Recht.

Wie das materielle Recht der religiösen Kindererziehung war auch das Verfahren in Streitigkeiten dieser Art bisher in Deutschland verschieden gestaltet.

In Bayern waren durch Art. 8 Ziff. 4 des Ges. vom 8. August 1878 (woran durch § 17 der Verfassungsurkunde vom 14. August 1919 nichts geändert worden war; s. oben bei Anm. 51) Streitigkeiten über religiöse Kindererziehung als Verwaltungsrechtssachen erklärt; hienach war zu ihrer Entscheidung in erster Instanz die Distriktsverwaltungsbehörde, in zweiter und letzter Instanz der Verwaltungsgerichtshof zuständig (vgl. Güttler S. 139 ff., Oertmann S. 615 ff.).

In Sachsen war das Gesetz über die Verwaltungsrechtspflege vom 19. Juli 1900 maßgebend, jedoch nur für Streitigkeiten, die sich auf das Gesetz vom 1. November 1836 gründeten oder die Art des dem schulpflichtigen Kinde zu erteilenden Religionsunterrichts betrafen (Güttler S. 161 ff., S. 172 ff., Kloß S. 393); mit der Aufhebung des Ges. vom 1. November 1836 durch § 3 des Ges. vom 16. Juni 1920 (s. Einl. Ziff. VI, c, 2) hatte diese Bestimmung im wesentlichen ihre Bedeutung verloren.

Wo hienach das Landesrecht die Entscheidung solcher Streitigkeiten nicht ausdrücklich Verwaltungsbehörden oder Verwaltungsgerichten zugewiesen hatte, waren die ordentlichen Gerichte zuständig, also in erster Instanz das Amtsgericht als Vormundschaftsgericht (Güttler S. 42; s. auch EG. z. BGB. Art. 147 und Staudinger Bd. IV S. 1209 Vorbem. 2, b Abs. 2 vor § 1773, Bd. VI Bem. 4 zu EG. Art. 147).

II. Entstehungsgeschichte.

Der nunmehrige § 7 ist entstanden aus den auf Beschluß des Ausschusses in erster Lesung beruhenden §§ 4 a und 4 b. § 4 a enthielt noch die weitere Vorschrift, daß Ansprüche auf die Bestimmungen dieses Gesetzes nur von dem Kinde, dem Erziehungsberechtigten und im Falle des Todes beider Eltern von deren Geschwistern oder Verwandten in gerader Linie gegründet werden können. Hiedurch sollte der privatrechtliche Charakter des Gesetzes nochmals betont und insbesondere zum Ausdruck gebracht werden, daß Verwaltungsbehörden und Verwaltungsgerichte im Gegensatz zu dem bisher in einzelnen Ländern geltenden Rechtszustand (s. oben Bem. I) keine Rechte auf Grund des Gesetzes haben sollten.

Bei der zweiten Lesung wurde das Eingreifen des Vormundschaftsgerichts auf die Fälle des § 1666 beschränkt und die §§ 4 a und 4 b als überflüssig gestrichen.

Nachdem aber in der dritten Lesung das Entscheidungsrecht des Vormundschaftsgerichts wieder über die Fälle des § 1666 hinaus erweitert worden war, wurden auch die §§ 4 a und 4 b in der nunmehrigen Fassung des § 7 wiederhergestellt. Dabei wurde ausdrücklich betont, daß mit der Uebertragung der Zuständigkeit auf das Vormundschaftsgericht nicht nur die Verwaltungsgerichte, sondern auch die Prozeßgerichte für unzuständig erklärt seien; selbstverständlich sei aber damit ein Eingriff in das prozeßrechtliche Entscheidungsrecht bei Rechtsstreitigkeiten, in denen Fragen der religiösen Erziehung als

Inzidentpunkt erscheinen, nicht beabsichtigt. Besonders erwähnt wurde, daß das Vormundschaftsgericht nach den Vorschriften des Ges. über die freiwillige Gerichtsbarkeit zu entscheiden habe.[172])

III. **Zu § 7 Satz 1.** Durch § 7 Satz 1 ist die Zuständigkeit zur Entscheidung von Streitigkeiten aus diesem Gesetz ausschließlich dem Vormundschaftsgericht eingeräumt.

1. Ausgeschlossen ist hienach:

a) die Zuständigkeit von Verwaltungsbehörden und Verwaltungsgerichten;

b) die Zuständigkeit des Prozeßgerichts. Nicht ausgeschlossen ist, wie bei der Beratung im Ausschuß ausdrücklich anerkannt wurde (s. oben Bem. II), daß auch über Fragen des religiösen Erziehungsrechts das Prozeßgericht insoweit entscheidet, als es sich dabei um einen Inzidentpunkt gelegentlich eines Rechtsstreits anderer Art handelt. So kann z. B. die Art und Weise, wie ein Ehegatte von dem ihm nach § 2 zustehenden Bestimmungsrechte Gebrauch gemacht hat, für das Prozeßgericht hinsichtlich der Frage von Bedeutung sein, ob sich der Ehegatte eines ehrlosen oder unsittlichen Verhaltens schuldig gemacht hat, das den anderen Ehegatten zur Klage auf Scheidung nach § 1568 berechtigt.

2. Begriff der „Streitigkeiten aus diesem Gesetz".

a) In erster Linie gehören hiezu Streitigkeiten darüber, wem das Bestimmungsrecht hinsichtlich der religiösen Erziehung eines Kindes zusteht, also Streitigkeiten zwischen den beiden Ehegatten oder zwischen einem Ehegatten (oder beiden Ehegatten) einerseits, dem Vormund oder Pfleger des Kindes anderseits.

b) Unter § 7 Satz 1 fallen ferner Streitigkeiten zwischen dem Bestimmungsberechtigten (Eltern, Vormund, Pfleger) und dem Kinde über die Ausübung des Erziehungsrechts, so z. B. wenn das mehr als 12 Jahre alte Kind behauptet, es liege eine ohne seine Zustimmung nicht zulässige Aenderung seines bisherigen Bekenntnisses vor, oder wenn das mehr als 14 Jahre alte Kind geltend macht, sein Selbstbestimmungsrecht werde durch den Erziehungsberechtigten beeinträchtigt (§ 5).

c) Unerheblich für die Anwendbarkeit des § 7 Satz 1 ist, ob Gegenstand des Streites die Wahl des Bekenntnisses (oder der Weltanschauung) ist, in welchem das Kind erzogen werden soll, oder ob es sich nur um die Art der Ausübung des Bestimmungsrechts im einzelnen (Teilnahme des Kindes am Religionsunterricht, an einzelnen Kultushandlungen u. dgl.) handelt (vgl. Bem. V, I, a und b zu § 1).

d) Ansprüche aus dem Gesetz vom 15. Juli 1921 stehen nur den nach §§ 1—3 bestimmungsberechtigten Personen und in gewissem Umfange (s. § 5) dem Kinde, nicht aber den Verwandten und Verschwägerten des Kindes, Geistlichen, Schulbehörden oder anderen dritten Personen oder Behörden zu (and. Ans. Besig S. 14 hinsichtlich des Gemeindegeistlichen). Der bei der ersten Lesung im Ausschuß aufgenommene Satz, daß beim Tode beiden Eltern auch deren Geschwistern und Verwandten in gerader Linie solche Ansprüche zustehen sollten, wurde später gestrichen (s. oben Anm. II).[173]) Nicht ausgeschlossen ist aber natürlich, daß eine dieser Personen oder Behörden oder ein sonstiger Dritter das Eingreifen des Vormundschaftsgerichts hinsichtlich der religiösen Erziehung eines Kindes anregt. Ueber das Recht der Beschwerde nach FGG. § 57 Abs. 1 Nr. 8 und 9 s. unten unter 7, a, β und γ.

e) Nicht unter § 7 Satz 1 fallen Streitigkeiten öffentlichrechtlicher Natur, z. B. darüber, ob der Austritt eines Kindes aus der religiösen Gemeinschaft, der es bisher angehört hat, in rechtswirksamer Weise erfolgt ist. Die Zuständigkeit zur Entscheidung derartiger Streitigkeiten richtet sich nach den öffentlichrechtlichen Vorschriften der einzelnen Länder (s. oben Anm. 95).

3. Zuständigkeit.

a) Sachlich zuständig zur Entscheidung von Streitigkeiten aus dem Gesetz vom 15. Juli 1921 ist gemäß § 35 FGG. das Amtsgericht. Nach EG. z. BGB. Art. 147 Abs. 1 bleiben aber die landesgesetzlichen Vorschriften unberührt, nach welchen für die dem Vormundschaftsgericht obliegenden Verrichtungen andere als gerichtliche Behörden zuständig sind (vgl. auch FGG. §§ 194, 195, Staudinger Bd. IV S. 1209 Vorbem. 2, b Abs. 2 vor § 1773, Bd. VI Bem. 4 zu EG. Art. 147). Durch Art. 52 Ziff. 6, b des württembergischen AG. z. BGB. vom 28. Juli 1899 in der durch Ges. vom 24. Dezember 1921 (RegBl. 1921 S. 747) festgesetzten Fassung sind die im Ges. vom 15. Juli 1921 dem Vormundschaftsgericht übertragenen Verrichtungen den Amtsgerichten vorbehalten worden.

---

[172]) Bericht des Aussch. S. 2005, S. 2008, S. 2010.

[173]) Vgl. dagegen § 23 der II. bayrischen Verfassungsbeilage vom 26. Mai 1818: „Die geistlichen Orden, die nächsten Verwandten, die Vormünder und Paten haben das Recht, darüber zu wachen, daß vorstehende Anordnungen befolgt werden."

b) Die örtliche Zuständigkeit bemißt sich nach FGG. §§ 43, 36. Nach § 43 Abs. 2 ist, wenn für das Kind eine Vormundschaft oder eine Pflegschaft anhängig oder der Mutter ein Beistand bestellt ist, das Gericht zuständig, bei welchem die Vormundschaft, Pflegschaft oder Beistandschaft anhängig ist. Ist diese Voraussetzung nicht gegeben, so ist nach §§ 43 Abs. 1, 36 das Gericht zuständig, in dessen Bezirke das Kind zu der Zeit, zu welcher die Tätigkeit des Vormundschaftsgerichts erforderlich wird, seinen Wohnsitz oder in Ermangelung eines inländischen Wohnsitzes seinen Aufenthalt hat. Wird die Tätigkeit des Vormundschaftsgerichts für Geschwister erforderlich, die in den Bezirken verschiedener Vormundschaftsgerichte ihren Wohnsitz oder ihren Aufenthalt haben, so ist, wenn für ein Kind schon eine Vormundschaft anhängig ist, das für diese zuständige Gericht, andernfalls dasjenige Gericht, in dessen Bezirke das jüngste Kind seinen Wohnsitz oder seinen Aufenthalt hat, für alle Geschwister maßgebend. § 45 FGG. ist auch bei einem Verfahren nach § 2 Abs. 3 des Ges. vom 15. Juli 1921 nicht anwendbar, da hiebei eine Angelegenheit, welche „die persönlichen Rechtsbeziehungen der Ehegatten zu einander betrifft", nicht in Frage steht (so mit Recht v. d. Pfordten, K. Bem. 2).

Nach § 4 FGG. gebührt unter mehreren zuständigen Gerichten demjenigen der Vorzug, welches zuerst in der Sache tätig geworden ist; nach § 5 entscheidet bei Streit oder Ungewißheit über die örtliche Zuständigkeit das gemeinschaftliche obere Gericht oder, falls dieses das Reichsgericht ist, das Oberlandesgericht, zu dessen Bezirke das zuerst mit der Sache befaßte Gericht gehört; bei rechtlicher oder tatsächlicher Verhinderung des zuständigen Gerichts erfolgt die Bestimmung des zuständigen Gerichts durch das ihm im Instanzenzuge vorgeordnete Gericht. Gerichtliche Handlungen sind nach § 7 nicht deshalb unwirksam, weil sie von einem örtlich unzuständigen Gerichte vorgenommen sind.

4. Verfahren. Für das Verfahren bei Streitigkeiten über die religiöse Kindererziehung sind, wie bei den Beratungen im Ausschuß ausdrücklich hervorgehoben wurde (s. oben Bem. II), soweit nicht das Gesetz selbst abweichende Bestimmungen enthält (s. § 2 Abs. 3 Satz 3—5, § 3 Abs. 2 Satz 3—5), die Vorschriften des FGG. und der auf Grund des § 200 FGG. erlassenen landesrechtlichen Ergänzungs- und Ausführungsvorschriften maßgebend (FGG. § 1; vgl. Bem. 2 zu § 8).

a) Anträge und Erklärungen können zum Protokolle des Gerichtsschreibers des zuständigen Gerichts oder des Gerichtsschreibers eines Amtsgerichts erfolgen (FGG. § 11).

b) Das Gericht hat von Amts wegen die zur Feststellung der Tatsachen erforderlichen Ermittelungen zu veranstalten und die geeignet erscheinenden Beweise aufzunehmen (FGG. § 12).

c) Die Beteiligten können mit Beiständen erscheinen und sich, soweit nicht das Gericht das persönliche Erscheinen anordnet, durch Bevollmächtigte vertreten lassen; diese haben auf Anordnung des Gerichts oder auf Verlangen eines Beteiligten die Bevollmächtigung durch eine öffentlich beglaubigte Vollmacht nachzuweisen (FGG. § 13).

d) Die Vorschriften der ZPO. über das Armenrecht, den Beweis durch Zeugen und Sachverständige und über das Verfahren bei der Abnahme von Eiden finden entsprechende Anwendung; doch entscheidet über die Beeidigung eines Zeugen oder Sachverständigen, unbeschadet der §§ 393, 402 ZPO., das Ermessen des Gerichts (FGG. §§ 14, 15).

e) Die Einsicht der Gerichtsakten kann jedem insoweit gestattet werden, als er ein berechtigtes Interesse glaubhaft macht; das gleiche gilt von der Erteilung einer Abschrift; die Abschrift ist auf Verlangen zu beglaubigen (FGG. § 34).[174]

5. Beginn der Wirksamkeit der Verfügungen des Vormundschaftsgerichts. Die Verfügungen des Vormundschaftsgerichts werden wirksam mit der Bekanntmachung an denjenigen, für welchen sie ihrem Inhalte nach bestimmt sind. Da mit der Bekanntmachung keiner der hier in Betracht kommenden Verfügungen der Lauf einer Frist beginnt, erfolgt sie nicht durch Zustellung nach den Vorschriften der ZPO.; in den Akten soll vermerkt werden, in welcher Weise, an welchem Orte und an welchem Tage die Bekanntmachung ausgeführt ist; eine Ausnahme gilt für die der sofortigen Beschwerde unterliegende Entlassung des Vormundes oder Pflegers (s. unten unter 7, c); ihre Bekanntmachung erfolgt nach den für die Zustellung von Amts wegen geltenden Vorschriften der ZPO. Einem Anwesenden kann die Verfügung zu Protokoll bekannt gemacht werden; auf Verlangen ist ihm eine Abschrift der Verfügung zu erteilen (FGG. § 16). Ueber die Unanwendbarkeit des § 53 Abs. 1 Satz 1 FGG. auf die Fälle des § 2 Abs. 2 des Ges. vom 15. Juli 1921 s. Bem. VI, 7, a zu § 2.

---

[174]) Nach § 23 Satz 2 der II. bayrischen Verfassungsbeilage vom 26. Mai 1818 konnten die geistlichen Obern, die nächsten Verwandten, die Vormünder und Paten die Einsicht der auf die religiöse Erziehung sich beziehenden Eheverträge und anderen Urkunden fordern.

6. Aenderung der Verfügung durch das Vormundschaftsgericht. Erachtet das Gericht eine von ihm erlassene Verfügung nachträglich für ungerechtfertigt, so ist es berechtigt, sie zu ändern; soweit eine Verfügung nur auf Antrag erlassen werden kann (s. § 2 Abs. 3 Satz 1, § 9 Satz 2 des Ges. vom 15. Juli 1921) und der Antrag zurückgewiesen worden ist, darf die Aenderung nur auf Antrag erfolgen (FGG. § 18 Abs. 1). Zur Aenderung einer der sofortigen Beschwerde unterliegenden Verfügung (s. unten unter 7, c) ist das Gericht nicht befugt (FGG. § 18 Abs. 2).

7. Rechtsmittel.

a) Beschwerderecht.

α) Gegen die Verfügungen des Gerichts erster Instanz findet das Rechtsmittel der Beschwerde statt; über die Beschwerde entscheidet das Landgericht. Die Beschwerde steht, soweit eine Verfügung nur auf Antrag erlassen werden kann und der Antrag zurückgewiesen worden ist (s. oben unter 6), nur dem Antragsteller, im übrigen jedem zu, dessen Recht durch die Verfügung beeinträchtigt ist (FGG. §§ 19, 20). Die Entscheidungen über Beschwerden erfolgen bei dem Landgerichte durch eine Zivilkammer, bei den Oberlandesgerichten, dem Kammergericht, dem bayerischen Obersten Landesgericht (s. unten unter d) und dem Reichsgerichte durch einen Zivilsenat (FGG. § 30 Abs. 1 Satz 1; s. auch FGG. § 195).

β) Ist durch die Verfügung die Anordnung einer Maßregel nach §§ 1665, 1666 BGB. (s. unten Bem. IV, A, 1 und 2) abgelehnt oder eine solche Maßregel aufgehoben worden, so steht die Beschwerde den Verwandten und Verschwägerten des Kindes zu (FGG. § 57 Abs. 1 Nr. 8).

γ) Von besonderer Bedeutung für die hier in Betracht kommenden Fälle ist die Vorschrift des § 57 Abs. 1 Nr. 9 FGG. Hienach steht gegen eine Verfügung, die eine Entscheidung über eine die Sorge für die Person des Kindes oder des Mündels betreffende Angelegenheit enthält, die Beschwerde jedem zu, der ein berechtigtes Interesse hat, diese Angelegenheit wahrzunehmen. Nach dem Kommissionsbericht zu dieser Bestimmung[175]) soll hiedurch zum Ausdruck gelangen, daß insbesondere in den die religiöse Erziehung eines Kindes betreffenden Angelegenheiten auch dem Pfarrer, dem Lokalschulinspektor usw. das Beschwerderecht zusteht.[176]) Auf Grund des § 57 Abs. 1 Nr. 9 wird regelmäßig auch den Lehrern des Kindes, insbesondere dem Religionslehrer, sowie dem Gemeindewaisenrate das Beschwerderecht einzuräumen sein (vgl. die Kommentare zu dieser Vorschrift, Staudinger Bem. 3 Abs. 3 zu §§ 1849 ff. und die dort erwähnten Schriftsteller und Entscheidungen, Goldmann-Lilienthal S. 438 Anm. 5, Güttler S. 45 ff., Besig S. 14, v. d. Pfordten, K. Bem. 6, b, KG. in RJA. Bd. 8 S. 167 ff., Bd. 15 S. 102, BayObLGZ. Bd. 18 S. 24 ff.; s. auch Bem. VI, 7, e, α zu § 2).

δ) Führen mehrere Vormünder oder Pfleger die Vormundschaft oder Pflegschaft gemeinschaftlich (vgl. Bem. IV, 2, d zu § 3), so kann jeder von ihnen für den Mündel das Beschwerderecht selbständig ausüben (FGG. § 58 Abs. 1).

ε) Das Kind selbst kann in allen seine Person betreffenden Angelegenheiten (zu denen selbstverständlich auch die religiöse Erziehung gehört) sowie in Angelegenheiten, in denen es vor einer Entscheidung des Vormundschaftsgerichts gehört werden soll (s. § 2 Abs. 3 Satz 6, § 3 Abs. 2 Satz 5) ohne Mitwirkung seines gesetzlichen Vertreters das Beschwerderecht ausüben, es sei denn, daß es geschäftsunfähig oder noch nicht vierzehn Jahre alt ist (FGG. § 59).

b) Form, Inhalt und Wirkung der Beschwerde, Form der Entscheidung des Beschwerdegerichts. Die Beschwerde kann sowohl bei dem Gerichte, dessen Verfügung angefochten wird, als bei dem Beschwerdegericht eingelegt werden; die Einlegung erfolgt durch Einreichung einer Beschwerdeschrift oder durch Erklärung zum Protokolle des Gerichtsschreibers desjenigen Gerichts, dessen Verfügung angefochten wird, oder des Gerichtsschreibers des Beschwerdegerichts (FGG. § 21). Die Beschwerde kann auf neue Tatsachen und Beweise gestützt werden (FGG. § 23). Sie hat keine aufschiebende Wirkung; doch kann das Gericht, dessen Verfügung angefochten wird, die Aussetzung der Vollziehung anordnen; das Beschwerdegericht kann vor seiner Entscheidung eine einstweilige Anordnung entlassen, insbesondere anordnen, daß die Vollziehung der angefochtenen Entscheidung auszusetzen ist (FGG. § 24). Die Entscheidung des Beschwerdegerichts ist mit Gründen zu versehen (FGG. § 25).

---

[175]) Stenogr. Ber. über die Verhandl. des Reichstags, 9. Legisl.-Per., V. Session 1897/8, 2. Anlageband, Aktenstück Nr. 109 S. 1353.

[176]) Vgl. hinsichtlich des Beschwerderechts des Pfarramts nach der bayrischen Verfassungsurkunde vom 14. August 1919 Entsch. d. bayr. Verwaltungsgerichtshofs vom 28. November 1919, Entsch. Bd. 40 S. 122.

c) Sofortige Beschwerde. Sie findet statt gegen eine Verfügung, durch die ein Vormund, Pfleger, Gegenvormund oder Beistand gegen seinen Willen entlassen wird (FGG. § 60 Abs. 1 Nr. 3; s. unten Bem. IV, B, 2, b). Die sofortige Beschwerde ist binnen einer Frist von zwei Wochen von der Bekanntmachung der Verfügrng an den Beschwerdeführer ab einzulegen (FGG. § 22 Abs. 1); gegen Versäumung der Frist findet Wiedereinsetzung in den vorigen Stand nach Maßgabe des § 22 Abs. 2 statt. Die Entscheidung des Beschwerdegerichts wird in den Fällen, in welchen die sofortige weitere Beschwerde stattfindet (s. unten unter d Abs. 2), erst mit der Rechtskraft wirksam, doch kann das Beschwerdegericht die sofortige Wirksamkeit der Entscheidung anordnen (FGG. § 26). Hinsichtlich des § 60 Abs. 1 Nr. 6 FGG. s. Bem. VI, 7, a zu § 2.

d) Weitere Beschwerde. Die weitere Beschwerde ist zulässig, wenn die Entscheidung des Beschwerdegerichts auf einer Verletzung des Gesetzes beruht, wobei die Vorschriften der §§ 550, 551, 561, 563 ZPO. entsprechende Anwendung finden (FGG. § 27). Die tatsächlichen Feststellungen des Beschwerdegerichts sind also unangreifbar und die Entscheidung von Ermessensfragen durch das Beschwerdegericht unterliegt der Nachprüfung durch das Gericht der weiteren Beschwerde nur nach der Richtung, ob bei der Ausübung des Ermessens von rechtsirrtümlichen Gesichtspunkten ausgegangen worden ist. Ueber die weitere Beschwerde entscheidet das Oberlandesgericht (FGG. § 28 Abs. 1), in Preußen nach §§ 7, 8 des FGG. vom 21. September 1899 das Kammergericht, in Bayern gemäß FGG. § 199 und Art. 42 Abs. 3 des AG. z. GVG. vom 23. Februar 1879 in der durch Art. 167 XII des AG. z. BGB. vom 9. Juni 1899 festgesetzten Fassung das Oberste Landesgericht. Zur Wahrung der Rechtseinheit ist die Beschwerde unter gewissen Voraussetzungen nach näherer Bestimmung des § 28 Abs. 2 FGG. dem Reichsgerichte vorzulegen. Die weitere Beschwerde kann bei dem Gericht erster Instanz, bei dem Landericht oder bei dem Oberlandesgericht (in Preußen bei dem Kammergericht, in Bayern bei dem Obersten Landesgericht) eingelegt werden; erfolgt die Einlegung durch Einreichung einer Beschwerdeschrift, so muß diese von einem Rechtsanwalt unterzeichnet sein, es sei denn, daß die Beschwerde von einer Behörde oder von einem Notar eingelegt wird, der in der Angelegenheit für den Beschwerdeführer einen Antrag bei dem Gericht erster Instanz gestellt hat (FGG. § 29 Abs. 1). Ob ein Pfarramt als Behörde im Sinne dieser Vorschrift zu erachten ist, bemißt sich nach dem Kirchenstaatsrecht der einzelnen Länder (vgl. v. d. Pfordten, K. Bem. 3).

Soweit eine Verfügung der sofortigen Beschwerde unterliegt (s. oben unter c), findet auch gegen die Entscheidung des Beschwerdegerichts die sofortige weitere Beschwerde statt (FGG. § 29 Abs. 2).

Die Vorschriften des § 57 Abs. 1 Nr. 8, 9 (s. oben unter a, β, γ) finden auch auf die weitere Beschwerde Anwendung (FGG. § 63).

8. Zwangsvollstreckung. Inwieweit das Vormundschaftsgericht befugt ist, die von ihm auf Grund des Gesetzes vom 15. Juli 1921 getroffenen Entscheidungen im Wege unmittelbaren Zwanges durchzuführen, bestimmt sich, da reichsrechtliche Vorschriften hierüber nicht bestehen, nach Landesrecht (ebenso v. d. Pfordten, K. Bem. 9), § 890 ZPO. ist auf Entscheidungen des Vormundschaftsgerichts nicht anwendbar (unzutreffend insoweit Güttler S. 49 ff.).

Maßgebend ist hienach für Preußen Art. 17 des FGG. vom 21. September 1899, für Bayern Art. 130 des AG. z. BGB. vom 9. Juni 1899, für Sachsen § 12 des Gesetzes zur Ausführung einiger mit dem BGB. zusammenhängender Gesetze vom 15. Juni 1900.

Soweit die Entscheidung des Vormundschaftsgerichts mit unmittelbarem Zwang nicht durchzuführen ist, kann gegen den widerstrebenden Elternteil nach § 1666, gegen Vormund oder Pfleger nach §§ 1837, 1886, 1915 Abs. 1 vorgegangen werden (s. unten Bem. IV, A, 2 und B, 2).

9. Kosten des Verfahrens. Auch hinsichtlich der Kosten des Verfahrens in Streitigkeiten, welche die religiöse Erziehung der Kinder betreffen, ist das Landesrecht maßgebend; vgl. für Preußen Art. 9–14, 16 des FGG. vom 21. September 1899, für Bayern Art. 131 des AG. z. BGB. vom 9. Juni 1899.

Hinsichtlich der Erstattung von Auslagen enthält das Gesetz Sondervorschriften im § 2 Abs. 3 Satz 4 und im § 3 Abs. 2 Satz 4 (s. Bem. VI, 6, e zu § 2, Bem. IV, 2, a, γ zu § 3).

IV. Zu § 7 Satz 2.

Für die Stellung des Vormundschaftsgerichts gegenüber dem hinsichtlich der religiösen Erziehung Bestimmungsberechtigten ist von wesentlicher Bedeutung, ob das Kind unter elterlicher Gewalt oder ob es unter Vormundschaft (oder Pflegschaft) steht. Nach §§ 1837, 1915 Abs. 1 hat das Vormundschaftsgericht über die gesamte Tätigkeit des Vormundes oder Pflegers die Aufsicht zu führen und gegen

Pflichtwidrigkeiten durch geeignete Gebote und Verbote einzuschreiten. Dagegen unterliegt der Inhaber der elterlichen Gewalt nicht der beständigen Aufsicht des Vormundschaftsgerichts; dieses ist vielmehr nur beim Vorliegen der im Gesetze besonders erwähnten Gründe zum Einschreiten berechtigt (Staudinger Vorbem. 2 Abs. 1 vor § 1665). An dieser grundsätzlichen Verschiedenheit ist durch das Gesetz vom 15. Juli 1921 nichts geändert. Während also der Vormund und der Pfleger auch bei Ausübung des religiösen Erziehungsrechts der beständigen Aufsicht des Vormundschaftsgerichts unterliegt, kann dieses gegenüber dem erziehungsberechtigten Elternteil nur einschreiten, wenn die Voraussetzungen des § 1665 oder des § 1666 BGB. gegeben sind.

A. Stellung des Vormundschaftsgerichts gegenüber dem erziehungsberechtigten Elternteil.

1. Nach § 1665 hat, wenn der Vater verhindert ist, die elterliche Gewalt auszuüben, das Vormundschaftsgericht die im Interesse des Kindes erforderlichen Maßregeln zu treffen, sofern nicht die elterliche Gewalt nach § 1685 von der Mutter ausgeübt wird. Ein Fall dieser Art liegt z. B. vor, wenn der verwitwete Vater durch Krankheit verhindert ist, eine im Interesse der religiösen Erziehung des Kindes erforderliche Tätigkeit auszuüben. In der Regel wird das Vormundschaftsgericht in solchen Fällen durch Bestellung eines Vormundes oder Pflegers Abhilfe schaffen; unter Umständen, insbesondere in sehr eiligen Fällen, wird es veranlaßt sein, selbst für das Kind tätig zu werden (Staudinger Bem. 3 zu § 1665).

2. Von ungleich größerer praktischer Bedeutung ist die Vorschrift des § 1666 Abs. 1 Satz 1, wonach das Vormundschaftsgericht, wenn das geistige oder leibliche Wohl des Kindes dadurch gefährdet wird, daß der Vater das Recht der Sorge für die Person des Kindes mißbraucht, das Kind vernachlässigt oder sich eines ehrlosen oder unsittlichen Verhaltens schuldig macht, die zur Abwendung der Gefahr erforderlichen Maßregeln zu treffen hat.

a) Voraussetzung des Einschreitens des Vormundschaftsgerichts auf Grund des § 1666 ist Mißbrauch der Sorge für die Person des Kindes, Vernachlässigung des Kindes, ehrloses oder unsittliches Verhalten. Demgemäß ist die Vorschrift nur anwendbar, wenn ein Verschulden (vorsätzlich oder fahrlässig schuldhaftes Verhalten) des erziehungsberechtigten Elternteils vorliegt (s. Staudinger Bem. II zu § 1666 und die dort erwähnten Schriftsteller und Entscheidungen, Goldmann-Lilienthal S. 311, BayObLGZ. Bd. 13 S. 742, Bd. 14 S. 209; and. Ans. ohne überzeugende Begründung Seng in D. StrafrechtsZ. 1921 S. 352 ff.).

α) Eine „Gefährdung" des geistigen oder leiblichen Wohls des Kindes ist gegeben, wenn Verhältnisse vorliegen, welche die Befürchtung einer geistigen oder leiblichen Schädigung des Kindes rechtfertigen (Staudinger Bem. II, A zu § 1666). Der Eintritt der Schädigung braucht nicht abgewartet zu werden; dagegen genügt anderseits nicht die bloße Möglichkeit einer späteren Gefährdung (Staudinger Bem. II, A, 1 zu § 1666). Die Gefährdung muß eine „gegenwärtige" sein, derart, daß sich eine erhebliche Schädigung mit ziemlicher Sicherheit vorhersehen läßt (BayObLGZ. Bd. 18 A S. 58, Bd. 20 A S. 170; s. auch Bd. 19 A S. 111: es genügt die „naheliegende Wahrscheinlichkeit einer Gefährdung"; ebenso Bd. 20 A S. 122, S. 408).

β) Die Gefährdung des Wohls des Kindes muß auf Mißbrauch der Sorge für die Person des Kindes, Vernachlässigung des Kindes oder ehrlosem oder unsittlichem Verhalten des erziehungsberechtigten Elternteils beruhen. Vgl. über diesen Tatbestand im allgemeinen Staudinger Bem. II, 1—3 zu § 1666.

γ) Im einzelnen ist folgendes hervorzuheben. Bei der Beratung des § 1666 in der Reichstagskommission und im Reichstag wurde beantragt, ausdrücklich auszusprechen, daß das Verhalten des Vaters in religiöser oder politischer Beziehung oder die Einwirkung des Vaters auf das Kind nach diesen Richtungen nicht in Betracht kommen solle. Dieser Antrag fand keine Annahme (RTK. S. 269 ff., StB. S. 674 ff.). Es kann also grundsätzlich auch das Verhalten des Erziehungsberechtigten in religiöser oder politischer Hinsicht und seine sich in diesen Bahnen bewegende Einwirkung auf das Kind das Einschreiten des Vormundschaftsgerichts nach § 1666 rechtfertigen (so auch KGJ. Bd. 46 A S. 29 ff.). Im Hinblick auf den durch Art. 135 der Reichsverfassung gewährleisteten Grundsatz der vollen Glaubens- und Gewissensfreiheit wird aber hier das Vormundschaftsgericht mit größter Vorsicht und Zurückhaltung vorzugehen haben, zumal nach § 6 die Bestimmungen des Gesetzes auch auf die Erziehung der Kinder in einer nicht bekenntnismäßigen Weltanschauung entsprechende Anwendung finden (vgl. Opet, Verwandtschaftsrecht S. 205 Anm. 92, Oertmann S. 612, Nöldeke S. 778). Der Umstand allein, daß der bestimmungsberechtigte Elternteil das Bekenntnis des Kindes ändert oder das Kind freireligiös erziehen läßt, kann also die Anwendung des § 1666 keinesfalls rechtfertigen (Nöldeke S. 778). Das Gleiche gilt für den Fall, daß ein bei uns **nicht übliches Bekenntnis** (z. B. Islam, Buddhismus) für das Kind gewählt wird (and. Ans. **Oertmann** S. 612 und hinsichtlich des Buddhismus auch **Nöldeke** S. 778 mit der wohl kaum zutreffenden Begründung, daß dieses Bekenntnis mit unseren sittlichen Anschauungen in „schroffem Widerspruch" stehe). Auch der Umstand, daß der Vater das Kind völlig **religionslos** erzieht, kann für sich allein das Einschreiten des Vormundschaftsgerichts nicht begründen (vgl. Bem. 3 zu § 6; ebenso v. d. **Pfordten**, Z. S. 202, K. Bem. IV; and. Ans. RG. in JW. 1915 S. 355 ff. und RGR.-Komm. Bem. 2 zu § 1666).

Dagegen wird § 1666 regelmäßig anwendbar sein, wenn das Kind in einem Bekenntnis oder einer Weltanschauung erzogen werden soll, die mit unseren **allgemeinen sittlichen Anschauungen** im **Widerspruch** stehen, z. B. in einem heidnischen Fetischdienst (**Bonin** Bem. 4, **Oertmann** S. 612, **Nöldeke** S. 778) oder im Blutritual des Huysmans'schen Teufelskultus (**Opet**, Verwandtschaftsrecht S. 205 Bem. 92). Das gleiche dürfte anzunehmen sein, wenn der erziehungsberechtigte Elternteil durch **übertriebene Andachtsübungen, religiöse Kasteiungen** u. dgl. Gefahr für die körperliche oder geistige Entwicklung des Kindes herbeiführt oder wenn er **ohne sachliche Gründe**, z. B. um pekuniärer Vorteile willen oder aus Schikane, um den anderen Ehegatten zu kränken, das Bekenntnis des Kindes ändern will (vgl. v. d. **Pfordten** in BayGVerwZ. 1920 S. 461 ff., K. Bem. IV, **Spitta** S. 10, **Oertmann** S. 612, **Kisch** S. 940; s. auch **Marx** S. 17, der den Fall anführt, daß ein Vater das Kind einem anderen Bekenntnisse zuführen will, weil es vom Religionslehrer eine Ohrfeige erhalten hat), oder wenn er in das **Selbstbestimmungsrecht** des mehr als vierzehn Jahre alten Kindes eingreift oder gegen den Willen des mehr als zwölf Jahre alten Kindes dessen Bekenntnis ändern will (§ 5; vgl. Bem. III, 6 und IV, 5 zu § 5). Auch grundlose, insbesondere mehrfach wiederholte **Aenderung** des Bekenntnisses des Kindes kann unter § 1666 fallen (Bem. V, 4, b zu § 1), unter besonderen Umständen wohl auch der **Bruch** des vor der Ehe gegebenen **Versprechens, die Kinder in einem bestimmten Bekenntnis zu erziehen** (Bem. IV, B, 3, b zu § 4).

δ) Was die **bisherige Rechtsprechung** über die Anwendbarkeit des § 1666 auf die religiöse Erziehung betrifft, so handelte es sich hiebei meist um den Versuch eines Elternteils, das Kind einem anderen Bekenntnisse zuzuführen, als dem, in welchem es nach den gesetzlichen Vorschriften zu erziehen war. So hat das Bayerische Oberste Landesgericht in einem Beschlusse vom 26. März 1912 (BayObLGZ. Bd. 13 S. 182 ff.) ausgesprochen, daß ein Mißbrauch des Fürsorgerechts in jeder Einwirkung auf das Kind zu finden sei, die einen mit den gesetzlichen Vorschriften über religiöse Erziehung im Widerspruch stehenden Erfolg herbeiführen solle, weil das Kind einen gesetzlichen Anspruch auf Erziehung nach diesen Vorschriften habe (vgl. KGJ. Bd. 20 A S. 142 ff., Bd. 39 A S. 15 ff., Entsch. d. bayr. Verwaltungsgerichtshofs Bd. 38 S. 207; nach KGJ. Bd. 28 A S. 12 ff. ist dagegen § 1666 nicht anwendbar, wenn der Vater das Kind im Bekenntnis der Pflegeeltern erziehen läßt; ähnlich KGJ. Bd. 37 A S. 80, wonach eine Gefährdung i. S. des § 1666 nicht ohne weiteres darin zu erblicken ist, daß das Kind in einem anderen als dem ihm nach dem Gesetze zukommenden Bekenntnis erzogen wird).

Für die Anwendbarkeit des Ges. vom 15. Juli 1921 sind diese Entscheidungen **nicht mehr von Belang**, da dieses das System der gesetzlichen Zuweisung aufgegeben hat (s. Vorbem. 3, a).

Dagegen sind **noch jetzt von Bedeutung** diejenigen Entscheidungen, welche sich mit der Frage befassen, ob eine **bestimmte Art der Ausübung des Erziehungsrechts** unter § 1666 falle. Hiebei ist jedoch **vor blindem Präjudizienkultus** um so mehr zu **warnen**, als gerade bei derartigen Fragen die Umstände des einzelnen Falles eine besonders wichtige Rolle spielen.

Das Kammergericht (KGJ. Bd. 20 A S. 144 ff.) hat § 1666 auf eine Mutter für anwendbar erklärt, die ihr Kind protestantischen Religionsunterricht nehmen ließ, ihm aber gleichzeitig selbst katholischen Religionsunterricht erteilte, weil hiedurch Verwirrung in dem Gemüt des Kindes entstehen muß (ähnlich KGJ. Bd. 46 A S. 41 ff. für den Fall, daß die Mutter ihr evangelisches Kind in den katholischen Gottesdienst mitnimmt).

Nach OLG. Stuttgart (Zeitschr. f. d. freiw. Gerichtsbarkeit u. die Gemeindeverwaltung in Württemberg Bd. 54 [1912] S. 334 ff.) kann die Erziehung eines vierzehn Jahre alten, schwächlich entwickelten und nervös veranlagten Mädchens in einer Sekte, deren religiöse Betätigung zum Teil in der Erregung gesundheitsschädlicher Aufregungszustände besteht, das Einschreiten des Vormundschaftsgerichts nach § 1666 rechtfertigen.

Nach KGJ. Bd. 33 A S. 14 ff. fällt unter § 1666 die Aufreizung der Kinder zum Ungehorsam gegen die Schulzucht aus politischen Gründen (Verbot des Vaters gegenüber den Kindern, im Religionsunterricht in deutscher statt in polnischer Sprache zu antworten); s. insbes. S. 25: „politische und religiöse Motive sind natürlich nicht geeignet, eine an sich rechts- und zweckwidrige Handlungsweise zu einer berechtigten und zweckmäßigen zu machen, somit ihres mißbräuchlichen Charakters zu entkleiden".

KGJ. Bd. 39 A S. 21 ff., S. 25 erachtet es nicht als „Mißbrauch", wenn sich der Vater bei der Entscheidung über die Konfession des Kindes nicht oder nicht ausschließlich von seiner religiös-sittlichen Ueberzeugung, sondern auch von äußeren Rücksichten auf das Wohlergehen des Kindes leiten läßt; für die Frage, ob äußere (weltliche) Rücksichten in diesem Punkte maßgebend sein dürfen, sei entscheidend, daß der Vater stets das Interesse des Kindes (nicht seinen eigenen Vorteil) im Auge haben, daß es sich um sogenannte „höhere Güter" handeln und daß der erwartete Vorteil zu der Wichtigkeit der getroffenen Entscheidung im richtigen Verhältnisse stehen müsse (nicht ganz unbedenklich!).

KGJ. Bd. 49 A S. 29 ff. erachtet § 1666 für anwendbar, wenn der Vater bei Ausübung des Erziehungsrechts nicht das Interesse des Kindes wahrnimmt (der Fall betrifft die Ueberführung katholischer, durch nachfolgende Ehe legitimierter Kinder zum Judentum), KG. in OLG. Bd. 31 S. 411 ff., wenn aus Eigennutz (zur Ersparung von Kosten) evangelische Kinder in einem katholischen Waisenhaus untergebracht werden.

Daß eine Beeinträchtigung des Selbstbestimmungsrechts eines religionsmündigen Kindes unter § 1666 fallen kann, wird ausdrücklich anerkannt vom KG. in OLG. Bd. 7 S. 419 ff.; unzulässig ist nach dieser Entscheidung jeder Zwang des Erziehungsberechtigten gegenüber einem religionsmündigen Kinde bei der Betätigung des gewählten Bekenntnisses, so z. B. wenn ein Kind, das sich für das katholische Bekenntnis entschieden hat, zur Teilnahme am evangelischen Gottesdienste gezwungen oder von der Teilnahme am katholischen Gottesdienste gewaltsam abgehalten würde; dagegen ist bloße Einwirkung auf das Kind in der Form geeigneter Belehrung nicht zu beanstanden; s. auch KG. in OLG. Bd. 12 S. 334: das Vormundschaftsgericht hat das religiönsmündige Kind gegen jede mißbräuchliche, rechtswidrige, mit unzulässigen Mitteln (z. B. Gewalt, Versprechen äußerer Vorteile u. dgl.) arbeitende Einwirkung, durch welche eine Gefährdung des geistigen Wohls, nämlich der freien Religionsbestimmung, zu besorgen ist, zu schützen; ebenso KG. in OLG. Bd. 18 S. 280 ff.; s. auch OLG. Stuttgart in Zeitschr. f. d. freiw. Gerichtsbarkeit und die Gemeindeverwaltung in Württemberg Bd. 54 (1912) S. 336.

b) Darüber, welche Maßregeln auf Grund des § 1666 zu treffen sind, entscheidet im allgemeinen das Ermessen des Vormundschaftsgerichts; über die Nachprüfung dieser Frage durch das Gericht der weiteren Beschwerde s. BayObLGZ. Bd. 13 S. 559. Dabei ist von dem Grundsatz auszugehen, daß jedes Uebermaß von Einmischung in die inneren Familienverhältnisse zu vermeiden ist und in das Elternrecht nicht weiter eingegriffen werden darf, als das Wohl des Kindes es erfordert (KGJ. Bd. 33 A S. 17, BayObLGZ. Bd. 13 S. 741 ff, Bd. 14 S. 208 ff., Bd. 16 S. 1 ff., Bd. 20 A S. 400). Entscheidend ist stets das Interesse des Kindes (BayObLGZ. Bd. 13 S. 214 ff.).

α) Liegen die Voraussetzungen des § 1666 Abs. 1 vor, so kann das Vormundschaftsgericht ohne Entziehung oder Beschränkung der Sorge für die Person des Kindes die diesem drohende Gefahr zu beseitigen suchen, insbesondere durch Ermahnung oder Verwarnung des fürsorgeberechtigten Elternteils, Androhung weiterer Maßregeln (soweit landesrechtlich zulässig [vgl. preuß. FGG. § 15], unter Androhung von Ordnungsstrafen), u. dgl. (s. Staudinger Bem. III, A, 1 zu § 1666, Vorbem. 10, b vor § 1626 und die dort angeführten Schriftsteller und Entscheidungen, ferner KGJ. Bd. 33 A S. 28, Bd. 39 A S. 15 ff., Bd. 44 A S. 45).

β) Das Vormundschaftsgericht kann ferner, wenn es dies aus besonderen Gründen im Interesse des Kindes für nötig erachtet, der hinsichtlich der religiösen Erziehung des Kindes bestimmungsberechtigten Mutter einen Beistand bestellen (§§ 1687 Nr. 3, 1688); dieser hat sodann die Mutter bei der Ausübung ihres Bestimmungsrechts zu unterstützen und zu überwachen und dem Vormundschaftsgerichte jeden Fall, in welchem es zum Einschreiten berufen ist, unverzüglich anzuzeigen (§ 1689; vgl. Staudinger Bem. zu §§ 1687—1689, KG. in DJZ. 1921 S 205 ff.). Ob auch mangels der Voraussetzungen des § 1666 das Verhalten der Mutter bei Ausübung des religiösen Erziehungsrechts als „besonderer Grund" i. S. des § 1687 Nr. 3 angesehen werden kann, der die Bestellung eines Beistands rechtfertigt, erscheint zweifelhaft; die Frage dürfte zu verneinen sein (nach der ständigen Rechtsprechung des Kammergerichts war in der Weigerung der Mutter, den gesetzlichen Vorschriften über die religiöse Erziehung des Kindes nachzukommen, ein solcher „besonderer Grund" zu erblicken; s. Staudinger Bem. 3, a Abs. 2 zu § 1687 und die dort erwähnten Entscheidungen, KGJ. Bd. 39 A S. 15 ff.; für das nunmehr geltende Recht sind diese Entscheidungen nicht mehr von Bedeutung; s. oben unter a, δ Abs. 2). Ein Beistand kann nur bestellt werden, wenn der Mutter entweder die elterliche Gewalt oder deren Ausübung zusteht (§§ 1684, 1685, 1701 Satz 2, 1757); steht ihr nur die Sorge für die Person des Kindes zu (§§ 1634, 1635, 1637, 1676 Abs. 2 Satz 2, 1686, 1696—1698, 1702 Abs. 2, 3, 1738 Satz 2, 1765 Abs. 2, ZPO. § 627 Abs. 1), so ist die Bestellung eines Beistandes ausgeschlossen; es kann also insbesondere der unehelichen Mutter kein Beistand bestellt werden (§ 1707, Staudinger Bem. III zu § 1687).

γ) Reichen diese Maßregeln zum Schutze des Kindes nicht aus, so kann das Vormundschaftsgericht dem fürsorgeberechtigten Elternteil das Recht der Sorge für die Person des Kindes entziehen oder dieses Recht dadurch beschränken, daß es ihm das Erziehungsrecht in vollem Umfang oder wenigstens das religiöse Erziehungsrecht entzieht und erforderlichenfalls einem Pfleger überträgt (Staudinger Bem. III, A, 2, b Abs. 1 und 3 zu § 1666, KGJ. Bd. 20 A S. 251; vgl. § 3 Abs. 1 und Bem. III, 2 zu § 3). Nach der Rechtsprechung des Kammergerichts sollte die Entziehung des Rechtes der religiösen Erziehung auch mangels Vorliegens der Voraussetzungen des § 1666 auf Grund des durch EG. Art. 134 aufrechterhaltenen § 28 der preußischen Vormundschaftsordnung vom 5. Juli 1875 (s. Einl. Ziff. VI, a, 10) zulässig sein (vgl. KGJ. Bd. 39 A S. 15 ff., Bd 44 S. 45); mit der Aufhebung des EG. Art. 134 durch § 8 des Ges. vom 15. Juli 1921 haben diese Entscheidungen ihre Bedeutung verloren.

δ) Nach § 1666 Abs. 1 Satz 2 kann das Vormundschaftsgericht auch anordnen, daß das Kind zum Zwecke der Erziehung in einer geeigneten Familie oder in einer Erziehungsanstalt oder einer Besserungsanstalt untergebracht wird (Zwangserziehung gegen den Willen des Gewalthabers; s. Staudinger Bem. III, A, 2, b, α Abs. 3 zu § 1666). Ist eine solche Anordnung getroffen, so geht das Erziehungsrecht im allgemeinen auf das Haupt der Familie oder den Vorstand der Anstalt, in welchem das Kind untergebracht ist, über; hinsichtlich der religiösen Erziehung des Kindes bleiben aber die Vorschriften des Gesetzes vom 15. Juli 1921 maßgebend (vgl. § 1838 und unten unter B, 2, d). Das gleiche muß gelten, wenn die Zwangserziehung auf Grund eines landesrechtlichen Fürsorgeerziehungsgesetzes angeordnet ist (s. EG. z. BGB. Art. 135, Staudinger Bem. III, A, 2, b, γ zu § 1666 und Bem. zu EG. Art. 135; and. Ans. F. Schiedermair, Komm. z. bayr. FEG. 2. Aufl. S. 19 ff., nach welchem die Ausübung des Bestimmungsrechts auf die zum Vollzug des Gesetzes berufenen Behörden übergehen soll) oder wenn nach § 56 ff. des Reichsges. für Jugendwohlfahrt vom 9. Juli 1922 (RGBl. S. 633 ff.) Schutzaufsicht oder Fürsorgeerziehung für das Kind angeordnet ist. Ueber das Selbstbestimmungsrecht religionsmündiger Fürsorgezöglinge s. Bem. III, 3 zu § 5.

B. Stellung des Vormundschaftsgerichts gegenüber dem bestimmungsberechtigten Vormund oder Pfleger.

1. Ist ein Vormund oder Pfleger noch nicht bestellt oder der bestellte an der Erfüllung seiner Pflichten verhindert, so hat das Vormundschaftsgericht nach § 1846 die im Interesse des Mündels erforderlichen Maßregeln zu treffen. Ein Fall dieser Art liegt z. B. vor, wenn die Mutter eines unehelichen Kindes gestorben und ein Vormund noch nicht bestellt oder der bestellte Vormund durch Krankheit verhindert ist, ein im Interesse der religiösen Erziehung des Mündels erforderliche Tätigkeit auszuüben. Ueber die hiebei in Betracht kommenden Maßregeln (in der Regel wird es sich um die Bestellung eines Pflegers oder Unterpflegers handeln), s. Staudinger Bem. 2 zu § 1846; vgl. oben unter A, 1.

2. Aufsichtsrecht, Entlassung, Entziehung der Sorge für die religiöse Erziehung.

a) Nach §§ 1837, 1915 Abs. 1 hat das Vormundschaftsgericht über die gesamte Tätigkeit des Vormundes oder Pflegers die Aufsicht zu führen und gegen Pflichtwidrigkeiten durch geeignete Gebote und Verbote einzuschreiten; es kann den Vormund und den Pfleger zur Befolgung seiner Anordnungen durch Ordnungsstrafen bis zu dreihundert Mark anhalten. Diese Befugnisse des Vormundschaftsgerichts sind nicht an die Voraussetzungen des § 1666 geknüpft. Wenn also der bestimmungsberechtigte Vormund oder Pfleger das Recht der Sorge für die Person mißbraucht, den Mündel vernachlässigt oder sich eines ehrlosen oder unsittlichen Verhaltens schuldig macht (s. oben unter A, 2, a, β—δ), kann das Vormundschaftsgericht gegen ihn einschreiten, auch wenn eine Gefährdung des geistigen oder leiblichen Wohls des Mündels (s. oben unter A, 2, a, α) dadurch nicht herbeigeführt wird, und das gleiche gilt, wenn zwar eine solche Gefährdung vorliegt, diese aber nicht auf Mißbrauch des Rechtes der Sorge für die Person, Vernachlässigung des Mündels, ehrlosem oder unsittlichem Verhalten des Vormundes oder Pflegers beruht. Freilich setzt auch § 1837 eine Pflichtwidrigkeit, also Verschulden voraus (Staudinger Bem. 1, c Abs. 2 zu § 1837). Eine Pflichtwidrigkeit im Sinne des § 1837 wird regelmäßig anzunehmen sein, wenn der allein bestimmungsberechtigte Vormund oder Pfleger ohne Genehmigung des Vormundschaftsgerichts über die religiöse Erziehung des Kindes bestimmt oder eine schon erfolgte Bestimmung über die religiöse Erziehung ändert (§ 3 Abs. 2 Satz 2 und 6; vgl. Bem. IV, 2, a—e zu § 3) oder die dem Mündel nach § 5 Satz 1, 2 zustehenden Rechte beeinträchtigt (vgl. Bem. III, 6 und IV, 5 zu § 5).

b) Nach §§ 1886, 1915 Abs. 1 kann der Vormund und der Pfleger entlassen werden, wenn die Fortführung des Amtes, insbesondere wegen pflichtwidrigen Verhaltens des Vormundes oder Pflegers, das Interesse des Mündels gefährden würde, also auch dann, wenn ein Verschulden des Vormundes oder Pflegers nicht vorliegt (s. Staudinger Bem. 2, a zu § 1886 und die dort erwähnten Schriftsteller und Entscheidungen, ferner BayObLGZ. Bd. 14 S. 163 ff., Bd. 15 S. 342, Bd. 17 S. 152, Bd. 18 S. 45, S. 207, KGJ. Bd. 43 A S. 36 ff., OLG. Karlsruhe in JW. 1920 S. 502; s. auch Josef im Zentralbl. f. Vormundschaftswesen Bd. 6 S. 188 ff.).

c) Nach §§ 1779 Abs. 2 Satz 2, 1915 Abs. 1 ist bei der Auswahl des Vormundes oder Pflegers auf das religiöse Bekenntnis des Mündels Rücksicht zu nehmen (s. Staudinger Bem. 2, b, 3 und 5 zu § 1779, Besig S. 11 ff.). Gehört der Vormund oder Pfleger nicht dem Bekenntnis an, in welchem der Mündel zu erziehen ist, so kann ihm nach §§ 1801, 1915 Abs. 1 die Sorge für die religiöse Erziehung des Mündels von dem Vormundschaftsgericht entzogen werden; wenn nötig, ist sodann zur Wahrnehmung der religiösen Interessen des Mündels ein Pfleger zu bestellen (Staudinger Bem. 1 zu § 1801; vgl. Bem. IV, 2, f, α und β zu § 3).

d) Nach § 1838 kann das Vormundschaftsgericht anordnen, daß der Mündel zum Zwecke der Erziehung in einer geeigneten Familie oder in einer Erziehungsanstalt oder einer Besserungsanstalt untergebracht wird; steht dem Vater oder der Mutter die Sorge für die Person des Kindes zu, so ist eine solche Anordnung nur unter den Voraussetzungen des § 1666 zulässig (Zwangserziehung gegen den Willen des Vormundes; s. Staudinger Bem. 1, d zu § 1838). Ist eine solche Anordnung getroffen, so geht das Erziehungsrecht im allgemeinen auf das Haupt der Familie oder den Vorstand der Anstalt, in welcher der Mündel untergebracht ist, über (Staudinger Bem. 3 zu § 1838); hinsichtlich der religiösen Erziehung des Mündels bleiben aber die Vorschriften des Gesetzes vom 15. Juli 1921 maßgebend (vgl. § 1666 Abs. 1 Satz 2 und oben unter A, 2, b, δ). Das Gleiche gilt, wenn die Zwangserziehung auf Grund eines landesrechtlichen Fürsorgeerziehungsgesetzes angeordnet ist oder wenn nach §§ 56 ff. des Reichsges. für Jugendwohlfahrt vom 9. Juli 1922 (RGBl. S. 633 ff.) Schutzaufsicht oder Fürsorgeerziehung für den Mündel angeordnet ist (s. oben unter A, 2, b, δ). Ueber das Selbstbestimmungsrecht religionsmündiger Fürsorgezöglinge s. Bem. III, 3 zu § 5.

e) Abgesehen von den Vorschriften der §§ 1801 und 1838 ist eine Entziehung oder Beschränkung der Sorge für die Person des Mündels oder des Rechtes der religiösen Erziehung gegenüber dem Vormund oder Pfleger nicht zulässig (Staudinger Bem. 6 zu § 1886).

C. Soweit nach den vorstehenden Grundsätzen das Vormundschaftsgericht zum Einschreiten berechtigt ist, ist es hiezu, wenn das Interesse des Kindes es erfordert, auch verpflichtet. Das ergibt sich aus dem Wesen der freiwilligen Gerichtsbarkeit (Staudinger Vorbem. 2 Abs. 2 vor § 1665, Vorbem. 5, a vor § 1773). Im Einklang damit steht die Vorschrift des § 7 Satz 2, soweit darin zum Ausdruck gebracht ist, daß das Vormundschaftsgericht beim Vorliegen der Voraussetzungen des § 1666 von Amts wegen einzuschreiten hat. Der weitere Inhalt der Bestimmung, wonach im übrigen „dabei" (d. h. bei Streitigkeiten aus diesem Gesetz) ein Einschreiten von Amts wegen nicht stattfindet, besagt nichts weiteres, als daß sich das Vormundschaftsgericht in Streitigkeiten zwischen den nach dem Gesetze bestimmungsberechtigten Personen oder zwischen diesen und dem Kinde (s. oben Bem. III, 2) mangels Vorliegens der Voraussetzungen der §§ 1666, 1837, 1838, 1886 nicht einzumischen hat, solange es nicht von einem Beteiligten darum angegangen wird.

Für das Verfahren des Vormundschaftsgerichts gelten, auch wenn es auf Antrag tätig geworden ist, nicht die Grundsätze des Parteiprozesses, sondern die Vorschriften des FGG., insbesondere § 12 dieses Gesetzes (s. oben Bem. III, 4, b).

V. Unberührt durch § 7 bleiben die Vorschriften des Gesetzes, wodurch dem Vormundschaftsgerichte **besondere Aufgaben** zugewiesen sind.

a) Nach § 2 Abs. 3 hat das Vormundschaftsgericht, wenn der bestimmungsberechtigte Elternteil während bestehender Ehe bestimmen will, daß das Kind in einem anderen als dem zur Zeit der Eheschließung gemeinsamen Bekenntnis oder in einem anderen Bekenntnis als bisher erzogen oder daß ein Kind vom Religionsunterricht abgemeldet werden soll, und die hiezu erforderliche Zustimmung des anderen Ehegatten nicht erteilt wird, zwischen den Ehegatten zu vermitteln und, wenn eine Einigung nicht erzielt wird, zu entscheiden (Bem. VI zu § 2).

b) Nach § 3 Abs. 2 Satz 1 hat das Vormundschaftsgericht darüber zu entscheiden, ob eine von dem allein bestimmungsberechtigten Vormund oder Pfleger über die religiöse Erziehung des Kindes getroffene Bestimmung zu genehmigen ist oder nicht (s. Bem. IV, 2, a zu § 3).

c) Nach § 9 Satz 2 hat das Vormundschaftsgericht einen vor Verkündung des Gesetzes geschlossenen Vertrag über religiöse Erziehung auf Antrag der Eltern oder des überlebenden Elternteils aufzuheben.

d) Nach § 10 Satz 2 hat das Vormundschaftsgericht darüber zu entscheiden, ob, wenn beide Eltern vor dem Inkrafttreten des Gesetzes verstorben sind und über die religiöse Erziehung in einem bestimmten Bekenntnis nachweisbar einig waren, die vom Vormund getroffene Bestimmung, daß sein Mündel in diesem Bekenntnis erzogen wird, zu genehmigen ist oder nicht.

e) Ueber das Recht des Vormundschaftsgerichts zur Entscheidung von Meinungsverschiedenheiten zwischen mehreren Vormündern oder Pflegern s. Bem. IV, 2, d zu § 3.

VI. Die Vorschriften des § 7 finden, weil prozessualer Natur, auch Anwendung, wenn nach den Grundsätzen des internationalen Privatrechts hinsichtlich der religiösen Erziehung eines Kindes **ausländisches Recht** zur Anwendung zu bringen ist (s. Vorbem. 4).

VII. Gemäß § 11 sind auch die Vorschriften des § 7 am **1. Januar 1922** (in Preußen am 1. Oktober 1921; s. Bem. 2 zu § 11) in Kraft getreten. Damit sind von diesem Zeitpunkt ab die abweichenden Vorschriften des **bisherigen Rechtes** auch insoweit **in Wegfall gekommen**, als hienach zur Entscheidung von Streitigkeiten über religiöse Kindererziehung andere Behörden als das Vormundschaftsgericht zuständig waren (s. oben Bem. I). Waren solche Streitigkeiten in dem erwähnten Zeitpunkte noch anhängig, so waren sie, da das Gesetz Ueberleitungsbestimmungen nicht enthält, für erledigt zu erklären und die Akten dem zuständigen Vormundschaftsgerichte zu übersenden.

§ 8.

Alle diesem Gesetz entgegenstehenden Bestimmungen der Landesgesetze sowie Artikel 134 des Einführungsgesetzes zum Bürgerlichen Gesetzbuch werden aufgehoben.

1. Entstehungsgeschichte. Die schon bei der ersten Lesung im Ausschuß beschlossene Vorschrift blieb bei der zweiten und dritten Lesung unverändert.[177]) Sie bringt, wie es im Ausschußbericht heißt, zum Ausdruck, daß durch das vorliegende Gesetz absolutes gemeines Recht unter Ausschluß des Landesrechts begründet wird.[178])

2. Die Vorschrift des § 8 steht, soweit sie entgegenstehendes Landesrecht beseitigt, im Einklang mit dem Grundsatze des Art. 13 Abs. 1 der Reichsverfassung vom 11. August 1919, wonach Reichsrecht Landesrecht bricht, und kann daher insoweit als überflüssig, weil selbstverständlich, bezeichnet werden (Perels S. 673).

Aufgehoben sind durch § 8 vom Inkrafttreten des Gesetzes (§ 11) ab:

a) EG. z. BGB. Art. 134: „Unberührt bleiben die landesgesetzlichen Vorschriften über die religiöse Erziehung der Kinder" (s. Einleitung Ziff. III);

b) diejenigen Landesgesetze, die vor dem Inkrafttreten des BGB. (1. Januar 1900) erlassen und auf Grund des Vorbehalts des Art. 131 EG. z. BGB. auch nach diesem Zeitpunkt in Geltung geblieben waren (z. B. PLR. II, 2 §§ 77, 78, 81—84, 642; vgl. Einleitung Ziff. VI, a);

c) diejenigen Landesgesetze, die auf Grund des Vorbehalts des Art. 134 EG. z. BGB. schon vor dem Inkrafttreten des BGB. erlassen und mit dem BGB. in Kraft getreten waren (z. B. Art. 108—116 des hessischen AG. z. BGB. vom 17. Juli 1899; vgl. Einleitung Ziff. VI, f, m, n, o, q, r, t, x);

d) diejenigen Landesgesetze, welche auf Grund des Vorbehalts des Art. 134 EG. z. BGB. nach dem Inkrafttreten des BGB. erlassen und in Kraft getreten waren (z. B. § 17 Abs. 2 der bayrischen Verfassungsurkunde vom 14. August 1919, das sächsische Gesetz über die religiöse Erziehung der Kinder vom 16. Juni 1920; s. Einleitung Ziff. VI, b, 2, c, 2);

e) diejenigen Landesgesetze, nach welchen das Verfahren in Streitigkeiten über religiöse Kindererziehung, insbesondere die Zuständigkeit zur Entscheidung solcher Streitigkeiten, abweichend von den Vorschriften des Gesetzes vom 15. Juli 1921 (§ 7) geregelt war (z. B. Art. 8 Ziff. 4 des bayr. Gesetzes über die Errichtung eines Verwaltungsgerichtshofs und das Verfahren in Verwaltungsrechtssachen vom 8. August 1878; s. Einleitung Ziff. VI, b, 1 und 2).

f) Aufgehoben ist durch § 8 auch der Vorbehalt des § 18 des preußischen Gesetzes über die Fürsorgeerziehung Minderjähriger vom 2. Juli 1900 (GesS. 1900 S. 268)

[177]) Ber. d. Aussch. S. 2006, 2008, 2010.

[178]) Ber. d. Aussch. S. 2006; vgl. Vorbem. 1.

wonach die gesetzlichen Bestimmungen über die religiöse Erziehung der Kinder auch auf die Fürsorgeerziehung Anwendung finden sollten, sohin die religiöse Erziehung der Fürsorgezöglinge der Verwaltungsbehörde übertragen war (vgl. KGJ. Bd. 29 A S. 38, Besig S. 12), sowie § 28 Abs. 2 der preußischen Vormundschaftsordnung vom 5. Juli 1875, wonach die bestehenden Vorschriften über die religiöse Erziehung der Kinder in Kraft blieben (s. Einleitung Ziff. VI, a, 10).

3. Mit der Aufhebung des Art. 134 EG. z. BGB. ist für die Landesgesetzgebung auch das Recht in Wegfall gekommen, neue Vorschriften über die religiöse Kindererziehung zu erlassen (s. EG. z. BGB. Art. 3 und oben Anm. 23). Nur hinsichtlich des Verfahrens in derartigen Angelegenheiten ist der Landesgesetzgebung das ihr durch FGG. § 200 gewährte Recht verblieben, Vorschriften zur Ergänzung und Ausführung dieses Gesetzes zu erlassen (so mit Recht Perels S. 674, Spitta S. 5, v. d. Pfordten, Z. S. 225, K. Bem. 1).

4. Eine Ausnahme von dem Grundsatze des § 8 enthält § 9 insoweit, als hienach Verträge über religiöse Erziehung, soweit sie vor Verkündung des Gesetzes abgeschlossen sind, in Kraft bleiben.

5. Ueber die Beseitigung des bisherigen Rechts, auch soweit es in rechtskräftigen Entscheidungen zum Ausdruck gelangt ist, s. Bem. 4 zu § 11.

§ 9.

Verträge über religiöse Erziehung bleiben in Kraft, soweit sie vor Verkündung dieses Gesetzes abgeschlossen sind. Auf Antrag der Eltern oder des überlebenden Elternteils wird ein bestehender Vertrag durch Beschluß des Vormundschaftsgerichts aufgehoben.

1. Entstehungsgeschichte.

Bei der ersten Lesung im Ausschuß wurde gelegentlich der Beratung über den Zeitpunkt des Inkrafttretens des Gesetzes von einem Abgeordneten behauptet, daß die bisher abgeschlossenen Verträge über religiöse Erziehung auch ohne besondere gesetzliche Bestimmung in Kraft blieben, weil es sich dabei um „spezielle Rechtstitel" handle. Von anderer Seite wurde dies entschieden bestritten; die Weitergeltung bestehender Verträge verstehe sich ohne besondere gesetzliche Vorschrift darüber keineswegs von selbst; werde eine solche Vorschrift nicht getroffen, so müsse § 2 a (nunmehr § 4) auch auf die bisher abgeschlossenen Verträge bezogen werden.

Bei der zweiten Lesung erhielt § 9 seine nunmehrige Gestalt. Man ging hiebei von der Erwägung aus, daß den Staaten, in welchen religiöse Erziehungsverträge bisher gültig waren, der Uebergang in den neuen Rechtszustand erleichtert werden müsse; im gleichen Sinne hatten sich auch die Vertreter des bayrischen und des württembergischen Ministeriums ausgesprochen.

Bei der dritten Lesung wurde angeregt, den Satz 2 zu streichen. Der Anregung wurde aber nicht nachgegangen, weil bei aller Schonung des bisherigen Rechtes in den Ländern, in welchen religiöse Erziehungsverträge bisher wirksam waren, doch für gewisse Fälle im Hinblick auf den Gewissenszwang, der durch solche Verträge bewirkt werden könne, die Möglichkeit offen bleiben müsse, sich von einem derartigen Vertrage loszusagen. Ein Formalakt, wie ihn ein religiöser Erziehungsvertrag darstelle, dürfe allerdings nur wieder durch einen Formalakt aufgehoben werden und zwar wurde hiezu gewählt der formale Beschluß des Vormundschaftsgerichts, das in der Sache selbst gebunden ist, dem Antrage beider Eltern oder des überlebenden Elternteils auf Aufhebung des Vertrags stattzugeben.[179])

2. Zu § 9 Satz 1.

a) Abweichend von dem Grundsatze des § 4 bleiben nach § 9 Satz 1 Verträge über religiöse Kindererziehung in Kraft, soweit sie vor der Verkündung dieses Gesetzes abgeschlossen sind. Nach Art. 70 der Reichsverfassung vom 11. August 1919 hat der Reichspräsident die verfassungsmäßig zustande gekommenen Gesetze auszufertigen und binnen Monatsfrist im Reichsgesetzblatt zu verkünden; nach Art. 71 treten Reichsgesetze, soweit sie nichts anderes bestimmen, mit dem vierzehnten Tage nach Ablauf des Tages in Kraft, an dem das Reichsgesetzblatt in der Reichshauptstadt ausgegeben worden ist. Der Tag der Ausgabe des Reichsgesetzblattes, nach welchem die vierzehn Tage berechnet werden, ist gemäß § 2 der Verordnung vom 26. Juli 1867 (BundesgesBl. 1867 S. 24) auf dem

[179]) Bericht d. Aussch. S. 2006, 2008, 2010.

Blatte anzugeben. (Vgl. Arndt, Komm. z. Reichsverf. Bem. zu Art. 70 und 71; s. auch Th. Engelmann in LZ. 1917 S. 100 ff.).

Die Nr. 78 des Reichsgesetzblatts, in welcher das Gesetz vom 15. Juli 1921 abgedruckt ist, läßt als Tag der Ausgabe in Berlin den 29. Juli 1921 ersehen. Das Gesetz ist also an diesem Tage „verkündet" worden. Verträge über religiöse Erziehung bleiben daher in Kraft, soweit sie vor dem 29. Juli 1921 abgeschlossen sind; sie sind „ohne bürgerliche Wirkung" (s. Bem. IV, B zu § 4), wenn sie am 29. Juli 1921 oder nach diesem Tage, wenn auch vor dem 1. Januar 1922 und in Unkenntnis des § 4 des Gesetzes vom 15. Juli 1921, abgeschlossen sind (s. LZ. 1921 Nr. 16/17 Umschlagseite 1 und Perels S. 671, der aber die am 29. Juli 1921 geschlossenen Verträge unter unzutreffender Bezugnahme auf § 187 Abs. 1 BGB. für gültig zu erachten scheint).

b) Voraussetzung für die fortdauernde Geltung solcher Verträge ist, wie schon nach dem Wortlaute des Gesetzes („bleiben in Kraft") nicht zweifelhaft sein kann, daß sie nach den zur Zeit ihres Abschlusses maßgebenden gesetzlichen Bestimmungen überhaupt zulässig und rechtswirksam waren, also den Anforderungen entsprechen, die das damals geltende Recht an derartige Verträge in materieller und formeller Hinsicht stellte (ebenso Besig S. 16, Bonin Bem. 1). In erster Beziehung kommt (abgesehen davon, daß nach verschiedenen Gesetzgebungen, insbesondere nach PLR. II, 2 § 77, Verträge über religiöse Erziehung überhaupt ungültig waren) z. B. in Betracht, daß nach der Mecklenburg-Schwerin'schen Verordnung vom 30. März 1821 solche Verträge nur vor Eingehung der Ehe, nach der Lippe'schen Verordnung vom 7. Oktober 1857 dagegen nur nach Eingehung der Ehe geschlossen werden konnten; in letzterer Hinsicht sind die zahlreichen Vorschriften des früheren Rechtes von Bedeutung, nach welchen die Rechtswirksamkeit eines derartigen Vertrags von der Beobachtung bestimmter Formvorschriften (insbesondere Abschluß vor Gericht oder Notar) abhängig gemacht war (vgl. für Bayern Einleitung Ziff. VI, b, 1 und 2). Daneben sind hinsichtlich der Geschäftsfähigkeit der Ehegatten, der Nichtigkeit oder Anfechtbarkeit des Vertrags, wenn er nach dem 1. Januar 1900 abgeschlossen wurde, die Vorschriften des BGB. (s. insbes. §§ 104—106, 114, 116 ff., 119 ff.), anderenfalls die zur Zeit seiner Errichtung in dieser Beziehung geltenden Rechtssätze zu beachten. Soweit hienach früheres Recht anwendbar bleibt, kommt auch den vor dem Inkrafttreten des Gesetzes vom 15. Juli 1921 maßgebend gewesenen Normen des internationalen und interlokalen Privatrechts noch fortdauernde Bedeutung zu (vgl. Vorbem. 3 und 4, a, K. Neumeyer, Internat. Verwaltungsrecht Bd. I S. 446 ff. und in Böhms Ztschr. Bd. 17 S. 105 ff., Graf in der Zeitschr. f. d. freiw. Gerichtsbarkeit und die Gemeindeverwaltung in Württemberg Bd. 53 [1911] S. 321 ff.).

3. Zu § 9 Satz 2.

Ist nach Satz 1 ein Vertrag über religiöse Kindererziehung in Kraft geblieben, so kann auf dem durch Satz 2 eröffneten Wege seine Aufhebung herbeigeführt werden. Die Aufhebung erfolgt auf Antrag beider Eltern oder des überlebenden Elternteils durch das Vormundschaftsgericht.

a) Leben beide Eltern noch, so ist der übereinstimmende Antrag beider Eltern erforderlich. Die Ersetzung der von einem Elternteil verweigerten Mitwirkung durch das Vormundschaftsgericht oder die Beschreitung des Rechtswegs zur Erzwingung der Mitwirkung ist ausgeschlossen.

Ist ein Elternteil geschäftsunfähig (§ 104), so kann er den Antrag weder selbst stellen noch dem von dem anderen Elternteil gestellten Antrag seine Zustimmung erteilen (§ 105); die Abgabe der Erklärung durch den gesetzlichen Vertreter des geschäftsunfähigen Elternteils ist im Hinblick auf die höchstpersönliche Natur dieser Erklärung unzulässig.

Ist dagegen ein Elternteil in der Geschäftsfähigkeit beschränkt (§§ 106, 114), so kann aus der gleichen Erwägung er ohne Zustimmung seines gesetzlichen Vertreters den Antrag stellen oder dem Antrage, des anderen Elternteils zustimmen, während sein gesetzlicher Vertreter keine dieser Erklärungen abgeben kann.

Der Umstand, daß die Eltern geschieden sind oder daß auf Aufhebung der ehelichen Gemeinschaft (§ 1575) erkannt ist, ist auf die Anwendbarkeit des § 9 Satz 2 ohne Einfluß; auch in diesen Fällen ist der Antrag beider Eltern erforderlich (ebenso v. d. Pfordten, Z. S. 226, K. Bem. 2, a).

Ist ein Elternteil gestorben oder gilt er infolge Todeserklärung als gestorben, so kann der überlebende allein den Antrag stellen. Wird die Todeserklärung infolge einer Anfechtungsklage (ZPO. §§ 957 ff., 973 ff.) aufgehoben oder kehrt der für tot erklärte Ehegatte zurück, so verliert die Aufhebung ihre Wirksamkeit und der Vertrag gilt als ununterbrochen fortbestehend.

Sind beide Eltern gestorben, so ist der Vertrag (vorbehaltlich der Uebergangsvorschrift des § 10) unabänderlich geworden.

Nach Spitta S. 11 soll dem Antrag auf Aufhebung des Vertrags nur stattzugeben sein, wenn dem Antragsteller das Recht und die Pflicht zusteht, für die Person des Kindes ausschließlich zu sorgen; nach v. d. Pfordten, Z. S. 226 Anm. 71 soll der gemeinsame Antrag beider Eltern nur wirksam sein, wenn wenigstens einem Elternteil die Sorge für die Person des Kindes zusteht. Derartige Einschränkungen sind aber mit dem Wortlaute des Gesetzes unvereinbar und werden auch durch den Zweck der Bestimmung (s. oben unter 1) nicht gerechtfertigt.

b) Ueber die Form des Antrags s. FGG. § 11 (Bem. III, 4, a zu § 7).

c) Die Aufhebung des Vertrags erfolgt durch das Vormundschaftsgericht. Ueber die sachliche und örtliche Zuständigkeit des Vormundschaftsgerichts s. Bem. III, 3, a und b zu § 7. Zu einer sachlichen Würdigung des Aufhebungsantrags ist das Vormundschaftsgericht weder berechtigt noch verpflichtet; es hat lediglich zu prüfen, ob der Antrag von beiden Eltern gestellt ist und, wenn er nur von einem Elternteil gestellt ist, ob der andere Elternteil wirklich gestorben oder für tot erklärt ist (was durch Vorlage der standesamtlichen Sterbeurkunde bzw. einer Ausfertigung des Ausschlußurteils nachzuweisen ist). Liegen diese Voraussetzungen vor, so muß dem Aufhebungsantrage stattgegeben werden, auch wenn z. B. der erstverstorbene Elternteil seinen gegenteiligen Willen vor seinem Ableben kundgegeben hat. Der Beschluß ist daher lediglich formaler Natur (s. oben Bem. 1); von einer „Genehmigung" zur Aufhebung des Vertrags kann demgemäß keine Rede sein (übereinstimmend Beschluß des BayObLG. vom 8. April 1921, BayZfR. 1922 S. 152; s. auch unten Anm. 182).

d) Für die Frage, wann die Entscheidung des Vormundschaftsgerichts wirksam wird, sind die Bestimmungen des § 16 FGG. maßgebend (s. Bem. III, 5 zu § 7).

e) Erachtet das Vormundschaftsgericht seine Entscheidung nachträglich für ungerechtfertigt, so ist es berechtigt, sie zu ändern; ist der Antrag zurückgewiesen worden, so kann die Aenderung nur auf Antrag erfolgen (FGG. § 18; s. Bem. III, 6 zu § 7).

f) Gegen die Abweisung des Antrags steht den Eltern (wenn der überlebende Elternteil den Antrag gestellt hat, diesem) die Beschwerde zu. Gegen die den Erziehungsvertrag antragsgemäß aufhebende Entscheidung des Vormundschaftsgerichts dürfte ein Beschwerderecht nur nach Maßgabe des § 57 Abs. 1 Nr. 9 FGG. begründet sein (vgl. Bem. III, 7, a, γ zu § 7). Ueber Form, Inhalt, Wirkung der Beschwerde und die Form der Entscheidung des Beschwerdegerichts s. Bem. III, 7, b, über die weitere Beschwerde s. Bem. III, 7, d zu § 7.

g) Ist der Vertrag durch das Vormundschaftsgericht aufgehoben worden, so sind von da ab für die religiöse Erziehung des Kindes die Vorschriften des Gesetzes vom 15. Juli 1921 maßgebend. Die Aufhebung hat nicht nur deklaratorische, sondern rechtsgestaltende Bedeutung; sie begründet nicht nur die Vermutung, daß die Eltern oder der überlebende Elternteil ihren Willen, den Vertrag aufzuheben, kundgegeben haben, sondern sie setzt den bisher bestandenen Vertrag erst außer Kraft (so mit Recht der oben unter c erwähnte Beschluß des BayObLG.).

h) Daß durch die gemäß § 9 erfolgende Aufhebung eines Erziehungsvertrags den Rechten, die dem Kinde nach § 5 zustehen, kein Abbruch geschehen kann, steht außer Zweifel. Ist also das Kind schon mehr als zwölf Jahre alt und bisher in dem dem Vertrag entsprechenden Bekenntnis erzogen worden, so ist der Antrag der Eltern auf Aufhebung des Vertrags nur dann von praktischer Bedeutung, wenn das Kind mit der beabsichtigten Aenderung seines Bekenntnisses einverstanden ist (so mit Recht v. d. Pfordten, K Bem. 2, c).

4. Daß § 9 auf Verträge über die Erziehung in einer **nicht bekenntnismäßigen Weltanschauung** entsprechend anwendbar ist, steht trotz des scheinbar entgegenstehenden Wortlauts des § 6 (die „vorstehenden" Bestimmungen finden . . . entsprechende Anwendung) außer Zweifel.

§ 10.

Wenn beide Eltern vor dem Inkrafttreten dieses Gesetzes verstorben sind und über die religiöse Erziehung in einem bestimmten Bekenntnis nachweisbar einig waren, so kann der Vormund bestimmen, daß sein Mündel in diesem Bekenntnis erzogen wird. Er bedarf zu dieser Bestimmung der Genehmigung des Vormundschaftsgerichts.

1. Entstehungsgeschichte.

§ 10 verdankt seine Entstehung einem bei der zweiten Lesung im Ausschuß gestellten Antrag. Danach sollte eine Uebergangsvorschrift geschaffen werden für solche Länder, in denen nach der bisherigen Gesetzgebung der Abschluß eines Vertrags über die religiöse

Kindererziehung unzulässig war, also insbesondere für die Landesteile, in denen bisher das PLR. und die Deklaration von 1803 gegolten hatten. Nach diesen Gesetzen habe es vorkommen können (und solche Fälle hätten sich während des Krieges ereignet), daß Kinder in einer Konfession erzogen wurden, obwohl die Eltern bei Lebzeiten über die Erziehung der Kinder in einer anderen Konfession einig waren. In solchen Fällen solle entgegen der Vorschrift des § 2 (nunmehr § 3 Abs. 2 Satz 6) der Vormund berechtigt sein, eine Aenderung des Bekenntnisses des Mündels vorzunehmen. Vorauszusetzen sei der Nachweis, daß die Eltern über die Erziehung des Kindes in einem bestimmten Bekenntnis einig gewesen sind. Die Genehmigung des Vormundschaftsgerichts sei zu fordern, weil eine rechtliche Prüfung darüber nötig sei, ob die Voraussetzungen der Vorschriften vorliegen; dagegen erscheine die vorherige Anhörung von Verwandten mit Rücksicht auf das Vorliegen einer Einigung nicht geboten. Das Bedürfnis für eine solche Vorschrift sei allerdings nur anzuerkennen für Bezirke, in denen der Abschluß solcher Verträge bisher ausgeschlossen war; haben die Eltern von der Möglichkeit, einen Vertrag zu schließen, keinen Gebrauch gemacht, so sei kein Anlaß gegeben, helfend einzugreifen.

Der Ausschuß nahm den Antrag an, beseitigte aber bei der dritten Lesung, nachdem ein Vertreter der preußischen Unterrichtsverwaltung sich in diesem Sinne ausgesprochen, entgegen dem Vorschlag des Antragstellers die Beschränkung, daß die Vorschrift nur gelten solle, soweit nach bisherigem Rechte Verträge über religiöse Kindererziehung unzulässig waren. Dabei wurde darauf hingewiesen, daß die Vorschrift auch anwendbar sein solle, wenn trotz Abschlusses eines noch früherem Rechte zulässigen Vertrags die Eltern nachweisbar später darüber einig geworden sind, das Kind in einer anderen Konfession zu erziehen. Daß es sich um eine Uebergangsvorschrift handle, folge daraus, daß sie nur anwendbar sei, wenn beide Eltern vor dem Inkrafttreten dieses Gesetzes verstorben seien. Liege ein Vertrag vor, so sei mit der Einigung natürlich nur die (vom Inhalte des Vertrags abweichende) letzte Einigung der Eltern gemeint, die für die Zeit vor der Trennung der Ehe durch den Tod eines Eheteils nachweisbar sei. Man war auch darüber einig, daß nicht etwa der Beweis dafür verlangt werden könne, daß eine nachgewiesene Einigung der Eltern bis zum Tode des zuerst verstorbenen Elternteils nicht wieder aufgehoben worden sei; vielmehr müsse eine einmal vorhandene Einigung als fortdauernd angesehen werden, bis der Beweis für ihre Aufhebung erbracht werde.[180])

2. Grundgedanke.

§ 10 ist (wie § 9) eine Uebergangsvorschrift und bezweckt, dem Willen der Eltern hinsichtlich der religiösen Erziehung ihrer Kinder nachträglich Geltung zu verschaffen in Fällen, in welchen dies nach den übrigen Vorschriften des Gesetzes nicht der Fall wäre. Gemäß § 3 Abs. 2 hat nämlich der Vormund oder Pfleger, dem die Sorge für die Person des Kindes allein zusteht, zwar grundsätzlich das Recht, über die religiöse Erziehung des Kindes zu bestimmen; abgesehen von den Einschränkungen, die sich aus Abs. 2 Satz 2, 3 und 5 ergeben, erklärt aber Satz 6 jede Aenderung einer schon erfolgten Bestimmung über die religiöse Erziehung für unzulässig. Von dieser Vorschrift macht § 10 eine Ausnahme, indem hiedurch unter gewissen Voraussetzungen dem Vormunde das Recht eingeräumt wird, auch eine bereits erfolgte Bestimmung über die religiöse Erziehung des Mündels zu ändern. Darin liegt zugleich eine Ausnahme von § 9 Satz 2, wonach die vor der Verkündung des Gesetzes rechtsgültig abgeschlossenen Verträge über religiöse Kindererziehung nur auf dem dort vorgeschriebenen Wege ihrer Wirksamkeit entkleidet werden können.

3. Voraussetzungen der Anwendbarkeit des § 10.

a) Die beiden Eltern des Mündels müssen vor dem Inkrafttreten des Gesetzes, also vor dem 1. Januar 1922 (in Preußen vor dem 1. Oktober 1921; s. § 11 und Bem. 2 hiezu), verstorben sein. Ist ein Elternteil oder sind beide Eltern für tot erklärt worden, so ist § 10 anwendbar, wenn der im Ausschlußurteil als Todeszeit festgesetzte Zeitpunkt (BGB. § 18) vor dem 1. Januar 1922 (bzw. vor dem 1. Januar 1921) liegt.

b) Dem Sprachgebrauche des Gesetzes (s. Bem. IV, B, 3 zu § 1) entsprechend ist § 10 nur anwendbar, wenn es sich um ein eheliches oder durch nachfolgende Ehe legitimiertes oder im Falle des § 1757 Abs. 2 um ein angenommenes Kind handelt.

c) Die beiden Eltern müssen über die religiöse Erziehung des Kindes in dem Bekenntnis, zu dem es nunmehr übergeführt werden soll, nachweisbar einig gewesen sein. Der Nachweis kann auf jedem Wege erbracht werden, der geeignet ist, die Ueberzeugung von der Einigung der verstorbenen Eltern zu erbringen, also durch Zeugen, Urkunden (letztwillige Verfügungen, Briefe, Vertragsentwürfe), Versicherung an Eides Statt (§ 15 Abs. 2 FGG.) usw. Ob der Nachweis als erbracht anzusehen ist, hat das Vormund-

---

[180]) Ber. d. Aussch. S. 2008 ff., 2010 ff.

schaftsgericht bei seiner Entscheidung über die Genehmigung der vom Vormunde getroffenen Bestimmung (§ 10 Satz 2), eventuell bei Entscheidung einer sich später etwa ergebenden Streitigkeit (§ 7 Satz 1) nach freiem Ermessen zu beurteilen. Nicht erforderlich ist der Nachweis, daß die Einigung der Eltern bis zum Tode des erstverstorbenen Elternteils fortgedauert habe; es wird vielmehr ihre Fortdauer solange vermutet, bis der Nachweis ihrer Aufhebung erbracht wird (s. oben Bem. 1).

4. Anwendungsgebiet des § 10.

Im Gegensatz zu seiner ursprünglich beantragten Fassung setzt § 10 in seinem nunmehrigen Wortlaut nicht voraus, daß nach dem zur Anwendung kommenden früheren Rechte Verträge über religiöse Kindererziehung unzulässig waren (s. oben Bem. 1). Die Vorschrift ist daher auch anwendbar, wenn das frühere Recht solche Verträge für rechtswirksam erklärt, gleichviel, ob die Eltern einen Vertrag dieser Art geschlossen haben oder nicht. Liegt ein solcher formell und materiell gültiger Vertrag vor, so ist nach § 9 zunächst sein Inhalt maßgebend; kann aber nachgewiesen werden, daß nach dem übereinstimmendem Willen der Eltern das Kind in einem anderen als dem vertragsmäßig festgesetzten Bekenntnis erzogen werden sollte, so kann der Vormund bestimmen, daß das Kind in diesem Bekenntnis erzogen wird.

5. Bestimmungsrecht des Vormundes.

Liegen die Voraussetzungen des § 10 Satz 1 vor, so kann der Vormund bestimmen, daß sein Mündel in dem Bekenntnis erzogen wird, welches dem übereinstimmenden Willen der Eltern entspricht. Ob er von dieser Befugnis Gebrauch machen will, ist seinem pflichtmäßigen Ermessen erlassen, das ihn sehr wohl auch zu der Anschauung bringen kann, es liege mehr im Interesse des Mündels, wenn es sein bisheriges Bekenntnis beibehält (s. unten Bem. 6, c). Ein Einschreiten des Vormundschaftsgerichts gegen den Vormund, der aus Erwägungen dieser Art eine Bestimmung nach § 10 nicht trifft, ist nur zulässig, wenn die Voraussetzungen der §§ 1837, 1886 vorliegen (s. Bem. IV, B, 2 zu § 7), was kaum jemals der Fall sein dürfte (nicht völlig zutreffend Besig S. 17, der jeden Zwang gegen den Vormund für ausgeschlossen erachtet; s. auch Bonin Bem. 3).

6. Nach § 10 Satz 2 bedarf der Vormund zu der ihm gemäß Satz 1 zustehenden Bestimmung der Genehmigung des Vormundschaftsgerichts (vgl. § 3 Abs. 2 Satz 2).

a) Ueber die sachliche und örtliche Zuständigkeit des Vormundschaftsgerichts s. Bem. III, 3, a und b zu § 7.

b) Verfahren.

α) Für das Verfahren des Vormundschaftsgerichts sind im allgemeinen die Bestimmungen des FGG. maßgebend (s. Bem. III. 4 zu § 7).

β) Die Anhörung von Verwandten und Verschwägerten des Mündels ist (im Gegensatz zu § 3 Abs. 2 Satz 3, s. auch § 2 Abs. 3 Satz 3) nicht vorgeschrieben (s. oben Bem. 1); das Erfordernis ihrer Anhörung kann wohl auch nicht aus § 1847 Abs. 1 Satz 2 BGB. abgeleitet werden, obwohl die Aenderung des Bekenntnisses des Mündels unzweifelhaft eine „wichtige Angelegenheit“ im Sinne dieser Bestimmung ist. Ihre Anhörung ist aber selbstverständlich zulässig und regelmäßig wohl veranlaßt (s. FGG. § 12).

γ) Die Anhörung des Kindes ist gemäß § 5 Satz 2 erforderlich, wenn es das zwölfte Lebensjahr vollendet hat, da die vom Vormund beabsichtigte Aenderung des Bekenntnisses in diesem Falle nicht gegen den Willen des Kindes erfolgen kann (über das religiöse Selbstbestimmungsrecht des mehr als vierzehn Jahre alten Kindes s. § 5 Satz 1). Hat das Kind das zwölfte Lebensjahr noch nicht vollendet, so ist seine Anhörung nicht unbedingt erforderlich (vgl. dagegen hinsichtlich des mehr als zehn Jahre alten Kindes § 3 Abs. 2 Satz 5), jedoch selbstverständlich zulässig und wohl auch vielfach empfehlenswert (s. FGG. § 12).

δ) Nach BGB. § 1826 soll das Vormundschaftsgericht vor seiner Entscheidung den Gegenvormund hören, sofern ein solcher vorhanden und die Anhörung tunlich ist (vgl. Bem. IV, 2, a, δ Abs. 2 zu § 3).

c) Bei seiner Entscheidung hat das Vormundschaftsgericht in erster Linie zu prüfen, ob die Voraussetzungen des § 10 (s. oben Bem. 3) vorliegen, also insbesondere, ob die erforderliche Einigung der verstorbenen Eltern nachgewiesen ist; es kann dabei selbstverständlich zu einer anderen Anschauung als der Vormund gelangen, z. B. im Gegensatz zu diesem den Nachweis der Einigung für nicht geführt erachten; selbstverständlich hat es solchenfalls die Genehmigung zu versagen. Hält es die Voraussetzungen des § 10 für gegeben, so hat es weiter zu erwägen, ob die beabsichtigte Aenderung des Bekenntnisses des Mündels in dessen Interesse liegt, wobei auf die Zwecke der Erziehung das ausschlaggebende Gewicht zu legen ist (s. oben Bem. 5; vgl. § 2 Abs. 3 Satz 2 und Bem. VI, 7, b zu § 2; im wesentlichen übereinstimmend Perels S. 673, v. d. Pfordten, Z. S. 227, K. Bem. 2; unrichtig Bonin Bem. 3, nach welchem beim Vorliegen der gesetzlichen Voraussetzungen das Vormundschaftsgericht seine Genehmigung nicht versagen dürfe und sogar von Amts wegen zu prüfen habe, ob der Vormund nicht verpflichtet sei, von seinem Rechte Gebrauch zu machen; selbst außenstehende Interessenten [Verwandte, Geistliche usw.] seien insoweit antragsberechtigt; gegen ihn zutreffend Perels in JW. 1922 S. 893).

Auf die Entscheidung des Vormundschaftsgerichts finden die Vorschriften der §§ 1828 bis 1831 BGB. keine Anwendung, da die Bestimmung des Vormundes über die religiöse Erziehung des Mündels kein Rechtsgeschäft ist. Ueber die Anwendbarkeit des § 1826 BGB. (Erfordernis der Anhörung des Gegenvormundes) s. oben unter b, δ).

d) Ueber den Beginn der Wirksamkeit der Entscheidung des Vormundschaftsgerichts und die Befugnis des Vormundschaftsgerichts zur Aenderung seiner Entscheidung s. Bem. III, 5 und 6 zu § 7.

e) Rechtsmittel. Gegen die Versagung der Genehmigung steht dem Vormunde (FGG. § 20), gegen die Erteilung der Genehmigung jedem, der ein berechtigtes Interesse hat, diese Angelegenheit wahrzunehmen (FGG. § 57 Abs. 1 Nr. 9), die Beschwerde zu (s. Bem. III, 7, a, γ zu § 7). Ueber das Beschwerderecht beim Vorhandensein mehrerer Vormünder und das selbständige Beschwerderecht des Mündels s. Bem. III, 7, a, δ und ε zu § 7; über Form, Inhalt, Wirkung der Beschwerde, die Form der Entscheidung des Beschwerdegerichts und die weitere Beschwerde s. Bem. III, 7, b und d zu § 7.

7. § 10 ist auch anwendbar, wenn gemäß EG. z. BGB. Art. 136 ein sogenannter **„Anstalts-, Berufs- oder Generalvormund"** bestellt ist (vgl. Staudinger Bem. 1 zu § 1776 und Bem. zu EG. Art. 136) oder wenn gemäß §§ 32 ff., 47 des Reichsges. für Jugendwohlfahrt vom 9. Juli 1922 (RGBl. S. 633 ff.) **Amts-, Anstalts- oder Vereinsvormundschaft** eintritt.

8. Nach dem Grundsatz des § 1915 Abs. 1 BGB. muß § 10 auch Anwendung finden, wenn die religiöse Erziehung des Mündels (etwa auf Grund des § 1801) einem **Pfleger** übertragen ist (ebenso v. d. Pfordten, K. Bem. 2 Abs. 1).

9. Ueber den Fall, daß für das Kind **mehrere Vormünder** oder **Pfleger** bestellt sind, s. Bem. IV, 2, d zu § 3 und hinsichtlich des Beschwerderechts Bem. III, 7, a, δ zu § 7.

10. Daß § 10 entsprechend anwendbar ist, wenn die vor dem Inkrafttreten des Gesetzes verstorbenen Eltern über die Erziehung des Kindes in einer bestimmten **nicht bekenntnismäßigen Weltanschauung** nachweisbar einig waren, kann trotz des scheinbar entgegenstehenden Wortlauts des § 6 (die vorstehenden Bestimmungen finden . . . entsprechende Anwendung) keinem Zweifel unterliegen.

§ 11.

Das Gesetz tritt am 1. Januar 1922 in Kraft. Der Reichspräsident ist jedoch ermächtigt, das Gesetz für ein Land im Einvernehmen mit der Landesregierung zu einem früheren Zeitpunkt in Kraft zu setzen.

1. Entstehungsgeschichte.

Bei der ersten Lesung im Ausschuß wurde beschlossen, das Gesetz sofort in Kraft treten zu lassen; keine Annahme fand der Antrag, daß es für Kinder, die bereits Religionsunterricht genossen haben, bis zum Zeitpunkt ihres religiösen Selbstbestimmungsrechts bei dem bisherigen Rechte verbleiben solle, soweit nicht die Eltern das frühere Inkrafttreten des neuen Rechtes bestimmen.

Den für diesen Antrag maßgebenden Erwägungen wurde bei der zweiten und dritten Lesung durch die Uebergangsbestimmungen der §§ 9 und 10 Rechnung getragen und im übrigen das Inkrafttreten des Gesetzes am 1. Januar 1922 mit dem durch Satz 2 bestimmten Vorbehalt beschlossen, nachdem ein Vertreter des Reichsjustizministeriums darauf hingewiesen hatte, daß den einzelnen Ländern ein gewisser Zeitraum zur Aenderung der einschlägigen Landesgesetze eingeräumt werden müsse; diese Gesetze seien meist nicht privat-, sondern vielfach öffentlichrechtlich; in der Vermischung von privatrechtlichen und öffentlichrechtlichen Vorschriften lägen die Schwierigkeiten, die nicht abzusehende Streitfragen entstehen lassen könnten, zu deren Lösung es einer gewissen Zeit bedürfe.[181])

2. Von der Ermächtigung des § 11 Satz 2 hat nur Preußen Gebrauch gemacht; durch die VO. vom 8. September 1921 betr. das Inkrafttreten des Gesetzes über die religiöse

---

[181]) Bericht des Aussch. S. 2006, 2008 ff.

Kindererziehung vom 15. Juli 1921 in Preußen (RGBl. 1921 Nr. 96 S. 1263) wurde bestimmt, daß das Gesetz in Preußen bereits am 1. Oktober 1921 in Kraft trete (s. Anhang unter I).

3. Uebergangsbestimmungen enthalten die §§ 9 und 10. Durch § 9 Satz 1 sind Verträge über religiöse Kindererziehung aufrecht erhalten worden, soweit sie vor der Verkündung des Gesetzes (also vor dem 29. Juli 1921) abgeschlossen worden sind; damit ist also die Vorschrift des § 4, wonach solche Verträge fortan ohne bürgerliche Wirkung sind, schon vor dem im § 11 festgesetzten Termin in Kraft gesetzt worden (s. Bem. V zu § 4).

4. Mit dem Inkrafttreten des Gesetzes vom 15. Juli 1921 hat das frühere Landesrecht über religiöse Kindererziehung gemäß § 8 seine Geltung verloren und zwar auch insoweit, als es in rechtskräftigen Entscheidungen von Gerichten, Verwaltungsbehörden oder Verwaltungsgerichten zum Ausdruck gelangt ist (v. d. Pfordten, K. Bem. 1 Abs. 2 zu § 10). Vgl. auch Bem. VII zu § 7.

Anhang.

I. Verordnung des Reichspräsidenten vom 8. September 1921

(RGBl. 1921 Nr. 96 S. 1263).

(Nr. 8311) Verordnung, betreffend das Inkrafttreten des Gesetzes über die religiöse Kindererziehung vom 15. Juli 1921 in Preußen. Vom 8. September 1921.

Auf Grund des § 11 des Gesetzes über die religiöse Kindererziehung vom 15. Juli 1921 (Reichs-Gesetzbl. S. 939) wird im Einvernehmen mit dem Preußischen Staatsministerium verordnet:

Das Gesetz über die religiöse Kindererziehung vom 15. Juli 1921 tritt in Preußen am 1. Oktober 1921 in Kraft.

Berlin, den 8. September 1921.

Der Reichspräsident:
Ebert.

Der Reichsminister der Justiz:
Schiffer.

II. Bayrische Ministerialbekanntmachung vom 16. Januar 1922

(Staatsanzeiger 1922 Nr. 17).

Nr. 1389.

Staatsministerium der Justiz, des Innern, für Unterricht und Kultus und der Finanzen.

Bekanntmachung

über Vollzug des § 17 Abs. III der Verfassungsurkunde des Freistaates Bayern. (Austritt aus einer Religionsgesellschaft.)

Zum Vollzuge des § 17 Abs. III der Verfassungsurkunde des Freistaates Bayern (Gesetz- und Verordnungsblatt 1919 S. 531 ff.) ergeht unter Aufhebung der Bekanntmachung Vollzug des § 17 Abs. III der Verfassungsurkunde des Freistaates Bayern (Austritt aus einer Religionsgesellschaft) betreffend vom 30. Oktober 1919 (Gesetz- und Verordnungsblatt S. 784) folgende Bekanntmachung:

1. Personen, die ihren Austritt aus einer Religionsgesellschaft erklären wollen, haben hierbei ihren Namen und Vornamen, Ort und Zeit ihrer Geburt, ihren gegenwärtigen Wohnsitz oder ständigen Aufenthaltsort, ihren Familienstand und ihre berufliche Stellung anzugeben. Eine schriftliche Austrittserklärung bedarf der öffentlichen Beglaubigung durch einen Notar, eine Ortspolizeibehörde oder eine Bezirkspolizeibehörde, in München durch die Polizeidirektion, in Nürnberg und Fürth durch den Stadtrat.

2. Bei Kindern richtet sich das Recht zur Austrittserklärung vom 1. Januar 1922 an nach dem Reichsgesetze vom 15. Juli 1921 über die religiöse Kindererziehung (RGBl. S. 939).

Hiernach steht dem Kinde vom vollendeten 14. Lebensjahre an selbst die Entscheidung über die Zugehörigkeit zu einer Religionsgesellschaft zu; es hat daher seinen Austritt selbst zu erklären (§ 5 Satz 1). Hat das Kind das 12. Lebensjahr vollendet, so können die

Berechtigten seinen Austritt nur mit seiner Zustimmung erklären (§ 5 Satz 2). Diese Erklärungen der Kinder sind persönlich abzugeben; Stellvertretung, auch durch die Erziehungsberechtigten, ist unzulässig.

Im übrigen gilt für die Berechtigung zur Austrittserklärung folgendes: Leben beide Eltern, so kann der Austritt von einem Elternteile nur erklärt werden, wenn der andere Elternteil zustimmt oder wenn eine Entscheidung des Vormundschaftsgerichts vorliegt (§ 2 Abs. II und III). Lebt nur ein Elternteil, so hat er das Recht der Austrittserklärung.

Voraussetzung für diese Befugnis ist, daß den Eltern oder dem Elternteile das Recht und die Pflicht zustehen, für die Person des Kindes zu sorgen.

Die Berechtigung eines Elternteiles zur Austrittserklärung kann dadurch aufgehoben sein, daß ein vor dem 29. Juli 1921 geschlossener Vertrag über die religiöse Kindererziehung vorliegt; solche Verträge bleiben in Kraft und können nur durch das Vormundschaftsgericht aufgehoben werden (§ 9).[182]) Später geschlossene Verträge sind ohne bürgerliche Wirkung (§ 4).

Ein Vormund oder Pfleger kann, auch wenn ihm die Sorge für die Person des Kindes allein zusteht, den Austritt nicht erklären, abgesehen von dem besonderen Falle des § 10, in welchem die Genehmigung des Vormundschaftsgerichts erforderlich ist (§ 3 Abs. II S. 5).

3. Die Standesämter haben ihre örtliche Zuständigkeit, sodann die Berechtigung der Erklärenden nach Maßgabe des Gesetzes vom 15. Juli 1921 über die religiöse Kindererziehung unter Beachtung der unter Ziffer 2 angeführten Gesichtspunkte sowie die Vollständigkeit der Erklärungen zu prüfen und die etwa notwendigen Ergänzungen herbeizuführen. Ergeben sich bei der Prüfung irgendwelche Zweifel über die Berechtigung, so ist von dem Erklärenden der Nachweis seiner Berechtigung zu fordern.

Mündliche Austrittserklärungen sind von den Standesämtern nach Maßgabe der Anlage I zu beurkunden; sie haben ferner die Entgegennahme mündlicher oder schriftlicher Erklärungen nach Maßgabe der Anlage II zu bestätigen und davon dem zuständigen Organe der betreffenden Religionsgesellschaft (Pfarramt usw.) und dem zuständigen Finanzamte durch Uebersendung je eines Abdruckes dieser Bestätigung Mitteilung zu machen.

4. Die Standesämter haben die Austrittserklärungen nach ihrem zeitlichen Anfalle geordnet und numeriert in besonders überschriebenen Sammelakten jahrgangweise zu verwahren und für diese Sammelakten ein nach den Anfangsbuchstaben der Familiennamen der Ausgetretenen alphabetisch geordnetes Verzeichnis nach Maßgabe der Anlage III zu führen.

5. Die nach § 11 des Personenstandsgesetzes und den hierzu ergangenen Vollzugsvorschriften mit der Aufsicht über die Amtsführung der Standesbeamten betrauten Behörden sind auch zur Aufsicht über die den Standesbeamten nach gegenwärtiger Bekanntmachung zukommende Tätigkeit berufen.

München, den 16. Januar 1922.

J. V.: **Dr. Meyer.** **Dr. Schweyer.** J. V.: **Hauptmann.** **Dr. Krausneck.**

Anlage I.

Nr. . . . . am . . . . 19 . .

Vor dem unterzeichneten Standesbeamten erschien heute der Persönlichkeit nach . . . . bekannt . . . .

geboren am . . . . zu . . . .

ledig / verheiratet (verwitwet, geschieden) . . . . wohnhaft in . . . .

und erklärt für sich und seine/ihre noch nicht 14 Jahre alten Kinder/Mündel

1. . . . . geboren am . . . . zu . . . .

2. . . . . geboren am . . . . zu . . . .

3. . . . . geboren am . . . . zu . . . .

den Austritt aus der . . . . Religionsgesellschaft.

---

[182]) Daß durch diese Bestimmung die Aufhebung des Erziehungsvertrags gemäß § 9 Satz 2 des Gesetzes nicht in das richterliche Ermessen gestaltet sein sollte (s. Bem. 3, c zu § 9), steht außer Zweifel (BayObLG., 8. April 1922, BayZfR. 1922 S. 152).

Sein/Ihr miterschienener, der Persönlichkeit nach . . . . bekannter Ehegatte, geb. am . . . . zu . . . . gibt seine Zustimmung zum Austritte de . . vorgenannten Kind . . .

D . . miterschienene . . der Persönlichkeit nach . . . . bekannt . . Kind . .[1]/Mündel . . . . geb. am . . . . zu . . . . erklär . . . seine/ihre Zustimmung zum Austritt aus der . . . . Religionsgesellschaft.[2])

Vorgelesen, genehmigt und unterschrieben

. . . .

. . . .

. . . .

Der Standesbeamte.

Siegel und Unterschrift: . . . .

---

[1]) Auszufüllen bei Kindern, die das 12., aber noch nicht das 14. Lebensjahr vollendet haben.

[2]) Nichtzutreffendes zu durchstreichen.

Anlage II.

Bescheinigung des Austrittes aus einer Religionsgesellschaft.

De . . ledigen/verheirateten (verwitweten, geschiedenen) . . . .
geboren am . . . . zu . . . .
wohnhaft in . . . .
wird bescheinigt, daß er/sie am . . . . mündlich/schriftlich für sich und seine/ihre noch nicht 14 Jahre alten Mündel/Kinder
1. . . . . geboren am . . . . zu . . . .
2. . . . . geboren am . . . . zu . . . .
3. . . . . geboren am . . . . zu . . . .
den Austritt aus der . . . . Religionsgesellschaft dem unterfertigten Standesbeamten erklärt hat und daß der miterschienene Ehegatte und das/der miterschienene . . Kind . ./Mündel das/der das 12., aber noch nicht das 14. Lebensjahr vollendet hat, hierzu ihre Zustimmung gegeben haben.[1])

. . . . am . . . . 19 . .

Der Standesbeamte:

Siegel und Unterschrift . . . .

---

[1]) Nichtzutreffendes zu durchstreichen.

Anlage III.

Alphabetisches Verzeichnis

zu

dem Sammelakt des Standesamtes ....

für Erklärungen über den Austritt aus einer Religionsgesellschaft.

Umfassend die Jahrgänge ....

Lfd. Nr.	Name und Vorname	Beruf	Wohnort oder ständiger Aufenthaltsort	Im Sammelakt		Bemerkungen
				Jahrgang	Nummer	
	A.					
1	Adam Bonifaz	Maurer	N.	1919	2	
2	Auer Emma	ohne Beruf	N.	1919	20	
	B.					
1	Bernhard Elise	Näherin	N.	1919	5	
2	Bauer Konrad	Schneider	N.	1919	7	

III. Vorschriften des BGB.

§ 2. Die Volljährigkeit tritt mit der Vollendung des einundzwanzigsten Lebensjahrs ein.

§ 3. Ein Minderjähriger, der das achtzehnte Lebensjahr vollendet hat, kann durch Beschluß des Vormundschaftsgerichts für volljährig erklärt werden.

Durch die Volljährigkeitserklärung erlangt der Minderjährige die rechtliche Stellung eines Volljährigen.

§ 6. Entmündigt kann werden:

1. wer infolge von Geisteskrankheit oder von Geistesschwäche seine Angelegenheiten nicht zu besorgen vermag;
2. wer durch Verschwendung sich oder seine Familie der Gefahr des Notstandes aussetzt;
3. wer infolge von Trunksucht seine Angelegenheiten nicht zu besorgen vermag oder sich oder seine Familie der Gefahr des Notstandes aussetzt oder die Sicherheit anderer gefährdet.

Die Entmündigung ist wieder aufzuheben, wenn der Grund der Entmündigung wegfällt.

§ 13. Wer verschollen ist, kann nach Maßgabe der §§ 14 bis 17 im Wege des Aufgebotsverfahrens für tot erklärt werden.

§ 14. Die Todeserklärung ist zulässig, wenn seit zehn Jahren keine Nachricht von dem Leben des Verschollenen eingegangen ist. Sie darf nicht vor dem Schlusse des Jahres erfolgen, in welchem der Verschollene das einunddreißigste Lebensjahr vollendet haben würde.

Ein Verschollener, der das siebzigste Lebensjahr vollendet haben würde, kann für tot erlärt werden, wenn seit fünf Jahren keine Nachricht von seinem Leben eingegangen ist.

Der Zeitraum von zehn oder fünf Jahren beginnt mit dem Schlusse des letzten Jahres, in welchem der Verschollene den vorhandenen Nachrichten zufolge noch gelebt hat.

§ 15. Wer als Angehöriger einer bewaffneten Macht an einem Kriege teilgenommen hat, während des Krieges vermißt worden und seitdem verschollen ist, kann für tot erklärt werden, wenn seit dem Friedensschlusse drei Jahre verstrichen sind. Hat ein Friedensschluß nicht stattgefunden, so beginnt der dreijährige Zeitraum mit dem Schlusse des Jahres, in welchem der Krieg beendigt worden ist.

Als Angehöriger einer bewaffneten Macht gilt auch derjenige, welcher sich in einem Amts- oder Dienstverhältnis oder zum Zwecke freiwilliger Hilfeleistung bei der bewaffneten Macht befindet.

§ 16. Wer sich bei einer Seefahrt auf einem während der Fahrt untergegangenen Fahrzeuge befunden hat und seit dem Untergange des Fahrzeugs verschollen ist, kann für tot erklärt werden, wenn seit dem Untergang ein Jahr verstrichen ist.

Der Untergang des Fahrzeugs wird vermutet, wenn es an dem Orte seiner Bestimmung nicht eingetroffen oder in Ermangelung eines festen Reiseziels nicht zurückgekehrt ist und wenn bei Fahrten innerhalb der Ostsee ein Jahr,

bei Fahrten innerhalb anderer europäischer Meere, mit Einschluß sämtlicher Teile des Mittelländischen, Schwarzen und Azowschen Meeres, zwei Jahre,

bei Fahrten, die über außereuropäische Meere führen, drei Jahre

seit dem Antritte der Reise verstrichen sind. Sind Nachrichten über das Fahrzeug eingegangen, so ist der Ablauf des Zeitraums erforderlich, der verstrichen sein müßte, wenn das Fahrzeug von dem Orte abgegangen wäre, an dem es sich den Nachrichten zufolge zuletzt befunden hat.

§ 17. Wer unter anderen als den in §§ 15, 16 bezeichneten Umständen in eine Lebensgefahr geraten und seitdem verschollen ist, kann für tot erklärt werden, wenn seit dem Ereignisse, durch welches die Lebensgefahr entstanden ist, drei Jahre verstrichen sind.

§ 18. Die Todeserklärung begründet die Vermutung, daß der Verschollene in dem Zeitpunkte gestorben sei, welcher in dem die Todeserklärung aussprechenden Urteile festgestellt ist.

Als Zeitpunkt des Todes ist, sofern nicht die Ermittelungen ein anderes ergeben, anzunehmen:

in den Fällen des § 14 der Zeitpunkt, in welchem die Todeserklärung zulässig geworden ist;

in den Fällen des § 15 der Zeitpunkt des Friedensschlusses oder der Schluß des Jahres, in welchem der Krieg beendigt worden ist;

in den Fällen des § 16 der Zeitpunkt, in welchem das Fahrzeug untergegangen ist oder von welchem an der Untergang vermutet wird;

in den Fällen des § 17 der Zeitpunkt, in welchem das Ereignis stattgefunden hat.

Ist die Todeszeit nur dem Tage nach festgestellt, so gilt das Ende des Tages als Zeitpunkt des Todes.

§ 19. Solange nicht die Todeserklärung erfolgt ist, wird das Fortleben des Verschollenen bis zu dem Zeitpunkte vermutet, der nach § 18 Abs. 2 in Ermangelung eines anderen Ergebnisses der Ermittelungen als Zeitpunkt des Todes anzunehmen ist; die Vorschrift des § 18 Abs. 3 findet entsprechende Anwendung.

§ 20. Sind mehrere in einer gemeinsamen Gefahr umgekommen, so wird vermutet, daß sie gleichzeitig gestorben seien.

§ 81. Das Stiftungsgeschäft unter Lebenden bedarf der schriftlichen Form.

Bis zur Erteilung der Genehmigung ist der Stifter zum Widerrufe berechtigt. Ist die Genehmigung bei der zuständigen Behörde nachgesucht, so kann der Widerruf nur dieser gegenüber erklärt werden. Der Erbe des Stifters ist zum Widerrufe nicht berechtigt, wenn der Stifter das Gesuch bei der zuständigen Behörde eingereicht oder im Falle der gerichtlichen oder notariellen Beurkundung des Stiftungsgeschäfts das Gericht oder den Notar bei oder nach der Beurkundung mit der Einreichung betraut hat.

§ 104. Geschäftsunfähig ist:

1. wer nicht das siebente Lebensjahr vollendet hat;
2. wer sich in einem die freie Willensbestimmung ausschließenden Zustande krankhafter Störung der Geistestätigkeit befindet, sofern nicht der Zustand seiner Natur nach ein vorübergehender ist;
3. wer wegen Geisteskrankheit entmündigt ist.

§ 105. Die Willenserklärung eines Geschäftsunfähigen ist nichtig.

Nichtig ist auch eine Willenserklärung, die im Zustande der Bewußtlosigkeit oder vorübergehender Störung der Geistestätigkeit abgegeben wird.

§ 106. Ein Minderjähriger, der das siebente Lebensjahr vollendet hat, ist nach Maßgabe der §§ 107 bis 113 in der Geschäftsfähigkeit beschränkt.

§ 107. Der Minderjährige bedarf zu einer Willenserklärung, durch die er nicht lediglich einen rechtlichen Vorteil erlangt, der Einwilligung seines gesetzlichen Vertreters.

§ 108. Schließt der Minderjährige einen Vertrag ohne die erforderliche Einwilligung des gesetzlichen Vertreters, so hängt die Wirksamkeit des Vertrags von der Genehmigung des Vertreters ab.

Fordert der andere Teil den Vertreter zur Erklärung über die Genehmigung auf, so kann die Erklärung nur ihm gegenüber erfolgen; eine vor der Aufforderung dem Minderjährigen gegenüber erklärte Genehmigung oder Verweigerung der Genehmigung wird unwirksam. Die Genehmigung kann nur bis zum Ablaufe von zwei Wochen nach dem Empfange der Aufforderung erklärt werden; wird sie nicht erklärt, so gilt sie als verweigert.

Ist der Minderjährige unbeschränkt geschäftsfähig geworden, so tritt seine Genehmigung an die Stelle der Genehmigung des Vertreters.

§ 109. Bis zur Genehmigung des Vertrags ist der andere Teil zum Widerrufe berechtigt. Der Widerruf kann auch dem Minderjährigen gegenüber erklärt werden.

Hat der andere Teil die Minderjährigkeit gekannt, so kann er nur widerrufen, wenn der Minderjährige der Wahrheit zuwider die Einwilligung des Vertreters behauptet hat; er kann auch in diesem Falle nicht widerrufen, wenn ihm das Fehlen der Einwilligung bei dem Abschlusse des Vertrags bekannt war.

§ 110. Ein von dem Minderjährigen ohne Zustimmung des gesetzlichen Vertreters geschlossener Vertrag gilt als von Anfang an wirksam, wenn der Minderjährige die vertragsmäßige Leistung mit Mitteln bewirkt, die ihm zu diesem Zwecke oder zu freier Verfügung von dem Vertreter oder mit dessen Zustimmung von einem Dritten überlassen worden sind.

§ 111. Ein einseitiges Rechtsgeschäft, das der Minderjährige ohne die erforderliche Einwilligung des gesetzlichen Vertreters vornimmt, ist unwirksam. Nimmt der Minderjährige mit dieser Einwilligung ein solches Rechtsgeschäft einem anderen gegenüber vor, so ist das Rechtsgeschäft unwirksam, wenn der Minderjährige die Einwilligung nicht in schriftlicher Form vorlegt und der andere das Rechtsgeschäft aus diesem Grunde unverzüglich zurückweist. Die Zurückweisung ist ausgeschlossen, wenn der Vertreter den anderen von der Einwilligung in Kenntnis gesetzt hatte.

§ 112. Ermächtigt der gesetzliche Vertreter mit Genehmigung des Vormundschaftsgerichts den Minderjährigen zum selbständigen Betrieb eines Erwerbsgeschäfts, so ist der Minderjährige für solche Rechtsgeschäfte unbeschränkt geschäftsfähig, welche der Geschäftsbetrieb mit sich bringt. Ausgenommen sind Rechtsgeschäfte, zu denen der Vertreter der Genehmigung des Vormundschaftsgerichts bedarf.

Die Ermächtigung kann von dem Vertreter nur mit Genehmigung des Vormundschaftsgerichts zurückgenommen werden.

§ 113. Ermächtigt der gesetzliche Vertreter den Minderjährigen, in Dienst oder in Arbeit zu treten, so ist der Minderjährige für solche Rechtsgeschäfte unbeschränkt geschäftsfähig, welche die Eingehung oder Aufhebung eines Dienst- oder Arbeitsverhältnisses der gestatteten Art oder die Erfüllung der sich aus einem solchen Verhältnis ergebenden Verpflichtungen betreffen. Ausgenommen sind Verträge, zu denen der Vertreter der Genehmigung des Vormundschaftsgerichts bedarf.

Die Ermächtigung kann von dem Vertreter zurückgenommen oder eingeschränkt werden.

Ist der gesetzliche Vertreter ein Vormund, so kann die Ermächtigung, wenn sie von ihm verweigert wird, auf Antrag des Minderjährigen durch das Vormundschaftsgericht ersetzt werden. Das Vormundschaftsgericht hat die Ermächtigung zu ersetzen, wenn sie im Interesse des Mündels liegt.

Die für einen einzelnen Fall erteilte Ermächtigung gilt im Zweifel als allgemeine Ermächtigung zur Eingehung von Verhältnissen derselben Art.

§ 114. Wer wegen Geistesschwäche, wegen Verschwendung oder wegen Trunksucht entmündigt oder wer nach § 1906 unter vorläufige Vormundschaft gestellt ist, steht in Ansehung der Geschäftsfähigkeit einem Minderjährigen gleich, der das siebente Lebensjahr vollendet hat.

§ 115. Wird ein die Entmündigung aussprechender Beschluß infolge einer Anfechtungsklage aufgehoben, so kann die Wirksamkeit der von oder gegenüber dem Entmündigten vorgenommenen Rechtsgeschäfte nicht auf Grund des Beschlusses in Frage gestellt werden. Auf die Wirksamkeit der von oder gegenüber dem gesetzlichen Vertreter vorgenommenen Rechtsgeschäfte hat die Aufhebung keinen Einfluß.

Diese Vorschriften finden entsprechende Anwendung, wenn im Falle einer vorläufigen Vormundschaft der Antrag auf Entmündigung zurückgenommen oder rechtskräftig abgewiesen oder der die Entmündigung aussprechende Beschluß infolge einer Anfechtungsklage aufgehoben wird.

§ 116. Eine Willenserklärung ist nicht deshalb nichtig, weil sich der Erklärende insgeheim vorbehält, das Erklärte nicht zu wollen. Die Erklärung ist nichtig, wenn sie einem anderen gegenüber abzugeben ist und dieser den Vorbehalt kennt.

§ 117. Wird eine Willenserklärung, die einem anderen gegenüber abzugeben ist, mit dessen Einverständnisse nur zum Schein abgegeben, so ist sie nichtig.

Wird durch ein Scheingeschäft ein anderes Rechtsgeschäft verdeckt, so finden die für das verdeckte Rechtsgeschäft geltenden Vorschriften Anwendung.

§ 118. Eine nicht ernstlich gemeinte Willenserklärung, die in der Erwartung abgegeben wird, der Mangel der Ernstlichkeit werde nicht verkannt werden, ist nichtig.

§ 119. Wer bei der Abgabe einer Willenserklärung über deren Inhalt im Irrtume war oder eine Erklärung dieses Inhalts überhaupt nicht abgeben wollte, kann die Erklärung anfechten, wenn anzunehmen ist, daß er sie bei Kenntnis der Sachlage und bei verständiger Würdigung des Falles nicht abgegeben haben würde.

Als Irrtum über den Inhalt der Erklärung gilt auch der Irrtum über solche Eigenschaften der Person oder der Sache, die im Verkehr als wesentlich angesehen werden.

§ 120. Eine Willenserklärung, welche durch die zur Uebermittelung verwendete Person oder Anstalt unrichtig übermittelt worden ist, kann unter der gleichen Voraussetzung angefochten werden wie nach § 119 eine irrtümlich abgegebene Willenserklärung.

§ 121. Die Anfechtung muß in den Fällen der §§ 119, 120 ohne schuldhaftes Zögern (unverzüglich) erfolgen, nachdem der Anfechtungsberechtigte von dem Anfechtungsgrunde Kenntnis erlangt hat. Die einem Abwesenden gegenüber erfolgte Anfechtung gilt als rechtzeitig erfolgt, wenn die Anfechtungserklärung unverzüglich abgesendet worden ist.

Die Anfechtung ist ausgeschlossen, wenn seit der Abgabe der Willenserklärung dreißig Jahre verstrichen sind.

§ 122. Ist eine Willenserklärung nach § 118 nichtig oder auf Grund der §§ 119, 120 angefochten, so hat der Erklärende, wenn die Erklärung einem anderen gegenüber abzugeben war, diesem, anderenfalls jedem Dritten den Schaden zu ersetzen, den der andere oder der Dritte dadurch erleidet, daß er auf die Gültigkeit der Erklärung vertraut, jedoch nicht über den Betrag des Interesses hinaus, welches der andere oder der Dritte an der Gültigkeit der Erklärung hat.

Die Schadensersatzpflicht tritt nicht ein, wenn der Beschädigte den Grund der Nichtigkeit oder der Anfechtbarkeit kannte oder infolge von Fahrlässigkeit nicht kannte (kennen mußte).

§ 123. Wer zur Abgabe einer Willenserklärung durch arglistige Täuschung oder widerrechtlich durch Drohung bestimmt worden ist, kann die Erklärung anfechten.

Hat ein Dritter die Täuschung verübt, so ist eine Erklärung, die einem anderen gegenüber abzugeben war, nur dann anfechtbar, wenn dieser die Täuschung kannte oder kennen mußte. Soweit ein anderer als derjenige, welchem gegenüber die Erklärung abzugeben war, aus der Erklärung unmittelbar ein Recht erworben hat, ist die Erklärung ihm gegenüber anfechtbar, wenn er die Täuschung kannte oder kennen mußte.

§ 124. Die Anfechtung einer nach § 123 anfechtbaren Willenserklärung kann nur binnen Jahresfrist erfolgen.

Die Frist beginnt im Falle der arglistigen Täuschung mit dem Zeitpunkt, in welchem der Anfechtungsberechtigte die Täuschung entdeckt, im Falle der Drohung mit dem Zeitpunkt, in welchem die Zwangslage aufhört. Auf den Lauf der Frist finden die für die Verjährung geltenden Vorschriften des § 203 Abs. 2 und der §§ 206, 207 entsprechende Anwendung.

Die Anfechtung ist ausgeschlossen, wenn seit der Abgabe der Willenserklärung dreißig Jahre verstrichen sind.

§ 130. Eine Willenserklärung, die einem anderen gegenüber abzugeben ist, wird, wenn sie in dessen Abwesenheit abgegeben wird, in dem Zeitpunkte wirksam, in welchem sie ihm zugeht. Sie wird nicht wirksam, wenn dem anderen vorher oder gleichzeitig ein Widerruf zugeht.

Auf die Wirksamkeit der Willenserklärung ist es ohne Einfluß, wenn der Erklärende nach der Abgabe stirbt oder geschäftsunfähig wird.

Diese Vorschriften finden auch dann Anwendung, wenn die Willenserklärung einer Behörde gegenüber abzugeben ist.

§ 138. Ein Rechtsgeschäft, das gegen die guten Sitten verstößt, ist nichtig.

Nichtig ist insbesondere ein Rechtsgeschäft, durch das jemand unter Ausbeutung der Notlage, des Leichtsinns oder der Unerfahrenheit eines anderen sich oder einem Dritten für eine Leistung Vermögensvorteile versprechen oder gewähren läßt, welche den Wert der Leistung dergestalt übersteigen, daß den Umständen nach die Vermögensvorteile in auffälligem Mißverhältnisse zu der Leistung stehen.

§ 178. Bis zur Genehmigung des Vertrags ist der andere Teil zum Widerrufe berechtigt, es sei denn, daß er den Mangel der Vertretungsmacht bei dem Abschlusse des Vertrags gekannt hat. Der Widerruf kann auch dem Vertreter gegenüber erklärt werden.

§ 182. Hängt die Wirksamkeit eines Vertrags oder eines einseitigen Rechtsgeschäfts, das einem anderen gegenüber vorzunehmen ist, von der Zustimmung eines Dritten ab, so kann die Erteilung sowie die Verweigerung der Zustimmung sowohl dem einen als dem anderen Teile gegenüber erklärt werden.

Die Zustimmung bedarf nicht der für das Rechtsgeschäft bestimmten Form.

Wird ein einseitiges Rechtsgeschäft, dessen Wirksamkeit von der Zustimmung eines Dritten abhängt, mit Einwilligung des Dritten vorgenommen, so finden die Vorschriften des § 111 Satz 2, 3 entsprechende Anwendung.

§ 183. Die vorherige Zustimmung (Einwilligung) ist bis zur Vornahme des Rechtsgeschäfts widerruflich, soweit nicht aus dem ihrer Erteilung zugrunde liegenden Rechtsverhältnisse sich ein anderes ergibt. Der Widerruf kann sowohl dem einen als dem anderen Teile gegenüber erklärt werden.

§ 184. Die nachträgliche Zustimmung (Genehmigung) wirkt auf den Zeitpunkt der Vornahme des Rechtsgeschäfts zurück, soweit nicht ein anderes bestimmt ist.

Durch die Rückwirkung werden Verfügungen nicht unwirksam, die vor der Genehmigung über den Gegenstand des Rechtsgeschäfts von dem Genehmigenden getroffen worden oder im Wege der Zwangsvollstreckung oder der Arrestvollziehung oder durch den Konkursverwalter erfolgt sind.

§ 187. Ist für den Anfang einer Frist ein Ereignis oder ein in den Lauf eines Tages fallender Zeitpunkt maßgebend, so wird bei der Berechnung der Frist der Tag nicht mitgerechnet, in welchen das Ereignis oder der Zeitpunkt fällt.

Ist der Beginn eines Tages der für den Anfang einer Frist maßgebende Zeitpunkt, so wird dieser Tag bei der Berechnung der Frist mitgerechnet. Das Gleiche gilt von dem Tage der Geburt bei der Berechnung des Lebensalters.

§ 188. Eine nach Tagen bestimmte Frist endigt mit dem Ablaufe des letzten Tages der Frist.

Eine Frist, die nach Wochen, nach Monaten oder nach einem mehrere Monate umfassenden Zeitraume — Jahr, halbes Jahr, Vierteljahr — bestimmt ist, endigt im Falle des § 187 Abs. 1 mit dem Ablaufe desjenigen Tages der letzten Woche oder des letzten Monats, welcher durch seine Benennung oder seine Zahl dem Tage entspricht, in den das Ereignis oder der Zeitpunkt fällt, im Falle des § 187 Abs. 2 mit dem Ablaufe desjenigen Tages der letzten Woche oder des letzten Monats, welcher dem Tage vorhergeht, der durch seine Benennung oder seine Zahl dem Anfangstage der Frist entspricht.

Fehlt bei einer nach Monaten bestimmten Frist in dem letzten Monate der für ihren Ablauf maßgebende Tag, so endigt die Frist mit dem Ablaufe des letzten Tages dieses Monats.

§ 531. Der Widerruf erfolgt durch Erklärung gegenüber dem Beschenkten.

Ist die Schenkung widerrufen, so kann die Herausgabe des Geschenkes nach den Vorschriften über die Herausgabe einer ungerechtfertigten Bereicherung gefordert werden.

§ 854. Der Besitz einer Sache wird durch die Erlangung der tatsächlichen Gewalt über die Sache erworben.

Die Einigung des bisherigen Besitzers und des Erwerbers genügt zum Erwerbe, wenn der Erwerber in der Lage ist, die Gewalt über die Sache auszuüben.

§ 873. Zur Uebertragung des Eigentums an einem Grundstücke, zur Belastung eines Grundstücks mit einem Rechte sowie zur Uebertragung oder Belastung eines solchen Rechtes ist die Einigung des Berechtigten und des anderen Teiles über den Eintritt der Rechtsänderung und die Eintragung der Rechtsänderung in das Grundbuch erforderlich, soweit nicht das Gesetz ein anderes vorschreibt.

Vor der Eintragung sind die Beteiligten an die Einigung nur gebunden, wenn die Erklärungen gerichtlich oder notariell beurkundet oder vor dem Grundbuchamt abgegeben oder bei diesem eingereicht sind oder wenn der Berechtigte dem anderen Teile eine den Vorschriften der Grundbuchordnung entsprechende Eintragungsbewilligung ausgehändigt hat.

§ 925. Die zur Uebertragung des Eigentums an einem Grundstücke nach § 873 erforderliche Einigung des Veräußerers und des Erwerbers (Auflassung) muß bei gleichzeitiger Anwesenheit beider Teile vor dem Grundbuchamt erklärt werden.

Eine Auflassung, die unter einer Bedingung oder einer Zeitbestimmung erfolgt, ist unwirksam.

§ 929. Zur Uebertragung des Eigentums an einer beweglichen Sache ist erforderlich, daß der Eigentümer die Sache dem Erwerber übergibt und beide darüber einig sind, daß das Eigentum übergehen soll. Ist der Erwerber im Besitze der Sache, so genügt die Einigung über den Uebergang des Eigentums.

§ 1032. Zur Bestellung des Nießbrauchs an einer beweglichen Sache ist erforderlich, daß der Eigentümer die Sache dem Erwerber übergibt und beide darüber einig sind, daß diesem der Nießbrauch zustehen soll. Die Vorschriften des § 929 Satz 2 und der §§ 930 bis 936 finden entsprechende Anwendung; in den Fällen des § 936 tritt nur die Wirkung ein, daß der Nießbrauch dem Rechte des Dritten vorgeht.

§ 1205. Zur Bestellung des Pfandrechts ist erforderlich, daß der Eigentümer die Sache dem Gläubiger übergibt und beide darüber einig sind, daß dem Gläubiger das Pfandrecht zustehen soll. Ist der Gläubiger im Besitze der Sache, so genügt die Einigung über die Entstehung des Pfandrechts.

Die Uebergabe einer im mittelbaren Besitze des Eigentümers befindlichen Sache kann dadurch ersetzt werden, daß der Eigentümer den mittelbaren Besitz auf den Pfandgläubiger überträgt und die Verpfändung dem Besitzer anzeigt.

§ 1260. Zur Bestellung des Pfandrechts ist die Einigung des Eigentümers des Schiffes und des Gläubigers darüber, daß dem Gläubiger das Pfandrecht zustehen soll, und die Eintragung des Pfandrechts in das Schiffsregister erforderlich. Die Vorschriften des § 873 Abs. 2 und des § 878 finden entsprechende Anwendung.

In der Eintragung müssen der Gläubiger, der Geldbetrag der Forderung und, wenn die Forderung verzinslich ist, der Zinssatz angegeben werden. Zur näheren Bezeichnung der Forderung kann auf die Eintragungsbewilligung Bezug genommen werden.

§ 1303. Ein Mann darf nicht vor dem Eintritte der Volljährigkeit, eine Frau darf nicht vor Vollendung des sechzehnten Lebensjahrs eine Ehe eingehen.

Einer Frau kann Befreiung von dieser Vorschrift bewilligt werden.

§ 1317. Die Ehe wird dadurch geschlossen, daß die Verlobten vor einem Standesbeamten persönlich und bei gleichzeitiger Anwesenheit erklären, die Ehe miteinander eingehen zu wollen. Der Standesbeamte muß zur Entgegennahme der Erklärungen bereit sein.

Die Erklärungen können nicht unter einer Bedingung oder einer Zeitbestimmung abgegeben werden.

§ 1323. Eine Ehe ist nur in den Fällen der §§ 1324 bis 1328 nichtig.

§ 1324. Eine Ehe ist nichtig, wenn bei der Eheschließung die im § 1317 vorgeschriebene Form nicht beobachtet worden ist.

Ist die Ehe in das Heiratsregister eingetragen worden und haben die Ehegatten nach der Eheschließung zehn Jahre oder, falls einer von ihnen vorher gestorben ist, bis zu dessen Tode, jedoch mindestens drei Jahre, als Ehegatten miteinander gelebt, so ist die Ehe als von Anfang an gültig anzusehen. Diese Vorschrift findet keine Anwendung, wenn bei dem Ablaufe der zehn Jahre oder zur Zeit des Todes des einen Ehegatten die Nichtigkeitsklage erhoben ist.

§ 1325. Eine Ehe ist nichtig, wenn einer der Ehegatten zur Zeit der Eheschließung geschäftsunfähig war oder sich im Zustande der Bewußtlosigkeit oder vorübergehender Störung der Geistestätigkeit befand.

Die Ehe ist als von Anfang an gültig anzusehen, wenn der Ehegatte sie nach dem Wegfalle der Geschäftsunfähigkeit, der Bewußtlosigkeit oder der Störung der Geistestätigkeit bestätigt, bevor sie für nichtig erklärt oder aufgelöst worden ist. Die Bestätigung bedarf nicht der für die Eheschließung vorgeschriebenen Form.

§ 1326. Eine Ehe ist nichtig, wenn einer der Ehegatten zur Zeit der Eheschließung mit einem Dritten in einer gültigen Ehe lebte.

§ 1327. Eine Ehe ist nichtig, wenn sie zwischen Verwandten oder Verschwägerten dem Verbote des § 1310 Abs. 1 zuwider geschlossen worden ist.

§ 1328. Eine Ehe ist nichtig, wenn sie wegen Ehebruchs nach § 1312 verboten war.

Wird nachträglich Befreiung von der Vorschrift des § 1312 bewilligt, so ist die Ehe als von Anfang an gültig anzusehen.

§ 1329. Die Nichtigkeit einer nach den §§ 1325 bis 1328 nichtigen Ehe kann, solange nicht die Ehe für nichtig erklärt oder aufgelöst ist, nur im Wege der Nichtigkeitsklage geltend gemacht werden. Das Gleiche gilt von einer nach § 1324 nichtigen Ehe, wenn sie in das Heiratsregister eingetragen worden ist.

§ 1330. Eine Ehe kann nur in den Fällen der §§ 1331 bis 1335 und des § 1350 angefochten werden.

§ 1331. Eine Ehe kann von dem Ehegatten angefochten werden, der zur Zeit der Eheschließung oder im Falle des § 1325 zur Zeit der Bestätigung in der Geschäftsfähigkeit beschränkt war, wenn die Eheschließung oder die Bestätigung ohne Einwilligung seines gesetzlichen Vertreters erfolgt ist.

§ 1332. Eine Ehe kann von dem Ehegatten angefochten werden, der bei der Eheschließung nicht gewußt hat, daß es sich um eine Eheschließung handle, oder dies zwar gewußt hat, aber eine Erklärung, die Ehe eingehen zu wollen, nicht hat abgeben wollen.

§ 1333. Eine Ehe kann von dem Ehegatten angefochten werden, der sich bei der Eheschließung in der Person des anderen Ehegatten oder über solche persönliche Eigenschaften des anderen Ehegatten geirrt hat, die ihn bei Kenntnis der Sachlage und bei verständiger Würdigung des Wesens der Ehe von der Eingehung der Ehe abgehalten haben würden.

§ 1334. Eine Ehe kann von dem Ehegatten angefochten werden, der zur Eingehung der Ehe durch arglistige Täuschung über solche Umstände bestimmt worden ist, die ihn bei Kenntnis der Sachlage und bei verständiger Würdigung des Wesens der Ehe von der Eingehung der Ehe abgehalten haben würden. Ist die Täuschung nicht von dem anderen Ehegatten verübt worden, so ist die Ehe nur dann anfechtbar, wenn dieser die Täuschung bei der Eheschließung gekannt hat.

Auf Grund einer Täuschung über Vermögensverhältnisse findet die Anfechtung nicht statt.

§ 1335. Eine Ehe kann von dem Ehegatten angefochten werden, der zur Eingehung der Ehe widerrechtlich durch Drohung bestimmt worden ist.

§ 1343. Wird eine anfechtbare Ehe angefochten, so ist sie als von Anfang an nichtig anzusehen. Die Vorschrift des § 142 Abs. 2 findet Anwendung.

Die Nichtigkeit einer anfechtbaren Ehe, die im Wege der Klage angefochten worden ist, kann, solange nicht die Ehe für nichtig erklärt oder aufgelöst ist, nicht anderweit geltend gemacht werden.

§ 1348. Geht ein Ehegatte, nachdem der andere Ehegatte für tot erklärt worden ist, eine neue Ehe ein, so ist die neue Ehe nicht deshalb nichtig, weil der für tot erklärte Ehegatte noch lebt, es sei denn, daß beide Ehegatten bei der Eheschließung wissen, daß er die Todeserklärung überlebt hat.

Mit der Schließung der neuen Ehe wird die frühere Ehe aufgelöst. Sie bleibt auch dann aufgelöst, wenn die Todeserklärung infolge einer Anfechtungsklage aufgehoben wird.

§ 1349. Ist das Urteil, durch das einer der Ehegatten für tot erklärt worden ist, im Wege der Klage angefochten, so darf der andere Ehegatte nicht vor der Erledigung des Rechtsstreits eine neue Ehe eingehen, es sei denn, daß die Anfechtung erst zehn Jahre nach der Verkündung des Urteils erfolgt ist.

§ 1350. Jeder Ehegatte der neuen Ehe kann, wenn der für tot erklärte Ehegatte noch lebt, die neue Ehe anfechten, es sei denn, daß er bei der Eheschließung von dessen Leben Kenntnis hatte. Die Anfechtung kann nur binnen sechs Monaten von dem Zeitpunkt an erfolgen, in welchem der anfechtende Ehegatte erfährt, daß der für tot erklärte Ehegatte noch lebt.

Die Anfechtung ist ausgeschlossen, wenn der anfechtungsberechtigte Ehegatte die Ehe bestätigt, nachdem er von dem Leben des für tot erklärten Ehegatten Kenntnis erlangt hat, oder wenn die neue Ehe durch den Tod eines der Ehegatten aufgelöst worden ist.

§ 1353. Die Ehegatten sind miteinander zur ehelichen Lebensgemeinschaft verpflichtet.

Stellt sich das Verlangen eines Ehegatten nach Herstellung der Gemeinschaft als Mißbrauch seines Rechtes dar, so ist der andere Ehegatte nicht verpflichtet, dem Verlangen Folge zu leisten. Das Gleiche gilt, wenn der andere Ehegatte berechtigt ist, auf Scheidung zu klagen.

§ 1434. Der Ehevertrag muß bei gleichzeitiger Anwesenheit beider Teile vor Gericht oder vor einem Notar geschlossen werden.

§ 1564. Die Ehe kann aus den in den §§ 1565 bis 1569 bestimmten Gründen geschieden werden. Die Scheidung erfolgt durch Urteil. Die Auflösung der Ehe tritt mit der Rechtskraft des Urteils ein.

§ 1565. Ein Ehegatte kann auf Scheidung klagen, wenn der andere Ehegatte sich des Ehebruchs oder einer nach den §§ 171, 175 des Strafgesetzbuchs strafbaren Handlung schuldig macht.

Das Recht des Ehegatten auf Scheidung ist ausgeschlossen, wenn er dem Ehebruch oder der strafbaren Handlung zustimmt oder sich der Teilnahme schuldig macht.

§ 1566. Ein Ehegatte kann auf Scheidung klagen, wenn der andere Ehegatte ihm nach dem Leben trachtet.

§ 1567. Ein Ehegatte kann auf Scheidung klagen, wenn der andere Ehegatte ihn böslich verlassen hat.

Bösliche Verlassung liegt nur vor:

1. wenn ein Ehegatte, nachdem er zur Herstellung der häuslichen Gemeinschaft rechtskräftig verurteilt worden ist, ein Jahr lang gegen den Willen des anderen Ehegatten in böslicher Absicht dem Urteile nicht Folge geleistet hat;
2. wenn ein Ehegatte sich ein Jahr lang gegen den Willen des anderen Ehegatten in böslicher Absicht von der häuslichen Gemeinschaft ferngehalten hat und die Voraussetzungen für die öffentliche Zustellung seit Jahresfrist gegen ihn bestanden haben.

Die Scheidung ist im Falle des Abs. 2 Nr. 2 unzulässig, wenn die Voraussetzungen für die öffentliche Zustellung am Schlusse der mündlichen Verhandlung, auf die das Urteil ergeht, nicht mehr bestehen.

§ 1568. Ein Ehegatte kann auf Scheidung klagen, wenn der andere Ehegatte durch schwere Verletzung der durch die Ehe begründeten Pflichten oder durch ehrloses oder unsittliches Verhalten eine so tiefe Zerrüttung des ehelichen Verhältnisses verschuldet hat, daß dem Ehegatten die Fortsetzung der Ehe nicht zugemutet werden kann. Als schwere Verletzung der Pflichten gilt auch grobe Mißhandlung.

§ 1569. Ein Ehegatte kann auf Scheidung klagen, wenn der andere Ehegatte in Geisteskrankheit verfallen ist, die Krankheit während der Ehe mindestens drei Jahre gedauert und einen solchen Grad erreicht hat, daß die geistige Gemeinschaft zwischen den Ehegatten aufgehoben, auch jede Aussicht auf Wiederherstellung dieser Gemeinschaft ausgeschlossen ist.

§ 1575. Der Ehegatte, der auf Scheidung zu klagen berechtigt ist, kann statt auf Scheidung auf Aufhebung der ehelichen Gemeinschaft klagen. Beantragt der andere Ehegatte, daß die Ehe, falls die Klage begründet ist, geschieden wird, so ist auf Scheidung zu erkennen.

Für die Klage auf Aufhebung der ehelichen Gemeinschaft gelten die Vorschriften der §§ 1573, 1574.

§ 1584. Ist ein Ehegatte allein für schuldig erklärt, so kann der andere Ehegatte Schenkungen, die er ihm während des Brautstandes oder während der Ehe gemacht hat, widerrufen. Die Vorschriften des § 531 finden Anwendung.

Der Widerruf ist ausgeschlossen, wenn seit der Rechtskraft des Scheidungsurteils ein Jahr verstrichen oder wenn der Schenker oder der Beschenkte gestorben ist.

§ 1586. Wird nach § 1575 die eheliche Gemeinschaft aufgehoben, so treten die mit der Scheidung verbundenen Wirkungen ein; die Eingehung einer neuen Ehe ist jedoch ausgeschlossen. Die Vorschriften über die Nichtigkeit und Anfechtbarkeit der Ehe finden Anwendung, wie wenn das Urteil nicht ergangen wäre.

§ 1588. Die kirchlichen Verpflichtungen in Ansehung der Ehe werden durch die Vorschriften dieses Abschnitts nicht berührt.

§ 1589. Personen, deren eine von der anderen abstammt, sind in gerader Linie verwandt. Personen, die nicht in gerader Linie verwandt sind, aber von derselben dritten Person abstammen, sind in der Seitenlinie verwandt. Der Grad der Verwandtschaft bestimmt sich nach der Zahl der sie vermittelnden Geburten.

Ein uneheliches Kind und dessen Vater gelten nicht als verwandt.

§ 1590. Die Verwandten eines Ehegatten sind mit dem anderen Ehegatten verschwägert. Die Linie und der Grad der Schwägerschaft bestimmen sich nach der Linie und dem Grade der sie vermittelnden Verwandtschaft.

Die Schwägerschaft dauert fort, auch wenn die Ehe, durch die sie begründet wurde, aufgelöst ist.

§ 1591. Ein Kind, das nach der Eingehung der Ehe geboren wird, ist ehelich, wenn die Frau es vor oder während der Ehe empfangen und der Mann innerhalb der Empfängniszeit der Frau beigewohnt hat. Das Kind ist nicht ehelich, wenn es den Umständen nach offenbar unmöglich ist, daß die Frau das Kind von dem Manne empfangen hat.

Es wird vermutet, daß der Mann innerhalb der Empfängniszeit der Frau beigewohnt habe. Soweit die Empfängniszeit in die Zeit vor der Ehe fällt, gilt die Vermutung nur, wenn der Mann gestorben ist, ohne die Ehelichkeit des Kindes angefochten zu haben.

§ 1592. Als Empfängniszeit gilt die Zeit von dem einhunderteinundachtzigsten bis zu dem dreihundertundzweiten Tage vor dem Tage der Geburt des Kindes, mit Einschluß sowohl des einhunderteinundachtzigsten als des dreihundertundzweiten Tages.

Steht fest, daß das Kind innerhalb eines Zeitraums empfangen worden ist, der weiter als dreihundertundzwei Tage vor dem Tage der Geburt zurückliegt, so gilt zugunsten der Ehelichkeit des Kindes dieser Zeitraum als Empfängniszeit.

§ 1593. Die Unehelichkeit eines Kindes, das während der Ehe oder innerhalb dreihundertundzwei Tagen nach der Auflösung der Ehe geboren ist, kann nur geltend gemacht werden, wenn der Mann die Ehelichkeit angefochten hat oder, ohne das Anfechtungsrecht verloren zu haben, gestorben ist.

§ 1594. Die Anfechtung der Ehelichkeit kann nur binnen Jahresfrist erfolgen.

Die Frist beginnt mit dem Zeitpunkt, in welchem der Mann die Geburt des Kindes erfährt.

Auf den Lauf der Frist finden die für die Verjährung geltenden Vorschriften der §§ 203, 206 entsprechende Anwendung.

§ 1595. Die Anfechtung der Ehelichkeit kann nicht durch einen Vertreter erfolgen. Ist der Mann in der Geschäftsfähigkeit beschränkt, so bedarf er nicht der Zustimmung seines gesetzlichen Vertreters.

Für einen geschäftsunfähigen Mann kann sein gesetzlicher Vertreter mit Genehmigung des Vormundschaftsgerichts die Ehelichkeit anfechten. Hat der gesetzliche Vertreter die Ehelichkeit nicht rechtzeitig angefochten, so kann nach dem Wegfalle der Geschäftsunfähigkeit der Mann selbst die Ehelichkeit in gleicher Weise anfechten, wie wenn er ohne gesetzlichen Vertreter gewesen wäre.

§ 1596. Die Anfechtung der Ehelichkeit erfolgt bei Lebzeiten des Kindes durch Erhebung der Anfechtungsklage. Die Klage ist gegen das Kind zu richten.

Wird die Klage zurückgenommen, so ist die Anfechtung als nicht erfolgt anzusehen. Das Gleiche gilt, wenn der Mann vor der Erledigung des Rechtsstreits das Kind als das seinige anerkennt.

Vor der Erledigung des Rechtsstreits kann die Unehelichkeit nicht anderweit geltend gemacht werden.

§ 1597. Nach dem Tode des Kindes erfolgt die Anfechtung der Ehelichkeit durch Erklärung gegenüber dem Nachlaßgerichte; die Erklärung ist in öffentlich beglaubigter Form abzugeben.

Das Nachlaßgericht soll die Erklärung sowohl demjenigen mitteilen, welcher im Falle der Ehelichkeit, als auch demjenigen, welcher im Falle der Unehelichkeit Erbe des Kindes ist. Es hat die Einsicht der Erklärung jedem zu gestatten, der ein rechtliches Interesse glaubhaft macht.

§ 1598. Die Anfechtung der Ehe ist ausgeschlossen, wenn der Mann das Kind nach der Geburt als das seinige anerkennt.

Die Anerkennung kann nicht unter einer Bedingung oder einer Zeitbestimmung erfolgen.

Für die Anerkennung gelten die Vorschriften des § 1595 Abs. 1. Die Anerkennung kann auch in einer Verfügung von Todes wegen erfolgen.

§ 1599. Ist die Anerkennung der Ehelichkeit anfechtbar, so finden die Vorschriften der §§ 1595 bis 1597 und, wenn die Anfechtbarkeit ihren Grund in arglistiger Täuschung oder in Drohung hat, neben den Vorschriften des § 203 Abs. 2 und des § 206 auch die Vorschrift des § 203 Abs. 1 entsprechende Anwendung.

§ 1600. Wird von einer Frau, die sich nach der Auflösung ihrer Ehe wieder verheiratet hat, ein Kind geboren, das nach den §§ 1591 bis 1599 ein eheliches Kind sowohl des ersten als des zweiten Mannes sein würde, so gilt das Kind, wenn es innerhalb zweihundertundsiebzig Tagen nach der Auflösung der früheren Ehe geboren wird, als Kind des ersten Mannes, wenn es später geboren wird, als Kind des zweiten Mannes.

§ 1626. Das Kind steht, so lange es minderjährig ist, unter elterlicher Gewalt.

§ 1627. Der Vater hat kraft der elterlichen Gewalt das Recht und die Pflicht, für die Person und das Vermögen des Kindes zu sorgen.

§ 1628. Das Recht und die Pflicht, für die Person und das Vermögen des Kindes zu sorgen, erstreckt sich nicht auf Angelegenheiten des Kindes, für die ein Pfleger bestellt ist.

§ 1629. Steht die Sorge für die Person oder die Sorge für das Vermögen des Kindes einem Pfleger zu, so entscheidet bei einer Meinungsverschiedenheit zwischen dem Vater und dem Pfleger über die Vornahme einer sowohl die Person als das Vermögen des Kindes betreffenden Handlung das Vormundschaftsgericht.

§ 1630. Die Sorge für die Person und das Vermögen umfaßt die Vertretung des Kindes.

Die Vertretung steht dem Vater insoweit nicht zu, als nach § 1795 ein Vormund von der Vertretung des Mündels ausgeschlossen ist. Das Vormundschaftsgericht kann dem Vater nach § 1796 die Vertretung entziehen.

§ 1631. Die Sorge für die Person des Kindes umfaßt das Recht und die Pflicht, das Kind zu erziehen, zu beaufsichtigen und seinen Aufenthalt zu bestimmen.

Der Vater kann kraft des Erziehungsrechts angemessene Zuchtmittel gegen das Kind anwenden. Auf seinen Antrag hat das Vormundschaftsgericht ihn durch Anwendung geeigneter Zuchtmittel zu unterstützen.

§ 1632. Die Sorge für die Person des Kindes umfaßt das Recht, die Herausgabe des Kindes von jedem zu verlangen, der es dem Vater widerrechtlich vorenthält.

§ 1633. Ist eine Tochter verheiratet, so beschränkt sich die Sorge für ihre Person auf die Vertretung in den die Person betreffenden Angelegenheiten.

§ 1634. Neben dem Vater hat während der Dauer der Ehe die Mutter das Recht und die Pflicht, für die Person des Kindes zu sorgen; zur Vertretung des Kindes ist sie nicht berechtigt, unbeschadet der Vorschrift des § 1685 Abs. 1. Bei einer Meinungsverschiedenheit zwischen den Eltern geht die Meinung des Vaters vor.

§ 1635. Ist die Ehe aus einem der in den §§ 1565 bis 1568 bestimmten Gründe geschieden, so steht, solange die geschiedenen Ehegatten leben, die Sorge für die Person des Kindes, wenn ein Ehegatte allein für schuldig erklärt ist, dem anderen Ehegatten zu; sind beide Ehegatten für schuldig erklärt, so steht die Sorge für einen Sohn unter sechs Jahren oder für eine Tochter der Mutter, für einen Sohn, der über sechs Jahre alt ist, dem Vater zu. Das Vormundschaftsgericht kann eine abweichende Anordnung treffen, wenn eine solche aus besonderen Gründen im Interesse des Kindes geboten ist; es kann die Anordnung aufheben, wenn sie nicht mehr erforderlich ist.

Das Recht des Vaters zur Vertretung des Kindes bleibt unberührt.

§ 1636. Der Ehegatte, dem nach § 1635 die Sorge für die Person des Kindes nicht zusteht, behält die Befugnis, mit dem Kinde persönlich zu verkehren. Das Vormundschaftsgericht kann den Verkehr näher regeln.

§ 1637. Ist die Ehe nach § 1348 Abs. 2 aufgelöst, so gilt in Ansehung der Sorge für die Person des Kindes das Gleiche, wie wenn die Ehe geschieden ist und beide Ehegatten für schuldig erklärt sind.

§ 1665. Ist der Vater verhindert, die elterliche Gewalt auszuüben, so hat das Vormundschaftsgericht, sofern nicht die elterliche Gewalt nach § 1685 von der Mutter ausgeübt wird, die im Interesse des Kindes erforderlichen Maßregeln zu treffen.

§ 1666. Wird das geistige oder leibliche Wohl des Kindes dadurch gefährdet, daß der Vater das Recht der Sorge für die Person des Kindes mißbraucht, das Kind vernachlässigt oder sich eines ehrlosen oder unsittlichen Verhaltens schuldig macht, so hat das Vormundschaftsgericht die zur Abwendung der Gefahr erforderlichen Maßregeln zu treffen. Das Vormundschaftsgericht kann insbesondere anordnen, daß das Kind zum Zwecke der Erziehung in einer geeigneten Familie oder in einer Erziehungsanstalt oder einer Besserungsanstalt untergebracht wird.

Hat der Vater das Recht des Kindes auf Gewährung des Unterhalts verletzt und ist für die Zukunft eine erhebliche Gefährdung des Unterhalts zu besorgen, so kann dem Vater auch die Vermögensverwaltung sowie die Nutznießung entzogen werden.

§ 1671. Das Vormundschaftsgericht kann während der Dauer der elterlichen Gewalt die von ihm getroffenen Anordnungen jederzeit ändern, insbesondere die Erhöhung, Minderung oder Aufhebung der geleisteten Sicherheit anordnen.

§ 1673. Das Vormundschaftsgericht soll vor einer Entscheidung, durch welche die Sorge für die Person oder das Vermögen des Kindes oder die Nutznießung dem Vater entzogen oder beschränkt wird, den Vater hören, es sei denn, daß die Anhörung untunlich ist.

Vor der Entscheidung sollen auch Verwandte, insbesondere die Mutter, oder Verschwägerte des Kindes gehört werden, wenn es ohne erhebliche Verzögerung und ohne unverhältnismäßige Kosten geschehen kann. Für den Ersatz der Auslagen gilt die Vorschrift des § 1847 Abs. 2.

§ 1676. Die elterliche Gewalt des Vaters ruht, wenn er geschäftsunfähig ist.

Das Gleiche gilt, wenn der Vater in der Geschäftsfähigkeit beschränkt ist oder wenn er nach § 1910 Abs. 1 einen Pfleger für seine Person und sein Vermögen erhalten hat. Die Sorge für die Person des Kindes steht ihm neben dem gesetzlichen Vertreter des Kindes zu; zur Vertretung des Kindes ist er nicht berechtigt. Bei einer Meinungsverschiedenheit zwischen dem Vater und dem gesetzlichen Vertreter geht die Meinung des gesetzlichen Vertreters vor.

§ 1677. Die elterliche Gewalt des Vaters ruht, wenn von dem Vormundschaftsgerichte festgestellt wird, daß der Vater auf längere Zeit an der Ausübung der elterlichen Gewalt tatsächlich verhindert ist.

Das Ruhen endigt, wenn von dem Vormundschaftsgerichte festgestellt wird, daß der Grund nicht mehr besteht.

§ 1678. Solange die elterliche Gewalt des Vaters ruht, ist der Vater nicht berechtigt, sie auszuüben; es verbleibt ihm jedoch die Nutznießung an dem Vermögen des Kindes, unbeschadet der Vorschrift des § 1685 Abs. 2.

§ 1679. Die elterliche Gewalt des Vaters endigt, wenn er für tot erklärt wird, mit dem Zeitpunkte, der als Zeitpunkt des Todes gilt.

Lebt der Vater noch, so erlangt er die elterliche Gewalt dadurch wieder, daß er dem Vormundschaftsgerichte gegenüber seinen hierauf gerichteten Willen erklärt.

§ 1680. Der Vater verwirkt die elterliche Gewalt, wenn er wegen eines an dem Kinde verübten Verbrechens oder vorsätzlich verübten Vergehens zu Zuchthausstrafe oder zu einer Gefängnisstrafe von mindestens sechs Monaten verurteilt wird. Wird wegen des Zusammentreffens mit einer anderen strafbaren Handlung auf eine Gesamtstrafe erkannt, so entscheidet die Einzelstrafe, welche für das an dem Kinde verübte Verbrechen oder Vergehen verwirkt ist.

Die Verwirkung der elterlichen Gewalt tritt mit der Rechtskraft des Urteils ein.

§ 1684. Der Mutter steht die elterliche Gewalt zu:
1. wenn der Vater gestorben oder für tot erklärt ist;
2. wenn der Vater die elterliche Gewalt verwirkt hat und die Ehe aufgelöst ist.

Im Falle der Todeserklärung beginnt die elterliche Gewalt der Mutter mit dem Zeitpunkte, der als Zeitpunkt des Todes des Vaters gilt.

§ 1685. Ist der Vater an der Ausübung der elterlichen Gewalt tatsächlich verhindert oder ruht seine elterliche Gewalt, so übt während der Dauer der Ehe die Mutter die elterliche Gewalt mit Ausnahme der Nutznießung aus.

Ist die Ehe aufgelöst, so hat das Vormundschaftsgericht der Mutter auf ihren Antrag die Ausübung zu übertragen, wenn die elterliche Gewalt des Vaters ruht und keine Aussicht besteht, daß der Grund des Ruhens wegfallen werde. Die Mutter erlangt in diesem Falle auch die Nutznießung an dem Vermögen des Kindes.

§ 1686. Auf die elterliche Gewalt der Mutter finden die für die elterliche Gewalt des Vaters geltenden Vorschriften Anwendung, soweit sich nicht aus den §§ 1687 bis 1697 ein anderes ergibt.

§ 1687. Das Vormundschaftsgericht hat der Mutter einen Beistand zu bestellen:
1. wenn der Vater die Bestellung nach Maßgabe des § 1777 angeordnet hat;
2. wenn die Mutter die Bestellung beantragt;
3. wenn das Vormundschaftsgericht aus besonderen Gründen, insbesondere wegen des Umfanges oder der Schwierigkeit der Vermögensverwaltung, oder in den Fällen der §§ 1666, 1667 die Bestellung im Interesse des Kindes für nötig erachtet.

§ 1688. Der Beistand kann für alle Angelegenheiten, für gewisse Arten von Angelegenheiten oder für einzelne Angelegenheiten bestellt werden.

Ueber den Umfang seines Wirkungskreises entscheidet die Bestellung. Ist der Umfang nicht bestimmt, so fallen alle Angelegenheiten in seinen Wirkungskreis.

Hat der Vater die Bestellung angeordnet, so hat das Vormundschaftsgericht Bestimmungen, die er nach Maßgabe des § 1777 über den Umfang des Wirkungskreises getroffen hat, bei der Bestellung zu befolgen.

§ 1689. Der Beistand hat innerhalb seines Wirkungskreises die Mutter bei der Ausübung der elterlichen Gewalt zu unterstützen und zu überwachen; er hat dem Vormundschaftsgerichte jeden Fall, in welchem es zum Einschreiten berufen ist, unverzüglich anzuzeigen.

§ 1696. Ruht die elterliche Gewalt der Mutter wegen Minderjährigkeit, so hat die Mutter das Recht und die Pflicht, für die Person des Kindes zu sorgen; zur Vertretung des Kindes ist sie nicht berechtigt. Der Vormund des Kindes hat, soweit der Mutter die Sorge zusteht, die rechtliche Stellung eines Beistandes.

§ 1697. Die Mutter verliert die elterliche Gewalt, wenn sie eine neue Ehe eingeht. Sie behält jedoch unter den im § 1696 bestimmten Beschränkungen das Recht und die Pflicht, für die Person des Kindes zu sorgen.

§ 1698. Wird für das Kind ein Vormund bestellt, weil die elterliche Gewalt des Vaters ruht oder verwirkt ist oder weil die Vertretung des Kindes dem Vater entzogen ist, oder wird für die Erziehung des Kindes an Stelle des Vaters ein Pfleger bestellt, so steht der Mutter die Sorge für die Person des Kindes neben dem Vormund oder dem Pfleger in gleicher Weise zu wie nach § 1634 neben dem Vater.

§ 1699. Ein Kind aus einer nichtigen Ehe, das im Falle der Gültigkeit der Ehe ehelich sein würde, gilt als ehelich, sofern nicht beide Ehegatten die Nichtigkeit der Ehe bei der Eheschließung gekannt haben.

Die Vorschrift findet keine Anwendung, wenn die Nichtigkeit der Ehe auf einem Formmangel beruht und die Ehe nicht in das Heiratsregister eingetragen worden ist.

§ 1700. Das Rechtsverhältnis zwischen den Eltern und einem Kinde, das nach § 1699 als ehelich gilt, bestimmt sich, soweit sich nicht aus den §§ 1701, 1702 ein anderes ergibt, nach den Vorschriften, die für ein Kind aus einer geschiedenen Ehe gelten, wenn beide Ehegatten für schuldig erklärt sind.

§ 1701. War dem Vater die Nichtigkeit der Ehe bei der Eheschließung bekannt, so hat er nicht die sich aus der Vaterschaft ergebenden Rechte. Die elterliche Gewalt steht der Mutter zu.

§ 1702. War der Mutter die Nichtigkeit der Ehe bei der Eheschließung bekannt, so hat sie in Ansehung des Kindes nur diejenigen Rechte, welche im Falle der Scheidung der allein für schuldig erklärten Frau zustehen.

Stirbt der Vater oder endigt seine elterliche Gewalt aus einem anderen Grunde, so hat die Mutter nur das Recht und die Pflicht, für die Person des Kindes zu sorgen; zur Vertretung des Kindes ist sie nicht berechtigt. Der Vormund des Kindes hat, soweit der Mutter die Sorge zusteht, die rechtliche Stellung eines Beistandes.

Die Vorschriften des Abs. 2 finden auch dann Anwendung, wenn die elterliche Gewalt des Vaters wegen seiner Geschäftsunfähigkeit oder nach § 1677 ruht.

§ 1705. Das uneheliche Kind hat im Verhältnisse zu der Mutter und zu den Verwandten der Mutter die rechtliche Stellung eines ehelichen Kindes.

§ 1707. Der Mutter steht nicht die elterliche Gewalt über das uneheliche Kind zu. Sie hat das Recht und die Pflicht, für die Person des Kindes zu sorgen; zur Vertretung des Kindes ist sie nicht berechtigt. Der Vormund des Kindes hat, soweit der Mutter die Sorge zusteht, die rechtliche Stellung eines Beistandes.

§ 1719. Ein uneheliches Kind erlangt dadurch, daß sich der Vater mit der Mutter verheiratet, mit der Eheschließung die rechtliche Stellung eines ehelichen Kindes.

§ 1720. Der Ehemann der Mutter gilt als Vater des Kindes, wenn er ihr innerhalb der im § 1717 Abs. 2 bestimmten Empfängniszeit beigewohnt hat, es sei denn, daß es den Umständen nach offenbar unmöglich ist, daß die Mutter das Kind aus dieser Beiwohnung empfangen hat.

Erkennt der Ehemann seine Vaterschaft nach der Geburt des Kindes in einer öffentlichen Urkunde an, so wird vermutet, daß er der Mutter innerhalb der Empfängniszeit beigewohnt habe.

§ 1721. Ist die Ehe der Eltern nichtig, so finden die Vorschriften der §§ 1699 bis 1704 entsprechende Anwendung.

§ 1722. Die Eheschließung zwischen den Eltern hat für die Abkömmlinge des unehelichen Kindes die Wirkungen der Legitimation auch dann, wenn das Kind vor der Eheschließung gestorben ist.

§ 1723. Ein uneheliches Kind kann auf Antrag seines Vaters durch eine Verfügung der Staatsgewalt für ehelich erklärt werden.

Die Ehelichkeitserklärung steht dem Bundesstaate zu, dem der Vater angehört; ist der Vater ein Deutscher, der keinem Bundesstaat angehört, so steht sie dem Reichskanzler zu.

Ueber die Erteilung der einem Bundesstaate zustehenden Ehelichkeitserklärung hat die Landesregierung zu bestimmen.

§ 1724. Die Ehelichkeitserklärung kann nicht unter einer Bedingung oder einer Zeitbestimmung erfolgen.

§ 1725. Der Antrag muß die Erklärung des Vaters enthalten, daß er das Kind als das seinige anerkenne.

§ 1726. Zur Ehelichkeitserklärung ist die Einwilligung des Kindes und, wenn das Kind nicht das einundzwanzigste Lebensjahr vollendet hat, die Einwilligung der Mutter erforderlich. Ist der Vater verheiratet, so bedarf er auch der Einwilligung seiner Frau.

Die Einwilligung hat dem Vater oder der Behörde gegenüber zu erfolgen, bei welcher der Antrag einzureichen ist; sie ist unwiderruflich.

Die Einwilligung der Mutter ist nicht erforderlich, wenn die Mutter zur Abgabe einer Erklärung dauernd außerstande oder ihr Aufenthalt dauernd unbekannt ist. Das Gleiche gilt von der Einwilligung der Frau des Vaters.

§ 1727. Wird die Einwilligung von der Mutter verweigert, so kann sie auf Antrag des Kindes durch das Vormundschaftsgericht ersetzt werden, wenn das Unterbleiben der Ehelichkeitserklärung dem Kinde zu unverhältnismäßigem Nachteile gereichen würde.

§ 1728. Der Antrag auf Ehelichkeitserklärung sowie die Einwilligung der im § 1726 bezeichneten Personen kann nicht durch einen Vertreter erfolgen.

Ist das Kind geschäftsunfähig oder hat es nicht das vierzehnte Lebensjahr vollendet, so kann sein gesetzlicher Vertreter die Einwilligung mit Genehmigung des Vormundschaftsgerichts erteilen.

§ 1729. Ist der Vater in der Geschäftsfähigkeit beschränkt, so bedarf er zu dem Antrag, außer der Zustimmung seines gesetzlichen Vertreters, der Genehmigung des Vormundschaftsgerichts.

Ist das Kind in der Geschäftsfähigkeit beschränkt, so gilt das Gleiche für die Erteilung seiner Einwilligung.

Ist die Mutter des Kindes oder die Frau des Vaters in der Geschäftsfähigkeit beschränkt, so ist zur Erteilung ihrer Einwilligung die Zustimmung des gesetzlichen Vertreters nicht erforderlich.

§ 1730. Der Antrag sowie die Einwilligungserklärung der im § 1726 bezeichneten Personen bedarf der gerichtlichen oder notariellen Beurkundung.

§ 1731. Ist der Antrag oder die Einwilligung einer der im § 1726 bezeichneten Personen anfechtbar, so gelten für die Anfechtung und für die Bestätigung der anfechtbaren Erklärung die Vorschriften der §§ 1728, 1729.

§ 1732. Die Ehelichkeitserklärung ist nicht zulässig, wenn zur Zeit der Erzeugung des Kindes die Ehe zwischen den Eltern nach § 1310 Abs. 1 wegen Verwandtschaft oder Schwägerschaft verboten war.

§ 1733. Die Ehelichkeitserklärung kann nicht nach dem Tode des Kindes erfolgen.

Nach dem Tode des Vaters ist die Ehelichkeitserklärung nur zulässig, wenn der Vater den Antrag bei der zuständigen Behörde eingereicht oder bei oder nach der gerichtlichen oder notariellen Beurkundung des Antrags das Gericht oder den Notar mit der Einreichung betraut hat.

Die nach dem Tode des Vaters erfolgte Ehelichkeitserklärung hat die gleiche Wirkung, wie wenn sie vor dem Tode des Vaters erfolgt wäre.

§ 1734. Die Ehelichkeitserklärung kann versagt werden, auch wenn ihr ein gesetzliches Hindernis nicht entgegensteht.

§ 1735. Auf die Wirksamkeit der Ehelichkeitserklärung ist es ohne Einfluß, wenn der Antragsteller nicht der Vater des Kindes ist oder wenn mit Unrecht angenommen worden ist, daß die Mutter des Kindes oder die Frau des Vaters zur Abgabe einer Erklärung dauernd außerstande oder ihr Aufenthalt dauernd unbekannt sei.

§ 1736. Durch die Ehelichkeitserklärung erlangt das Kind die rechtliche Stellung eines ehelichen Kindes.

§ 1737. Die Wirkungen der Ehelichkeitserklärung erstrecken sich auf die Abkömmlinge des Kindes; sie erstrecken sich nicht auf die Verwandten des Vaters. Die Frau des Vaters wird nicht mit dem Kinde, der Ehegatte des Kindes wird nicht mit dem Vater verschwägert.

Die Rechte und Pflichten, die sich aus dem Verwandtschaftsverhältnisse zwischen dem Kinde und seinen Verwandten ergeben, bleiben unberührt, soweit nicht das Gesetz ein anderes vorschreibt.

§ 1738. Mit der Ehelichkeitserklärung verliert die Mutter das Recht und die Pflicht, für die Person des Kindes zu sorgen. Hat sie dem Kinde Unterhalt zu gewähren, so treten Recht und Pflicht wieder ein, wenn die elterliche Gewalt des Vaters endigt oder wenn sie wegen Geschäftsunfähigkeit des Vaters oder nach § 1677 ruht.

§ 1739. Der Vater ist dem Kinde und dessen Abkömmlingen vor der Mutter und den mütterlichen Verwandten zur Gewährung des Unterhalts verpflichtet.

§ 1740. Will der Vater eine Ehe eingehen, während er die elterliche Gewalt über das Kind hat, so finden die Vorschriften der §§ 1669 bis 1671 Anwendung.

§ 1741. Wer keine ehelichen Abkömmlinge hat, kann durch Vertrag mit einem anderen diesen an Kindes Statt annehmen. Der Vertrag bedarf der Bestätigung durch das zuständige Gericht.

§ 1742. Die Annahme an Kindes Statt kann nicht unter einer Bedingung oder einer Zeitbestimmung erfolgen.

§ 1743. Das Vorhandensein eines angenommenen Kindes steht einer weiteren Annahme an Kindes Statt nicht entgegen.

§ 1744. Der Annehmende muß das fünfzigste Lebensjahr vollendet haben und mindestens achtzehn Jahre älter sein als das Kind.

§ 1745. Von den Erfordernissen des § 1744 kann Befreiung bewilligt werden, von der Vollendung des fünfzigsten Lebensjahrs jedoch nur, wenn der Annehmende volljährig ist.

Die Bewilligung steht dem Bundesstaate zu, dem der Annehmende angehört; ist der Annehmende ein Deutscher, der keinem Bundesstaat angehört, so steht die Bewilligung dem Reichskanzler zu.

Ueber die Erteilung der einem Bundesstaate zustehenden Bewilligung hat die Landesregierung zu bestimmen.

§ 1746. Wer verheiratet ist, kann nur mit Einwilligung seines Ehegatten an Kindes Statt annehmen oder angenommen werden.

Die Einwilligung ist nicht erforderlich, wenn der Ehegatte zur Abgabe einer Erklärung dauernd außerstande oder sein Aufenthalt dauernd unbekannt ist.

§ 1747. Ein eheliches Kind kann bis zur Vollendung des einundzwanzigsten Lebensjahrs nur mit Einwilligung der Eltern, ein uneheliches Kind kann bis zum gleichen Lebensalter nur mit Einwilligung der Mutter an Kindes Statt angenommen werden. Die Vorschrift des § 1746 Abs. 2 findet entsprechende Anwendung.

§ 1748. Der Einwilligung der in den §§ 1746 1747 bezeichneten Personen hat dem Annehmenden oder dem Kinde oder dem für die Bestätigung des Annahmevertrags zuständigen Gerichte gegenüber zu erfolgen; sie ist unwiderruflich.

Die Einwilligung kann nicht durch einen Vertreter erklärt werden. Ist der Einwilligende in der Geschäftsfähigkeit beschränkt, so bedarf er nicht der Zustimmung seines gesetzlichen Vertreters.

Die Einwilligungserklärung bedarf der gerichtlichen oder notariellen Beurkundung.

§ 1749. Als gemeinschaftliches Kind kann ein Kind nur von einem Ehepaar angenommen werden.

Ein angenommenes Kind kann, solange das durch die Annahme begründete Rechtsverhältnis besteht, nur von dem Ehegatten des Annehmenden an Kindes Statt angenommen werden.

§ 1750. Der Annahmevertrag kann nicht durch einen Vertreter geschlossen werden. Hat das Kind nicht das vierzehnte Lebensjahr vollendet, so kann sein gesetzlicher Vertreter den Vertrag mit Genehmigung des Vormundschaftsgerichts schließen.

Der Annahmevertrag muß bei gleichzeitiger Anwesenheit beider Teile vor Gericht oder vor einem Notar geschlossen werden.

§ 1751. Ist der Annehmende in der Geschäftsfähigkeit beschränkt, so bedarf er zur Eingehung des Vertrags, außer der Zustimmung seines gesetzlichen Vertreters, der Genehmigung des Vormundschaftsgerichts.

Das Gleiche gilt für das Kind, wenn es in der Geschäftsfähigkeit beschränkt ist.

§ 1752. Will ein Vormund seinen Mündel an Kindes Statt annehmen, so soll das Vormundschaftsgericht die Genehmigung nicht erteilen, solange der Vormund im Amte ist. Will jemand seinen früheren Mündel an Kindes Statt annehmen, so soll das Vormundschaftsgericht die Genehmigung nicht erteilen, bevor er über seine Verwaltung Rechnung gelegt und das Vorhandensein des Mündelvermögens nachgewiesen hat.

Das Gleiche gilt, wenn ein zur Vermögensverwaltung bestellter Pfleger seinen Pflegling oder seinen früheren Pflegling an Kindes Statt annehmen will.

§ 1753. Die Bestätigung des Annahmevertrags kann nicht nach dem Tode des Kindes erfolgen.

Nach dem Tode des Annehmenden ist die Bestätigung nur zulässig, wenn der Annehmende oder das Kind den Antrag auf Bestätigung bei dem zuständigen Gericht eingereicht oder bei oder nach der gerichtlichen oder notariellen Beurkundung des Vertrags das Gericht oder den Notar mit der Einreichung betraut hat.

Die nach dem Tode des Annehmenden erfolgte Bestätigung hat die gleiche Wirkung, wie wenn sie vor dem Tode erfolgt wäre.

§ 1754. Die Annahme an Kindes Statt tritt mit der Bestätigung in Kraft. Die Vertragschließenden sind schon vor der Bestätigung gebunden.

Die Bestätigung ist nur zu versagen, wenn ein gesetzliches Erfordernis der Annahme an Kindes Statt fehlt. Wird die Bestätigung endgültig versagt, so verliert der Vertrag seine Kraft.

§ 1755. Ist der Annahmevertrag oder die Einwilligung einer der in den §§ 1746, 1747 bezeichneten Personen anfechtbar, so gelten für die Anfechtung und für die Bestätigung des anfechtbaren Rechtsgeschäfts die Vorschriften des § 1748 Abs. 2, des § 1750 Abs. 1 und des § 1751.

§ 1756. Auf die Wirksamkeit der Annahme an Kindes Statt ist es ohne Einfluß, wenn bei der Bestätigung des Annahmevertrags mit Unrecht angenommen worden ist, daß eine der in den §§ 1746, 1747 bezeichneten Personen zur Abgabe einer Erklärung dauernd außerstande oder ihr Aufenthalt dauernd unbekannt sei.

§ 1757. Durch die Annahme an Kindes Statt erlangt das Kind die rechtliche Stellung eines ehelichen Kindes des Annehmenden.

Wird von einem Ehepaare gemeinschaftlich ein Kind angenommen oder nimmt ein Ehegatte ein Kind des anderen Ehegatten an, so erlangt das Kind die rechtliche Stellung eines gemeinschaftlichen ehelichen Kindes der Ehegatten.

§ 1758. Das Kind erhält den Familiennamen des Annehmenden. Wird das Kind von einer Frau angenommen, die infolge ihrer Verheiratung einen anderen Namen führt, so erhält es den Familiennamen, den die Frau vor der Verheiratung geführt hat. In den Fällen des § 1757 Abs. 2 erhält das Kind den Familiennamen des Mannes.

Das Kind darf dem neuen Namen seinen früheren Familiennamen hinzufügen, sofern nicht in dem Annahmevertrag ein anderes bestimmt ist.

§ 1759. Durch die Annahme an Kindes Statt wird ein Erbrecht für den Annehmenden nicht begründet.

§ 1760. Der Annehmende hat über das Vermögen des Kindes, soweit es auf Grund der elterlichen Gewalt seiner Verwaltung unterliegt, auf seine Kosten ein Verzeichnis aufzunehmen und dem Vormundschaftsgericht einzureichen; er hat das Verzeichnis mit der Versicherung der Richtigkeit und Vollständigkeit zu versehen. Ist das eingereichte Verzeichnis ungenügend, so findet die Vorschrift des § 1640 Abs. 2 Satz 2 Anwendung.

Erfüllt der Annehmende die ihm nach Abs. 1 obliegende Verpflichtung nicht, so kann ihm das Vormundschaftsgericht die Vermögensverwaltung entziehen. Die Entziehung kann jederzeit wieder aufgehoben werden.

§ 1761. Will der Annehmende eine Ehe eingehen, während er die elterliche Gewalt über das Kind hat, so finden die Vorschriften der §§ 1669 bis 1671 Anwendung.

§ 1762. Die Wirkungen der Annahme an Kindes Statt erstrecken sich auf die Abkömmlinge des Kindes. Auf einen zur Zeit des Vertragsabschlusses schon vorhandenen Abkömmling und dessen später geborene Abkömmlinge erstreben sich die Wirkungen nur, wenn der Vertrag auch mit dem schon vorhandenen Abkömmlinge geschlossen wird.

§ 1763. Die Wirkungen der Annahme an Kindes Statt erstrecken sich nicht auf die Verwandten des Annehmenden. Der Ehegatte des Annehmenden wird nicht mit dem Kinde, der Ehegatte des Kindes wird nicht mit dem Annehmenden verschwägert.

§ 1764. Die Rechte und Pflichten, die sich aus dem Verwandtschaftsverhältnisse zwischen dem Kinde und seinen Verwandten ergeben, werden durch die Annahme an Kindes Statt nicht berührt, soweit nicht das Gesetz ein anderes vorschreibt.

§ 1765. Mit der Annahme an Kindes Statt verlieren die leiblichen Eltern die elterliche Gewalt über das Kind, die uneheliche Mutter das Recht und die Pflicht, für die Person des Kindes zu sorgen.

Hat der Vater oder die Mutter dem Kinde Unterhalt zu gewähren, so treten das Recht und die Pflicht, für die Person des Kindes zu sorgen, wieder ein, wenn die elterliche Gewalt des Annehmenden endigt oder wenn sie wegen Geschäftsunfähigkeit des Annehmenden oder nach § 1677 ruht. Das Recht zur Vertretung des Kindes tritt nicht wieder ein.

§ 1766. Der Annehmende ist dem Kinde und denjenigen Abkömmlingen des Kindes, auf welche sich die Wirkungen der Annahme erstrecken, vor den leiblichen Verwandten des Kindes zur Gewährung des Unterhalts verpflichtet.

Der Annehmende steht im Falle des § 1611 Abs. 2 den leiblichen Verwandten der aufsteigenden Linie gleich.

§ 1767. In dem Annahmevertrag kann die Nutznießung des Annehmenden an dem Vermögen des Kindes sowie das Erbrecht des Kindes dem Annehmenden gegenüber ausgeschlossen werden.

Im übrigen können die Wirkungen der Annahme an Kindes Statt in dem Annahmevertrage nicht geändert werden.

§ 1768. Das durch die Annahme an Kindes Statt begründete Rechtsverhältnis kann wieder aufgehoben werden. Die Aufhebung kann nicht unter einer Bedingung oder einer Zeitbestimmung erfolgen.

Die Aufhebung erfolgt durch Vertrag zwischen dem Annehmenden, dem Kinde und denjenigen Abkömmlingen des Kindes, auf welche sich die Wirkungen der Annahme erstrecken.

Hat ein Ehepaar gemeinschaftlich ein Kind angenommen oder hat ein Ehegatte ein Kind des anderen Ehegatten angenommen, so ist zu der Aufhebung die Mitwirkung beider Ehegatten erforderlich.

§ 1769. Nach dem Tode des Kindes können die übrigen Beteiligten das zwischen ihnen bestehende Rechtsverhältnis durch Vertrag aufheben. Das Gleiche gilt in den Fällen des § 1757 Abs. 2 nach dem Tode eines der Ehegatten.

§ 1770. Die für die Annahme an Kindes Statt geltenden Vorschriften des § 1741 Satz 2 und der §§ 1750, 1751, 1753 bis 1755 gelten auch für die Aufhebung.

§ 1771. Schließen Personen, die durch Annahme an Kindes Statt verbunden sind, die Vorschrift des § 1311 zuwider eine Ehe, so tritt mit der Eheschließung die Aufhebung des durch die Annahme zwischen ihnen begründeten Rechtsverhältnisses ein.

Ist die Ehe nichtig, so wird, wenn dem einen Ehegatten die elterliche Gewalt über den anderen zusteht, diese mit der Eheschließung verwirkt. Die Verwirkung tritt nicht ein, wenn die Nichtigkeit der Ehe auf einem Formmangel beruht und die Ehe nicht in das Heiratsregister eingetragen worden ist.

§ 1772. Mit der Aufhebung der Annahme an Kindes Statt verlieren das Kind und diejenigen Abkömmlinge des Kindes, auf welche sich die Aufhebung erstreckt, das Recht, den Familiennamen des Annehmenden zu führen. Diese Vorschrift findet in den Fällen des § 1757 Abs. 2 keine Anwendung, wenn die Aufhebung nach dem Tode eines der Ehegatten erfolgt.

§ 1773. Ein Minderjähriger erhält einen Vormund, wenn er nicht unter elterlicher Gewalt steht oder wenn die Eltern weder in den die Person noch in den das Vermögen betreffenden Angelegenheiten zur Vertretung des Minderjährigen berechtigt sind.

Ein Minderjähriger erhält einen Vormund auch dann, wenn sein Familienstand nicht zu ermitteln ist.

§ 1775. Das Vormundschaftsgericht soll, sofern nicht besondere Gründe für die Bestellung mehrerer Vormünder vorliegen, für den Mündel und, wenn mehrere Geschwister zu bevormunden sind, für alle Mündel nur einen Vormund bestellen.

§ 1779. Ist die Vormundschaft nicht einem nach § 1776 Berufenen zu übertragen, so hat das Vormundschaftsgericht nach Anhörung des Gemeindewaisenrats den Vormund auszuwählen.

Das Vormundschaftsgericht soll eine Person auswählen, die nach ihren persönlichen Verhältnissen und ihrer Vermögenslage sowie nach den sonstigen Umständen zur Führung der Vormundschaft geeignet ist. Bei der Auswahl ist auf das religiöse Bekenntnis des Mündels Rücksicht zu nehmen. Verwandte und Verschwägerte des Mündels sind zunächst zu berücksichtigen.

§ 1797. Mehrere Vormünder führen die Vormundschaft gemeinschaftlich. Bei einer Meinungsverschiedenheit entscheidet das Vormundschaftsgericht, sofern nicht bei der Bestellung ein anderes bestimmt wird.

Das Vormundschaftsgericht kann die Führung der Vormundschaft unter mehrere Vormünder nach bestimmten Wirkungskreisen verteilen. Innerhalb des ihm überwiesenen Wirkungskreises führt jeder Vormund die Vormundschaft selbständig.

Bestimmungen, die der Vater oder die Mutter für die Entscheidung von Meinungsverschiedenheiten zwischen den von ihnen benannten Vormündern und für die Verteilung der Geschäfte unter diese nach Maßgabe des § 1777 getroffen hat, sind von dem Vormundschaftsgerichte zu befolgen, sofern nicht ihre Befolgung das Interesse des Mündels gefährden würde.

§ 1798. Steht die Sorge für die Person und die Sorge für das Vermögen des Mündels verschiedenen Vormündern zu, so entscheidet bei einer Meinungsverschiedenheit über die Vornahme einer sowohl die Person als das Vermögen des Mündels betreffenden Handlung das Vormundschaftsgericht.

§ 1800. Das Recht und die Pflicht des Vormundes, für die Person des Mündels zu sorgen, bestimmt sich nach den für die elterliche Gewalt geltenden Vorschriften der §§ 1631 bis 1633.

§ 1801. Die Sorge für die religiöse Erziehung des Mündels kann dem Vormunde von dem Vormundschaftsgericht entzogen werden, wenn der Vormund nicht dem Bekenntnis angehört, in dem der Mündel zu erziehen ist.

§ 1826. Das Vormundschaftsgericht soll vor der Entscheidung über die zu einer Handlung des Vormundes erforderliche Genehmigung den Gegenvormund hören, sofern ein solcher vorhanden und die Anhörung tunlich ist.

§ 1828. Das Vormundschaftsgericht kann die Genehmigung zu einem Rechtsgeschäfte nur dem Vormunde gegenüber erklären.

§ 1829. Schließt der Vormund einen Vertrag ohne die erforderliche Genehmigung des Vormundschaftsgerichts, so hängt die Wirksamkeit des Vertrags von der nachträglichen Genehmigung des Vormundschaftsgerichts ab. Die Genehmigung sowie deren Verweigerung wird dem anderen Teile gegenüber erst wirksam, wenn sie ihm durch den Vormund mitgeteilt wird.

Fordert der andere Teil den Vormund zur Mitteilung darüber auf, ob die Genehmigung erteilt sei, so kann die Mitteilung der Genehmigung nur bis zum Ablaufe von zwei Wochen nach dem Empfange der Aufforderung erfolgen; erfolgt sie nicht, so gilt die Genehmigung als verweigert.

Ist der Mündel volljährig geworden, so tritt seine Genehmigung an die Stelle der Genehmigung des Vormundschaftsgerichts.

§ 1830. Hat der Vormund dem anderen Teile gegenüber der Wahrheit zuwider die Genehmigung des Vormundschaftsgerichts behauptet, so ist der andere Teil bis zur Mitteilung der nachträglichen Genehmigung des Vormundschaftsgerichts zum Widerrufe berechtigt, es sei denn, daß ihm das Fehlen der Genehmigung bei dem Abschlusse des Vertrags bekannt war.

§ 1831. Ein einseitiges Rechtsgeschäft, das der Vormund ohne die erforderliche Genehmigung des Vormundschaftsgerichts vornimmt, ist unwirksam. Nimmt der Vormund mit dieser Genehmigung ein solches Rechtsgeschäft einem anderen gegenüber vor, so ist das Rechtsgeschäft unwirksam, wenn der Vormund die Genehmigung nicht in schriftlicher Form vorlegt und der andere das Rechtsgeschäft aus diesem Grunde unverzüglich zurückweist.

§ 1837. Das Vormundschaftsgericht hat über die gesamte Tätigkeit des Vormundes und des Gegenvormundes die Aufsicht zu führen und gegen Pflichtwidrigkeiten durch geeignete Gebote und Verbote einzuschreiten.

Das Vormundschaftsgericht kann den Vormund und den Gegenvormund zur Befolgung seiner Anordnungen durch Ordnungsstrafen anhalten. Die einzelne Strafe darf den Betrag von dreihundert Mark nicht übersteigen.

§ 1838. Das Vormundschaftsgericht kann anordnen, daß der Mündel zum Zwecke der Erziehung in einer geeigneten Familie oder in einer Erziehungsanstalt oder einer Besserungsanstalt untergebracht wird. Steht dem Vater oder der Mutter die Sorge für die Person des Mündels zu, so ist eine solche Anordnung nur unter den Voraussetzungen des § 1666 zulässig.

§ 1846. Ist ein Vormund noch nicht bestellt oder ist der Vormund an der Erfüllung seiner Pflichten verhindert, so hat das Vormundschaftsgericht die im Interesse des Mündels erforderlichen Maßregeln zu treffen.

§ 1847. Das Vormundschaftsgericht soll vor einer von ihm zu treffenden Entscheidung auf Antrag des Vormundes oder des Gegenvormundes Verwandte oder Verschwägerte des Mündels hören, wenn es ohne erhebliche Verzögerung und ohne unverhältnismäßige Kosten geschehen kann. In wichtigen Angelegenheiten soll die Anhörung auch ohne Antrag erfolgen; wichtige Angelegenheiten sind insbesondere die Volljährigkeitserklärung, die Ersetzung der Einwilligung zur Eheschließung im Falle des § 1304, die Ersetzung der Genehmigung im Falle des § 1337, die Entlassung aus dem Staatsverband und die Todeserklärung.

Die Verwandten und Verschwägerten können von dem Mündel Ersatz ihrer Auslagen verlangen; der Betrag der Auslagen wird von dem Vormundschaftsgerichte festgesetzt.

§ 1886. Das Vormundschaftsgericht hat den Vormund zu entlassen, wenn die Fortführung seines Amtes, insbesondere wegen pflichtwidrigen Verhaltens des Vormundes, das Interesse des Mündels gefährden würde oder wenn in der Person des Vormundes einer der im § 1781 bestimmten Gründe vorliegt.

§ 1901. Der Vormund hat für die Person des Mündels nur insoweit zu sorgen, als der Zweck der Vormundschaft es erfordert.

Steht eine Ehefrau unter Vormundschaft, so tritt die im § 1633 bestimmte Beschränkung nicht ein.

§ 1906. Ein Volljähriger, dessen Entmündigung beantragt ist, kann unter vorläufige Vormundschaft gestellt werden, wenn das Vormundschaftsgericht es zur Abwendung einer erheblichen Gefährdung der Person oder des Vermögens des Volljährigen für erforderlich erachtet.

§ 1909. Wer unter elterlicher Gewalt oder unter Vormundschaft steht, erhält für Angelegenheiten, an deren Besorgung der Gewalthaber oder der Vormund verhindert ist, einen Pfleger. Er erhält insbesondere einen Pfleger zur Verwaltung des Vermögens, das er von Todes wegen erwirbt oder das ihm unter Lebenden von einem Dritten unentgeltlich zugewendet wird, wenn der Erblasser durch letztwillige Verfügung, der Dritte bei der Zuwendung bestimmt hat, daß dem Gewalthaber oder dem Vormunde die Verwaltung nicht zustehen soll.

Tritt das Bedürfnis einer Pflegschaft ein, so hat der Gewalthaber oder der Vormund dem Vormundschaftsgericht unverzüglich Anzeige zu machen.

Die Pflegschaft ist auch dann anzuordnen, wenn die Voraussetzungen für die Anordnung einer Vormundschaft vorliegen, ein Vormund aber noch nicht bestellt ist.

§ 1910. Ein Volljähriger, der nicht unter Vormundschaft steht, kann einen Pfleger für seine Person und sein Vermögen erhalten, wenn er infolge körperlicher Gebrechen, insbesondere weil er taub, blind oder stumm ist, seine Angelegenheiten nicht zu besorgen vermag.

Vermag ein Volljähriger, der nicht unter Vormundschaft steht, infolge geistiger oder körperlicher Gebrechen einzelne seiner Angelegenheiten oder einen bestimmten Kreis seiner Angelegenheiten, insbesondere seine Vermögensangelegenheiten, nicht zu besorgen, so kann er für diese Angelegenheiten einen Pfleger erhalten.

Die Pflegschaft darf nur mit Einwilligung des Gebrechlichen angeordnet werden, es sei denn, daß eine Verständigung mit ihm nicht möglich ist.

§ 1915. Auf die Pflegschaft finden die für die Vormundschaft geltenden Vorschriften entsprechende Anwendung, soweit sich nicht aus dem Gesetz ein anderes ergibt.

Die Bestellung eines Gegenvormundes ist nicht erforderlich.

IV. Vorschriften des EinfG. z. BGB.

Art. 3. Soweit im Bürgerlichen Gesetzbuch oder in diesem Gesetze die Regelung den Landesgesetzen vorbehalten oder bestimmt ist, daß landesgesetzliche Vorschriften unberührt bleiben oder erlassen werden können, bleiben die bestehenden landesgesetzlichen Vorschriften in Kraft und können neue landesgesetzliche Vorschriften erlassen werden.

Art. 19. Das Rechtsverhältnis zwischen den Eltern und einem ehelichen Kinde wird nach den deutschen Gesetzen beurteilt, wenn der Vater und, falls der Vater gestorben ist, die Mutter die Reichsangehörigkeit besitzt. Das Gleiche gilt, wenn die Reichsangehörigkeit des Vaters oder der Mutter erloschen, die Reichsangehörigkeit des Kindes aber bestehen geblieben ist.

Art. 20. Das Rechtsverhältnis zwischen einem unehelichen Kinde und dessen Mutter wird nach den deutschen Gesetzen beurteilt, wenn die Mutter eine Deutsche ist. Das Gleiche gilt, wenn die Reichsangehörigkeit der Mutter erloschen, die Reichsangehörigkeit des Kindes aber bestehen geblieben ist.

Art. 29. Gehört eine Person keinem Staate an, so werden ihre Rechtsverhältnisse, soweit die Gesetze des Staates, dem eine Person angehört, für maßgebend erklärt sind, nach den Gesetzen des Staates beurteilt, dem die Person zuletzt angehört hat, und, wenn sie auch früher einem Staate nicht angehört hat, nach den Gesetzen des Staates, in welchem sie ihren Wohnsitz und in Ermangelung eines Wohnsitzes ihren Aufenthalt hat oder zu der maßgebenden Zeit gehabt hat.

Art. 30. Die Anwendung eines ausländischen Gesetzes ist ausgeschlossen, wenn die Anwendung gegen die guten Sitten oder gegen den Zweck eines deutschen Gesetzes verstoßen würde.

Art. 134. Unberührt bleiben die landesgesetzlichen Vorschriften über die religiöse Erziehung der Kinder.

Art. 135. Unberührt bleiben die landesgesetzlichen Vorschriften über die Zwangserziehung Minderjähriger. Die Zwangserziehung ist jedoch, unbeschadet der Vorschriften der §§ 55, 56 des Strafgesetzbuchs nur zulässig, wenn sie von dem Vormundschaftsgericht angeordnet wird. Die Anordnung kann außer den Fällen der §§ 1666, 1838 des Bürgerlichen Gesetzbuchs nur erfolgen, wenn die Zwangserziehung zur Verhütung des völligen sittlichen Verderbens notwendig ist.

Die Landesgesetze können die Entscheidung darüber, ob der Minderjährige, dessen Zwangserziehung angeordnet ist, in einer Familie oder in einer Erziehungs- oder Besserungsanstalt unterzubringen sei, einer Verwaltungsbehörde übertragen, wenn die Unterbringung auf öffentliche Kosten zu erfolgen hat.

Art. 136. Unberührt bleiben die landesgesetzlichen Vorschriften, nach welchen

1. der Vorstand einer unter staatlicher Verwaltung oder Aufsicht stehenden Erziehungs- oder Verpflegungsanstalt oder ein Beamter alle oder einzelne Rechte und Pflichten eines Vormundes für diejenigen Minderjährigen hat, welche in der Anstalt oder unter der Aufsicht des Vorstandes oder des Beamten in einer von ihm ausgewählten Familie oder Anstalt erzogen oder verpflegt werden, und der Vorstand der Anstalt oder der Beamte auch nach der Beendigung der Erziehung oder der Verpflegung bis zur Volljährigkeit des Mündels diese Rechte und Pflichten behält, unbeschadet der Befugnis des Vormundschaftsgerichts, einen anderen Vormund zu bestellen;
2. die Vorschriften der Nr. 1 bei unehelichen Minderjährigen auch dann gelten, wenn diese unter der Aufsicht des Vorstandes oder des Beamten in der mütterlichen Familie erzogen oder verpflegt werden;

3. der Vorstand einer unter staatlicher Verwaltung oder Aufsicht stehenden Erziehungs- oder Verpflegungsanstalt oder ein von ihm bezeichneter Angestellter der Anstalt oder ein Beamter vor den nach § 1776 des Bürgerlichen Gesetzbuchs als Vormünder berufenen Personen zum Vormunde der in Nr. 1, 2 bezeichneten Minderjährigen bestellt werden kann;
4. im Falle einer nach den Vorschriften der Nr. 1 bis 3 stattfindenden Bevormundung ein Gegenvormund nicht zu bestellen ist und dem Vormunde die nach § 1852 des Bürgerlichen Gesetzbuchs zulässigen Befreiungen zustehen.

Art. 141. Die Landesgesetze können bestimmen, daß für die Beurkundung von Rechtsgeschäften, die nach den Vorschriften des Bürgerlichen Gesetzbuchs gerichtlicher oder notarieller Beurkundung bedürfen, entweder nur die Gerichte oder nur die Notare zuständig sind.

Art. 147. Unberührt bleiben die landesgesetzlichen Vorschriften, nach welchen für die dem Vormundschaftsgericht oder dem Nachlaßgericht obliegenden Verrichtungen andere als gerichtliche Behörden zuständig sind.

Sind durch Landesgesetz die Verrichtungen des Nachlaßgerichts einer anderen Behörde als einem Gericht übertragen, so ist für die Abnahme des im § 2006 des Bürgerlichen Gesetzbuchs vorgeschriebenen Offenbarungseids das Amtsgericht zuständig, in dessen Bezirke die Nachlaßbehörde ihren Sitz hat.

V. Vorschriften des FGG.

§ 1. Für diejenigen Angelegenheiten der freiwilligen Gerichtsbarkeit, welche durch Reichsgesetz den Gerichten übertragen sind, gelten, soweit nicht ein anderes bestimmt ist, die nachstehenden allgemeinen Vorschriften.

§ 4. Unter mehreren zuständigen Gerichten gebührt demjenigen der Vorzug, welches zuerst in der Sache tätig geworden ist.

§ 5. Besteht Streit oder Ungewißheit darüber, welches von mehreren Gerichten örtlich zuständig ist, so wird das zuständige Gericht durch das gemeinschaftliche obere Gericht und, falls dieses das Reichsgericht ist, durch dasjenige Oberlandesgericht bestimmt, zu dessen Bezirke das zuerst mit der Sache befaßte Gericht gehört. Ist das zuständige Gericht in einem einzelnen Falle an der Ausübung des Richteramts rechtlich oder tatsächlich verhindert, so erfolgt die Bestimmung durch das ihm im Instanzenzuge vorgeordnete Gericht.

Eine Anfechtung der Entscheidung findet nicht statt.

§ 7. Gerichtliche Handlungen sind nicht aus dem Grunde unwirksam, weil sie von einem örtlich unzuständigen Gericht oder von einem Richter vorgenommen sind, der von der Ausübung des Richteramts kraft Gesetzes ausgeschlossen ist.

§ 11. Anträge und Erklärungen können zum Protokolle des Gerichtsschreibers des zuständigen Gerichts oder des Gerichtsschreibers eines Amtsgerichts erfolgen.

§ 12. Das Gericht hat von Amts wegen die zur Feststellung der Tatsachen erforderlichen Ermittelungen zu veranstalten und die geeignet erscheinenden Beweise aufzunehmen.

§ 13. Die Beteiligten können mit Beiständen erscheinen. Sie können sich, soweit nicht das Gericht das persönliche Erscheinen anordnet, auch durch Bevollmächtigte vertreten lassen. Die Bevollmächtigten haben auf Anordnung des Gerichts oder auf Verlangen eines Beteiligten die Bevollmächtigung durch eine öffentlich beglaubigte Vollmacht nachzuweisen.

§ 14. Die Vorschriften der Zivilprozeßordnung über das Armenrecht sowie die Vorschriften der §§ 34 bis 36 der Rechtsanwaltsordnung finden entsprechende Anwendung.

§ 15. Die Vorschriften der Zivilprozeßordnung über den Zeugenbeweis, über den Beweis durch Sachverständige und über das Verfahren bei der Abnahme von Eiden finden entsprechende Anwendung. Ueber die Beeidigung eines Zeugen oder Sachverständigen entscheidet jedoch, unbeschadet der §§ 393, 402 der Zivilprozeßordnung, das Ermessen des Gerichts.

Behufs der Glaubhaftmachung einer tatsächlichen Behauptung kann ein Beteiligter zur Versicherung an Eides Statt zugelassen werden.

§ 16. Gerichtliche Verfügungen werden mit der Bekanntmachung an denjenigen, für welchen sie ihrem Inhalte nach bestimmt sind, wirksam.

Die Bekanntmachung erfolgt, wenn mit ihr der Lauf einer Frist beginnt, durch Zustellung nach den für die Zustellung von Amts wegen geltenden Vorschriften der Zivilprozeßordnung; durch die Landesjustizverwaltung kann jedoch für Zustellungen im Ausland eine einfachere Art der Zustellung angeordnet werden. In denjenigen Fällen, in welchen mit der Bekanntmachung nicht der Lauf einer Frist beginnt, soll in den Akten vermerkt werden, in welcher Weise, an welchem Orte und an welchem Tage die Bekanntmachung zur Ausführung gebracht ist; durch die Landesjustizverwaltung kann näher bestimmt werden, in welcher Weise in diesen Fällen die Bekanntmachung zur Ausführung gebracht werden soll.

Einem Anwesenden kann die Verfügung zu Protokoll bekannt gemacht werden. Auf Verlangen ist ihm eine Abschrift der Verfügung zu erteilen.

§ 18. Erachtet das Gericht eine von ihm erlassene Verfügung nachträglich für ungerechtfertigt, so ist es berechtigt, sie zu ändern; soweit eine Verfügung nur auf Antrag erlassen werden kann und der Antrag zurückgewiesen worden ist, darf die Aenderung nur auf Antrag erfolgen.

Zu der Aenderung einer Verfügung, die der sofortigen Beschwerde unterliegt, ist das Gericht nicht befugt.

§ 19. Gegen die Verfügungen des Gerichts erster Instanz findet das Rechtsmittel der Beschwerde statt.

Ueber die Beschwerde entscheidet das Landgericht.

§ 20. Die Beschwerde steht jedem zu, dessen Recht durch die Verfügung beeinträchtigt ist.

Soweit eine Verfügung nur auf Antrag erlassen werden kann und der Antrag zurückgewiesen worden ist, steht die Beschwerde nur dem Antragsteller zu.

§ 21. Die Beschwerde kann bei dem Gerichte, dessen Verfügung angefochten wird, oder bei dem Beschwerdegericht eingelegt werden.

Die Einlegung erfolgt durch Einreichung einer Beschwerdeschrift oder durch Erklärung zum Protokolle des Gerichtsschreibers desjenigen Gerichts, dessen Verfügung angefochten wird, oder des Gerichtsschreibers des Beschwerdegerichts.

§ 22. Die sofortige Beschwerde ist binnen einer Frist von zwei Wochen einzulegen. Die Frist beginnt mit dem Zeitpunkt, in welchem die Verfügung dem Beschwerdeführer bekannt gemacht worden ist.

Einem Beschwerdeführer, der ohne sein Verschulden verhindert war, die Frist einzuhalten, ist auf Antrag von dem Beschwerdegerichte die Wiedereinsetzung in den vorigen Stand zu erteilen, wenn er die Beschwerde binnen zwei Wochen nach der Beseitigung des Hindernisses einlegt und die Tatsachen, welche die Wiedereinsetzung begründen, glaubhaft macht. Eine Versäumung der Frist, die in dem Verschulden eines Vertreters ihren Grund hat, wird als eine unverschuldete nicht angesehen. Gegen die Entscheidung über den Antrag findet die sofortige weitere Beschwerde statt. Nach dem Ablauf eines Jahres, von dem Ende der versäumten Frist an gerechnet, kann die Wiedereinsetzung nicht mehr beantragt werden.

§ 23. Die Beschwerde kann auf neue Tatsachen und Beweise gestützt werden.

§ 24. Die Beschwerde hat nur dann aufschiebende Wirkung, wenn sie gegen eine Verfügung gerichtet ist, durch die eine Strafe festgesetzt wird.

Das Gericht, dessen Verfügung angefochten wird, kann anordnen, daß die Vollziehung auszusetzen ist.

Das Beschwerdegericht kann vor der Entscheidung eine einstweilige Anordnung erlassen; es kann insbesondere anordnen, daß die Vollziehung der angefochtenen Verfügung auszusetzen ist.

§ 25. Die Entscheidung des Beschwerdegerichts ist mit Gründen zu versehen.

§ 26. Die Entscheidung des Beschwerdegerichts wird in den Fällen, in welchen die sofortige weitere Beschwerde stattfindet, erst mit der Rechtskraft wirksam. Des Beschwerdegericht kann jedoch die sofortige Wirksamkeit der Entscheidung anordnen.

§ 27. Gegen die Entscheidung des Beschwerdegerichts ist das Rechtsmittel der weiteren Beschwerde zulässig, wenn die Entscheidung auf einer Verletzung des Gesetzes beruht. Die Vorschriften der §§ 550, 551, 561, 563 der Zivilprozeßordnung finden entsprechende Anwendung.

§ 28. Ueber die weitere Beschwerde entscheidet das Oberlandesgericht.

Will das Oberlandesgericht bei der Auslegung einer reichsgesetzlichen Vorschrift, welche eine der im § 1 bezeichneten Angelegenheiten betrifft, von der auf weitere Beschwerde ergangenen Entscheidung eines anderen Oberlandesgerichts, falls aber über die Rechtsfrage bereits eine Entscheidung des Reichsgerichts ergangen ist, von dieser abweichen, so hat es die weitere Beschwerde unter Begründung seiner Rechtsauffassung dem

Reichsgerichte vorzulegen. Der Beschluß über die Vorlegung ist dem Beschwerdeführer bekannt zu machen.

In den Fällen des Abs. 2 entscheidet über die weitere Beschwerde das Reichsgericht.

§ 29. Die weitere Beschwerde kann bei dem Gericht erster Instanz, bei dem Landgericht oder bei dem Oberlandesgericht eingelegt werden. Erfolgt die Einlegung durch Einreichung einer Beschwerdeschrift, so muß diese von einem Rechtsanwalt unterzeichnet sein. Der Zuziehung eines Rechtsanwalts bedarf es nicht, wenn die Beschwerde von einer Behörde oder von einem Notar eingelegt wird, der in der Angelegenheit für den Beschwerdeführer einen Antrag bei dem Gericht erster Instanz gestellt hat.

Soweit eine Verfügung der sofortigen Beschwerde unterliegt, findet auch gegen die Entscheidung des Beschwerdegerichts die sofortige weitere Beschwerde statt.

Das Gericht erster Instanz und das Landgericht sind nicht befugt, der weiteren Beschwerde abzuhelfen.

Im Uebrigen finden die Vorschriften über die Beschwerde entsprechende Anwendung.

§ 30. Die Entscheidungen über Beschwerden erfolgen bei den Landgerichten durch eine Zivilkammer, bei den Oberlandesgerichten und bei dem Reichsgerichte durch einen Zivilsenat. Ist bei einem Landgericht eine Kammer für Handelssachen gebildet, so tritt für Handelssachen diese Kammer an die Stelle der Zivilkammer.

Die Vorschriften des § 137 des Gerichtsverfassungsgesetzes finden entsprechende Anwendung.

§ 34. Die Einsicht der Gerichtsakten kann jedem insoweit gestattet werden, als er ein berechtigtes Interesse glaubhaft macht. Das gleiche gilt von der Erteilung einer Abschrift; die Abschrift ist auf Verlangen zu beglaubigen.

§ 35. Für die dem Vormundschaftsgericht obliegenden Verrichtungen sind die Amtsgerichte zuständig.

§ 36. Für die Vormundschaft ist das Gericht zuständig, in dessen Bezirke der Mündel zu der Zeit, zu welcher die Anordnung der Vormundschaft erforderlich wird, seinen Wohnsitz oder in Ermangelung eines inländischen Wohnsitzes seinen Aufenthalt hat. Wird die Anordnung einer Vormundschaft über Geschwister erforderlich, die in den Bezirken verschiedener Vormundschaftsgerichte ihren Wohnsitz oder ihren Aufenthalt haben, so ist, wenn für einen der Mündel schon eine Vormundschaft anhängig ist, das für diese zuständige Gericht, anderenfalls dasjenige Gericht, in dessen Bezirke der jüngste Mündel seinen Wohnsitz oder seinen Aufenthalt hat, für alle Geschwister maßgebend.

Ist der Mündel ein Deutscher und hat er im Inlande weder Wohnsitz noch Aufenthalt, so ist das Gericht zuständig, in dessen Bezirke der Mündel seinen letzten inländischen Wohnsitz hatte. In Ermangelung eines solchen Wohnsitzes wird das zuständige Gericht, falls der Mündel einem Bundesstaat angehört, von der Landesjustizverwaltung, anderenfalls von dem Reichskanzler bestimmt.

Für die Vormundschaft über einen Minderjährigen, dessen Familienstand nicht zu ermitteln ist, ist das Gericht zuständig, in dessen Bezirke der Minderjährige aufgefunden wurde.

§ 43. Die Zuständigkeit für eine Verrichtung des Vormundschaftsgerichts, die nicht eine Vormundschaft oder eine Pflegschaft betrifft, bestimmt sich, soweit sich nicht aus dem Gesetz ein anderes ergibt, nach den Vorschriften des § 36 Abs. 1, 2; maßgebend ist für jede einzelne Angelegenheit der Zeitpunkt, in welchem das Gericht mit ihr befaßt wird.

Ist für die Person, in Ansehung deren die Verrichtung des Vormundschaftsgerichts erforderlich wird, eine Vormundschaft oder eine Pflegschaft anhängig oder ist der Mutter, unter deren elterlicher Gewalt sie steht, ein Beistand bestellt, so ist das Gericht zuständig, bei welchem die Vormundschaft, Pflegschaft oder Beistandschaft anhängig ist.

§ 45. Wird in einer Angelegenheit, welche die persönlichen Rechtsbeziehungen der Ehegatten zueinander oder das eheliche Güterrecht betrifft, eine Verrichtung des Vormundschaftsgerichts erforderlich, so ist das Gericht zuständig, in dessen Bezirke der Mann seinen Wohnsitz oder in Ermangelung eines inländischen Wohnsitzes seinen Aufenthalt hat.

Ist der Mann ein Deutscher und hat er im Inlande weder Wohnsitz noch Aufenthalt, so finden die Vorschriften des § 36 Abs. 2 entsprechende Anwendung.

Hat der Mann die Reichsangehörigkeit verloren, die Frau sie aber behalten, so ist, wenn der Mann im Inlande weder Wohnsitz noch Aufenthalt hat, das Gericht zuständig, in dessen Bezirke die Frau ihren Wohnsitz oder in Ermangelung eines inländischen Wohnsitzes ihren Aufenthalt hat; hat sie im Inlande weder Wohnsitz noch Aufenthalt, so finden die Vorschriften des § 36 Abs. 2 entsprechende Anwendung.

Für die Zuständigkeit ist in Ansehung jeder einzelnen Angelegenheit der Zeitpunkt maßgebend, in welchem das Gericht mit ihr befaßt wird.

§ 53. Eine Verfügung, durch die auf Antrag die Ermächtigung oder die Zustimmung eines anderen zu einem Rechtsgeschäft ersetzt oder dem Manne die im § 1358 Abs. 1 des Bürgerlichen Gesetzbuchs vorgesehene Ermächtigung zur Kündigung erteilt oder durch welche die Beschränkung oder die Ausschließung der nach § 1357 des Bürgerlichen Gesetzbuchs der Frau zustehenden Rechte aufgehoben wird, tritt erst mit der Rechtskraft in Wirksamkeit. Das gleiche gilt von einer Verfügung, durch die auf Antrag des Kindes die Zustimmung der Mutter zur Ehelichkeitserklärung ihres Kindes ersetzt wird.

Bei Gefahr im Verzuge kann das Gericht die sofortige Wirksamkeit der Verfügung anordnen. Die Verfügung tritt mit der Bekanntmachung an den Antragsteller in Wirksamkeit.

§ 56. Die Volljährigkeitserklärung soll nur auf Antrag des Minderjährigen oder desjenigen gesetzlichen Vertreters des Minderjährigen erfolgen, welchem die Sorge für die Person zusteht.

Die Verfügung, durch welche der Minderjährige für volljährig erklärt wird, tritt erst mit der Rechtskraft in Wirksamkeit.

§ 57. Die Beschwerde steht, unbeschadet der Vorschriften des § 20, zu:

1. gegen eine Verfügung, durch welche die Anordnung einer Vormundschaft abgelehnt oder eine Vormundschaft aufgehoben wird, jedem, der ein rechtliches Interesse an der Aenderung der Verfügung hat, sowie dem Ehegatten, den Verwandten und Verschwägerten des Mündels, es sei denn, daß die Verfügung eine vorläufige Vormundschaft betrifft;
2. gegen eine Verfügung, durch welche die Anordnung einer vorläufigen Vormundschaft abgelehnt oder eine solche Vormundschaft aufgehoben wird, denjenigen, welche den Antrag auf Entmündigung zu stellen berechtigt sind;
3. gegen eine Verfügung, durch welche die Anordnung einer Pflegschaft abgelehnt oder eine Pflegschaft aufgehoben wird, jedem, der ein rechtliches Interesse an der Aenderung der Verfügung hat, in den Fällen der §§ 1909, 1910 des Bürgerlichen Gesetzbuchs auch dem Ehegatten sowie den Verwandten und Verschwägerten des Pflegebefohlenen; diese Vorschrift gilt jedoch im Falle des § 1910 nur dann, wenn eine Verständigung mit dem Pflegebefohlenen nicht möglich ist;
4. gegen eine Verfügung, durch welche die Einsetzung eines Familienrats abgelehnt oder der Familienrat aufgehoben wird, dem Ehegatten sowie den Verwandten und Verschwägerten des Mündels;
5. gegen eine Verfügung, durch die in den Fällen des § 1687 Nr. 1, 3 des Bürgerlichen Gesetzbuchs die Bestellung eines Beistandes der Mutter abgelehnt oder die Bestellung aufgehoben wird, dem Ehegatten sowie den Verwandten und Verschwägerten des Kindes;
6. gegen eine Verfügung, durch die ein Antrag des Gegenvormundes oder des Beistandes zurückgewiesen wird, gegen den gesetzlichen Vertreter wegen pflichtwidrigen Verhaltens einzuschreiten oder den Vormund oder den Pfleger aus einem der im § 1886 des Bürgerlichen Gesetzbuchs bezeichneten Gründe zu entlassen, dem Antragsteller;
7. gegen eine Verfügung, durch die dem Vormund oder dem Pfleger eine Vergütung bewilligt wird, dem Gegenvormunde;
8. gegen eine Verfügung, durch welche die Anordnung einer der in den §§ 1665 bis 1667 des Bürgerlichen Gesetzbuchs vorgesehenen Maßregeln abgelehnt oder eine solche Maßregel aufgehoben wird, den Verwandten und Verschwägerten des Kindes;
9. gegen eine Verfügung, die eine Entscheidung über eine die Sorge für die Person des Kindes oder des Mündels betreffende Angelegenheit enthält, jedem, der ein berechtigtes Interesse hat, diese Angelegenheit wahrzunehmen.

Die Vorschrift des Abs. 1 Nr. 9 findet auf die sofortige Beschwerde keine Anwendung.

§ 58. Führen mehrere Vormünder oder Pfleger die Vormundschaft oder die Pflegschaft gemeinschaftlich, so kann jeder von ihnen für den Mündel das Beschwerderecht selbständig ausüben.

Diese Vorschrift findet in den Fällen der §§ 1629, 1798 des Bürgerlichen Gesetzbuchs entsprechende Anwendung.

§ 59. Ein unter elterlicher Gewalt stehendes Kind oder ein unter Vormundschaft stehender Mündel kann in allen seine Person betreffenden Angelegenheiten ohne Mitwirkung seines gesetzlichen Vertreters das Beschwerderecht ausüben. Das gleiche gilt in Angelegenheiten, in denen der Mündel vor einer Entscheidung des Vormundschaftsgerichts gehört werden soll.

Diese Vorschriften finden auf Personen, die geschäftsunfähig sind oder nicht das vierzehnte Lebensjahr vollendet haben, keine Anwendung.

§ 60. Die sofortige Beschwerde findet statt:

1. gegen eine Verfügung, durch die ein als Vormund, Pfleger, Gegenvormund, Beistand oder Mitglied des Familienrats Berufener übergangen wird;
2. gegen eine Verfügung, durch welche die Weigerung, eine Vormundschaft, Pflegschaft, Gegenvormundschaft oder Beistandschaft zu übernehmen, zurückgewiesen wird;
3. gegen eine Verfügung, durch die ein Vormund, Pfleger, Gegenvormund oder Beistand gegen seinen Willen entlassen wird;
4. gegen eine Verfügung, durch die der Familienrat aufgehoben oder ein Mitglied des Familienrats gegen seinen Willen entlassen wird;
5. gegen eine Verfügung, durch die ein Volljähriger unter vorläufige Vormundschaft gestellt wird;
6. gegen Verfügungen, die erst mit der Rechtskraft wirksam werden.

Die Frist beginnt in den Fällen des Abs. 1 Nr. 1 mit dem Zeitpunkt, in welchem der Beschwerdeführer von seiner Uebergehung Kenntnis erlangt, im Falle der Aufhebung des Familienrats mit dem Zeitpunkt, in welchem das Vormundschaftsgericht die bisherigen Mitglieder von der Aufhebung in Kenntnis setzt.

§ 62. Soweit eine Verfügung nach § 55 von dem Vormundschaftsgerichte nicht mehr geändert werden kann, ist auch das Beschwerdegericht nicht berechtigt, sie zu ändern.

§ 63. Auf die weitere Beschwerde finden die Vorschriften der §§ 57 bis 62 entsprechende Anwendung.

§ 194. Sind für die im § 1 bezeichneten Angelegenheiten nach Landesgesetz andere als gerichtliche Behörden zuständig, so gelten die in dem ersten Abschnitte für die Gerichte gegebenen Vorschriften auch für die anderen Behörden.

Als gemeinschaftliches oberes Gericht im Sinne der §§ 5, 46 gilt dasjenige Gericht, welches das gemeinschaftliche obere Gericht für die Amtsgerichte ist, in deren Bezirke die Behörden ihren Sitz haben. Durch Landesgesetz kann jedoch bestimmt werden, daß, wenn die Behörden in dem Bezirke desselben Amtsgerichts ihren Sitz haben, dieses als gemeinschaftliches oberes Gericht zuständig ist.

Die Vorschriften des § 8 über die Sitzungspolizei und über die Beratung und Abstimmung sowie die Vorschriften der §§ 6, 10, 11, des § 16 Abs. 2 und des § 31 finden keine Anwendung.

Durch die Vorschrift des Abs. 1 wird die Verpflichtung der gerichtlichen Behörden, gemäß § 2 Rechtshilfe zu leisten, nicht berührt.

§ 195. Durch die Gesetzgebung eines Bundesstaats, in dem für die dem Vormundschaftsgericht oder dem Nachlaßgericht obliegenden Verrichtungen andere Behörden als die Amtsgerichte zuständig sind, kann bestimmt werden, daß die Abänderung einer Entscheidung einer solchen Behörde bei dem Amtsgerichte nachzusuchen ist, in dessen Bezirke die Behörde ihren Sitz hat. In diesem Falle finden auf das Verfahren die Vorschriften der §§ 20 bis 25 entsprechende Anwendung.

Die Beschwerde findet gegen die Entscheidung des Amtsgerichts statt.

§ 199. Durch die Gesetzgebung eines Bundesstaats, in dem mehrere Oberlandesgerichte errichtet sind, kann die Entscheidung über das Rechtsmittel der weiteren Beschwerde einem der mehreren Oberlandesgerichte oder an Stelle eines solchen Oberlandesgerichts dem obersten Landesgerichte zugewiesen werden.

Das Gericht, dem nach Absatz 1 die Entscheidung zugewiesen wird, tritt zugleich für die Beschwerde gegen eine Verfügung des Landgerichts an die Stelle des nach § 64 und § 143 Abs. 2 zuständigen Oberlandesgerichts. Auch gilt es im Sinne der §§ 5, 46 als gemeinschaftliches oberes Gericht für alle Gerichte des Bundesstaats.

§ 200. Durch Landesgesetz können Vorschriften zur Ergänzung und Ausführung dieses Gesetzes, mit Einschluß der erforderlichen Uebergangsvorschriften, auch insoweit erlassen werden, als dieses Gesetz Vorbehalte für die Landesgesetzgebung nicht enthält.

Soweit durch Landesgesetz allgemeine Vorschriften über die Errichtung gerichtlicher oder notarieller Urkunden erlassen werden, ist ein Verstoß gegen eine solche Vorschrift, unbeschadet der Vorschriften über die Folgen des Mangels der sachlichen Zuständigkeit, ohne Einfluß auf die Gültigkeit der Beurkundung.

VI. Ausländisches Recht.

a) Oesterreich.[183])

Allgemeines bürgerliches Gesetzbuch vom 1. Juni 1811.

§ 139. Die Eltern haben überhaupt die Verbindlichkeit, ihre ehelichen Kinder zu erziehen, das ist .... durch Unterricht in der Religion und den nützlichen Kenntnissen den Grund zu ihrer künftigen Wohlfahrt zu legen.

§ 140. In was für einer Religion ein Kind, dessen Eltern in dem Religionsbekenntnisse nicht übereinstimmen, zu erziehen und in welchem Alter ein Kind zu einer andern Religion, als in der es erzogen worden ist, sich zu bekennen, berechtiget sei, bestimmen die politischen Vorschriften.

Gesetz vom 25. Mai 1868,

wodurch die interkonfessionellen Verhältnisse der Staatsbürger in den darin angegebenen Beziehungen geregelt werden.

(Reichsgesetzblatt für das Kaisertum Oesterreich, Jahrgang 1868 S. 99 ff.).[184])

Art. 1. Eheliche oder den ehelichen gleichgehaltene Kinder folgen, soferne beide Eltern demselben Bekenntnisse angehören, der Religion ihrer Eltern.

Bei gemischten Ehen folgen die Söhne der Religion des Vaters, die Töchter der Religion der Mutter. Doch können die Ehegatten vor oder nach Abschluß der Ehe durch Vertrag festsetzen, daß das umgekehrte Verhältnis stattfinden solle, oder daß alle Kinder der Religion des Vaters oder alle der der Mutter folgen sollen.

Uneheliche Kinder folgen der Religion der Mutter.

Im Falle keine der obigen Bestimmungen Platz greift, hat derjenige, welchem das Recht der Erziehung bezüglich eines Kindes zusteht, das Religionsbekenntnis für solches zu bestimmen.

Reverse an Vorsteher oder Diener einer Kirche oder Religionsgesellschaft oder an andere Personen über das Religionsbekenntnis, in welchem Kinder erzogen und unterrichtet werden sollen, sind wirkungslos.

Art. 2. Das nach dem vorhergehenden Artikel für ein Kind bestimmte Religionsbekenntnis darf in der Regel so lange nicht verändert werden, bis dasselbe aus eigener freier Wahl eine solche Veränderung vornimmt. Es können jedoch Eltern, welche nach Art. 1 das Religionsbekenntnis der Kinder vertragsmäßig zu bestimmen berechtigt sind, dasselbe bezüglich jener Kinder ändern, welche noch nicht das siebente Lebensjahr zurückgelegt haben.

Im Falle eines Religionswechsels eines der beiden Elternteile, beziehungsweise der unehelichen Mutter, sind jedoch die vorhandenen Kinder, welche das siebente Lebensjahr noch nicht vollendet haben, in betreff des Religionsbekenntnisses ohne Rücksicht auf einen

---

[183]) Vgl. Güttler S. 321 ff.; M. v. Stubenrauch, Komm. zum österr. allg. bürgerl. GB., 8. Aufl. Wien 1902, Bd. 1 S. 217 ff.; J. Freih. v. Schey, Das allg. bürgerl. GB. für das Kaisertum Oesterreich, 18. Aufl., Wien 1906 S. 82 ff.; Kranz-Ehrenzweig, System des österr. allgem. Privatrechts, 5. Aufl., Wien 1915 Bd. II 2. Hälfte S. 187 ff.; M. v. Hussarek, Die religiöse Erziehung der Kinder nach österr. Rechte, Grünhuts Zeitschr. f. d. Privat- und öffentliche Recht Bd. 23 (1896) S. 601 ff.

[184]) S. auch „Ges. vom 25. Mai 1868, wodurch grundsätzliche Bestimmungen über das Verhältnis der Schule zur Kirche erlassen werden" (Reichsgesetzbl. f. d. Kaisertum Oesterreich, Jahrg. 1868 S. 97 ff.), abgeändert durch Novellen von 1872, 1883 und 1888, und hiezu O. Weinberger, Die historisch-politische Bedeutung der Kündigung des österr. Konkordats, Histor.-politische Blätter für das katholische Deutschland Bd. 166 (1920) S. 232 ff., insbes. S. 241 ff., ferner über die österreichischen Verfassungsentwürfe O. Weinberger in LZ. 1920 S. 739 ff.

In der Tschechoslowakei ist das oben abgedruckte Gesetz vom 25. Mai 1868 durch die Novelle vom 15. April 1920 (Slg. Nr. 277) einschneidend abgeändert worden; vgl. „Von einem Juristen der alten Generation, Zur Frage der interkonfessionellen Gesetzgebung im tschechoslowakischen Staate", Prager Jur. Zeitschrift (wissenschaftl. Vierteljahresschrift) I. Jahrg. Heft I/II S. 22 ff.

In Ungarn sind maßgebend Gesetzartikel LXIII vom Jahre 1868, XXXII vom Jahre 1894 und XLIII vom Jahre 1895; vgl. Güttler S. 328 ff. und Prager Jur. Zeitschr. a. a. O. S. 39 ff.

vor dem Religionswechsel abgeschlossenen Vertrag so zu behandeln, als wären sie erst nach dem Religionswechsel der Eltern, beziehungsweise der unehelichen Mutter, geboren worden.

Wird ein Kind vor zurückgelegtem siebenten Jahre legitimiert, so ist es in betreff des Religionsbekenntnisses nach Art. 1 zu behandeln.

Art. 3. Die Eltern und Vormünder, sowie die Religionsdiener sind für die genaue Befolgung der vorstehenden Vorschriften verantwortlich.

Für den Fall der Verletzung derselben steht den nächsten Verwandten ebenso wie den Oberen der Kirchen und Religionsgenossenschaften das Recht zu, die Hilfe der Behörden anzurufen, welche die Sache zu untersuchen und das Gesetzliche zu verfügen haben.

Art. 4. Nach vollendetem vierzehnten Lebensjahre hat jedermann ohne Unterschied des Geschlechtes die freie Wahl des Religionsbekenntnisses nach seiner eigenen Ueberzeugung und ist in dieser freien Wahl nötigenfalls von der Behörde zu schützen.

Derselbe darf sich jedoch zur Zeit der Wahl nicht in einem Geistes- oder Gemütszustande befinden, welcher die eigene freie Ueberzeugung ausschließt.

b) Schweiz.[185])

Schweizerisches Zivilgesetzbuch vom 10. Dezember 1907.

Art. 277. Ueber die religiöse Erziehung des Kindes verfügen die Eltern.

Ein Vertrag, der diese Befugnis beschränkt, ist ungültig.

Hat ein Kind das sechzehnte Altersjahr zurückgelegt, so darf ihm die selbständige Entscheidung über sein religiöses Bekenntnis nicht verwehrt werden.

Art. 378 Abs. 3. Wenn über die religiöse Erziehung eines bevormundeten Unmündigen eine Verfügung zu treffen ist, so hat die Behörde des Wohnsitzes die Weisung der heimatlichen Vormundschaftsbehörde einzuholen und zu befolgen.

---

[185]) Vgl. M. Gmür, Kommentar z. Schweizerischen Zivilgesetzbuch Bd. II, 2. Abteil., Bern 1921 S. 113 ff., Bd. II, 3. Abteil., Bern 1918 S. 154 ff.

Nachträge und Berichtigungen.

Seite 32 Abs. 2 a. E. ist beizufügen: Das Gesetz vom 15. Juli 1921 findet also auf Ausländer nur Anwendung, wenn ihr Rechtsverhältnis zu dem Kinde (insbesondere infolge „Rückverweisung"; s. EG. z. BGB. Art. 27) sich nach dem Rechte des BGB. bestimmt (so mit Recht Boschan S. 53).

„ 50 zu b, γ: Ebenso Boschan S. 51.

„ 54 ist statt: „e) Ueber Pflegekindschaft s. Bem. IV, 5, d zu § 1" einzufügen:
4. Ein Annahmevertrag, der hinsichtlich der religiösen Erziehung des Wahlkindes abweichende Vereinbarungen enthält, ist ungültig (BGB. § 1767 Abs. 2, Boschan S. 52, Staudinger Bem. 1 zu § 1767, KGJ. Bd. 38 A S. 92 ff.).
5. Ueber Pflegekindschaft s. Bem. IV, 5, d zu § 1.

„ 56 zu b Abs. 1 Satz 3: Ebenso KG., 5. Mai 1922, OLG. Bd. 42 S. 123.

„ 57 zu V, 4, e: Ebenso Boschan S. 51.

„ 61 zu b Abs. 3 Satz 1: Ebenso Boschan S. 53, KG., 12. Mai 1922, OLG. Bd. 42 S. 122.

„ 61 zu b Abs. 3 Satz 2: Vgl. auch oben S. 34 Bem. II, 1 zu § 1, KG., 12. Mai 1922, OLG. Bd. 42 S. 122.

„ 70 zu b Abs. 2: Der Begriff der „Bestimmung" erfordert ein aktives Handeln; ein einfaches Dulden genügt nicht (KG., 31. März 1922, OLG. Bd. 42 S. 125).

„ 70 nach γ ist einzufügen: δ) Wenn ein früheres Gesetz (wie die preußische Deklaration von 1803) die aus einer gemischten Ehe stammenden Kinder nach dem Tode des Vaters einem bestimmten Bekenntnisse zugewiesen hat, so kann diese Zuweisung nicht als „Bestimmung" im Sinne des § 3 Abs. 2 Satz 6 erachtet werden (KG., 31. März 1922, OLG. Bd. 42 S. 125).

„ 78 nach 5 Satz 2 ist beizufügen: Selbstverständlich ist das Kind in Angelegenheiten dieser Art antrags- und beschwerdeberechtigt, ohne an die Schranke des § 59 Abs. 2 FGG. (Vollendung des vierzehnten Lebensjahrs; s. Bem. III, 7, a, ε zu § 7) gebunden zu sein (so mit Recht Boschan S. 53).

„ 82 zu d Satz 3: Uebereinstimmend KG., 31. März 1922, OLG. Bd. 42 S. 124.

„ 82 Anm. 173: Statt „Orden" lies „Obern".

„ 84 zu γ: Vgl. auch KG., 27. Dezember 1912 und 31. März 1922, OLG. Bd. 42 S. 124, KGJ. Bd. 43 A S. 41 ff. (bejaht mit Recht das Beschwerderecht des Caritas-Verbandes).

„ 84 zu ε: S. auch Bem. IV, 5 zu § 5 (Nachtrag).

„ 85 zu 8 Abs. 2: Statt „Art. 17" lies „Art. 15—17". Vgl. auch KGJ. Bd. 39 A S. 19 und KG., 8. April 1922, OLG. Bd. 42 S. 124.

„ 86 zu α Satz 3: Ebenso KGJ. Bd. 38 A S. 17 ff. und KG., 12. Mai 1922, OLG. Bd. 42 S. 123.

„ 86 zu β: Daß ein Mißbrauch der religiösen Erziehungsgewalt zugleich einen Mißbrauch der Sorge für die Person im Sinne des § 1666 bildet, ist selbstverständlich (vgl. Boschan S. 54, KG., 12. Mai 1922, OLG. Bd. 42 S. 123).

„ 87 zu γ Abs. 1 a. E.: And. Ans. auch Boschan S. 54 ff.

„ 87 zu δ Abs. 1 a. E.: Ebenso KG., 5. Mai 1922, OLG. Bd. 42 S. 123 ff.

„ 87 zu δ Abs. 4: S. auch KGJ. Bd. 39 A S. 17 ff.

Seite 89 zu γ Satz 1: Wird dem fürsorgeberechtigten Elternteil das Recht der Sorge für die Person des Kindes (oder das Erziehungsrecht) ohne Einschränkung entzogen, so ist damit auch die Entziehung des religiösen Erziehungsrechts ausgesprochen (so mit Recht Boschan S. 54).

„ 90 zu e: And. Ans. Boschan S. 54.

„ 91 zu VII a. E.: Soweit im Widerspruch mit dem Inhalte des Gesetzes vom 15. Juli 1921 auf Grund des bisherigen Landesrechts zur Erfüllung der landesrechtlichen Gebote Zwang ausgeübt oder sonst vormundschaftsgerichtlich eingeschritten werden mußte, waren diese Maßregeln, sofern sie nicht mit anderer Begründung, etwa gemäß § 1666 BGB., aufrecht zu erhalten waren, mit dem Inkrafttreten des neuen Gesetzes unverzüglich aufzuheben (KG., 28. Oktober 1921, erwähnt von Boschan S. 50).

„ 92 zu 5: Vgl. auch Bem. VII zu § 7.

„ 94 3, c a. E. lies „8. April 1922“ statt „8. April 1921“.

„ 94 zu 3, f Satz 2: And. Ans. Boschan S. 50, der ein Rechtsmittel gegen den Beschluß nicht für zulässig erachtet.

Alphabetisches Register.

(Die Zahlen bezeichnen die Seiten).

A.

B.

E.

Druck von Dr. F. P. Datterer & Cie., Freising-München.

Kolibri 360 GmbH
Ferdinand-Jühlke-Straße 7
99095 Erfurt, Deutschland
produktsicherheit@kolibri360.de